Wir möchten uns bei unseren jüngeren Mitgliedern bedanken, die uns mit ihrer Wißbegierde und ihren Fragen zum Schreiben dieser Geschichte angeregt haben.
AMF

Idee und wissenschaftliche Beratung
AMF (Amici dei Musei Fiorentini)

Storyline
Simone Frasca

Bearbeitung
Andrea Paoletti

Texte
Manuela Benedetti, Donata Buttafuoco, Laura Ciuccetti, Diletta Corsini, Gina La Spina, Gianluca Mengozzi (AMF, Didaktische Abteilung G. Mazzoni Rajna); Monica Fintoni, Simone Frasca, Andrea Paoletti

Illustrationen
Simone Frasca und Silvia Vanni

Fotografien
Marco Arduino, Franco Casini, Gianluca Mengozzi, Nicolò Orsi Battaglini, Antonio Quattrone, Archivio Mandragora

Mandragora s.r.l.
piazza Duomo 9, 50122 Firenze
www.mandragora.it

Redaktion, Grafik und Layout
Monica Fintoni, Andrea Paoletti, Franco Casini

Übersetzung
Felicia Letsch

In Italien gedruckt

ISBN 8885957-49-8

Auf chlorfrei gebleichtem Papier gedruckt.

FLORENZ

EINE GEBRAUCHSANWEISUNG

Mandragora

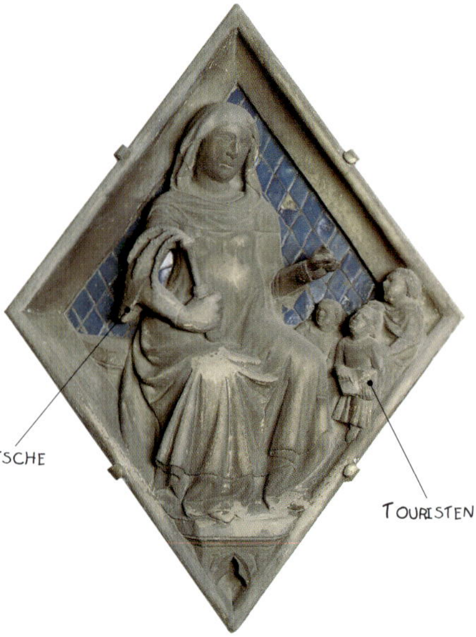

Florenz kann man auf zwei Arten besichtigen: indem man sich einen Touristenführer beschafft (hier oben in einer Raute aus dem 14. Jahrhundert des Glockenturms von Giotto) oder indem man Philipp und Onkel Karl auf ihrer Reise begleitet. Die Wahl liegt bei euch…

Vorwort

Es gab zwei Versionen des Unfalls. Papa behauptete, die Wurzel wäre am Abend vorher noch nicht da gewesen; »Sie ist über Nacht gewachsen! Ich hatte dir doch gesagt, daß du den Lorbeer nicht am Eingang pflanzen solltest!« schrie er, während man ihn zum Auto brachte. Mama erwiderte, daß das „Familienoberhaupt" beim Abendessen mit dem Biertrinken übertrieben habe. (»Aber bei dem vielen Paprika und der scharfen Salami« verteidigte er sich stöhnend und Mitleid heischend bei seiner verärgerten Familie). Jedenfalls bezahlte der Architekt den Sturz im Garten mit dem Bruch des linken Beins (»Halb so schlimm«, hatte der Arzt gesagt, »vierzehn Tage Bettruhe und drei Monate in Gips«) und die ganze Familie mit dem Platzen der ersehnten Ferienreise nach Ägypten. Aber erzählen wir der Reihe nach.

Angefangen hatte es an einem Sonntag im Dezember, und zwar bestens: wenige Hausaufgaben und die Ferien in greifbarer Nähe. Aufs Bett gekauert, las Philipp den *Versunkenen Kontinent*, während er auf das Sportprogramm wartete, als plötzlich Mamas Stimme durch die geschlossene Tür ankündigte, daß Onkel Karl an Weihnachten zum Abendessen käme. Philipp überließ Atlantis dem Untergang und lief in die Küche, um Näheres zu erfahren. Karl war ein berühmter Archäologe, der auf den Spuren irgendwelcher untergegangenen Kulturen dauernd durch die Welt reiste, und bei seinen seltenen Besuchen daheim klebte Philipp an ihm wie Kleister und unterzog ihn derartigen Kreuzverhören, daß nur noch der Lampenstrahl im Gesicht fehlte. Dann beschwerte sich Mama, daß sie nie dazu käme, mit ihrem Bruder zu sprechen, und er mußte ins Bett. »Was hat sie ihm schon zu sagen...«, fragte sich Philipp. Am Morgen danach, beim Frühstück, fing er wieder mit der Fragerei an. »Das macht man doch nicht! Wo bleibt denn deine Erziehung?« sagte Mama verzweifelt; aber Onkel Karl mochte den wißbegierigen Jungen, und er erzählte auch wirklich so, daß man stundenlang zuhören konnte.

An Weihnachten kam Onkel Karl tatsächlich. Nach dem Abendessen ließ die Familie sich im Wohnzimmer nieder, um auf den neuesten Fund anzustoßen: eine in Schlaf versunkene Mumie, eine entzifferte Sprache, einen aztekischen Ball.

Onkel Karl enttäuschte sie nicht: er war gerade mit Ausgrabungen im Tal der Könige beschäftigt und sprach von Papyrusrollen und Gräbern.

»Aber inzwischen ist doch schon alles ausgegraben worden, oder? Was hoffst du denn noch zu finden?« fragte der Architekt.

»Und was ist mit Carter?« platzte Philipp heraus. »Mit so einer Argumentation hätte er die *Grabstätte* Tut-anch-Amuns nie entdeckt.« Grabstätte: das Wort hatte er gelesen, und es klang so gut, daß er es unbedingt anwenden mußte. Niemand antwortete, und Philipp bestürmte den Ausgräber erneut mit Fragen; dieser hielt dem Trommelfeuer stand und antwortete mit Präzision und Geduld, zwei Eigenschaften, die er sicher besaß, sonst hätte er wohl besser einen anderen Beruf ergriffen.

Während der Rest der Familie mit dem Kaffee beschäftigt war, hielt Philipp den Zeitpunkt für gekommen, zu seinem effektvollsten Schlag auszuholen: »Nimmst du mich irgendwann mit auf eine Expedition?« fragte er Onkel Karl leise und fügte mit Kennermiene hinzu: »Ich würde wirklich gern einen dieser kleinen, dem Apopis geweihten Tempel sehen.«

»Der Schakal?« rief der Architekt aus der Küche.

»Das ist *Anubis*, Papa«, unterbrach Philipp ungeduldig und wandte sich wieder an Onkel Karl, wobei sein Gesicht zu sagen schien: »Also ist es ja?«

»Versprochen«, erklärte der Archäologe und bemühte sich, nicht zu lachen. »Aber bevor wir zwei allein eine Reise unternehmen, wirst du mich, glaube ich, diesen Sommer mit jemandem besuchen.«

»Und mit wem?«

»Frag deine Eltern.«

So endeckte man, daß auch Mama manchmal Interessantes zu berichten hatte. Alles war für die Reise nach Ägypten bereit: der Sommer war da und… wegen dem verflixten väterlichen Sturz lag er nun, nach Luft schnappend, in seinem Zimmer, um ihn stapelten sich angefangene Bücher: *Der Fluch des Pharaos, Untergegangene Kulturen, Watchmen*… Keine Aussicht auf Pyramiden. Der einzige Sand, mit dem er rechnen konnte, war der von Riccione, einem Ort, der mit einsamen Wüsten herzlich wenig gemein hatte.

Er war gerade an der spannendsten Stelle. Der junge amerikanische Fotograf tastete sich, nachdem er der höflichen, aber unnachgiebigen Aufsicht der Mönche entkommen war, in einem unterirdischen Labyrinth vorwärts. Am Ende eines Ganges war endlich das Licht einer Fackel zu sehen: hier befand sich der große Raum, in dem die Sarkophage (auch so ein schönes Wort) der tibetanischen Priester standen; an den Wänden Zeichnungen von Sternbildern. Es war wie eine Zeitreise: je weiter er vordrang, desto älter waren die Funde. Vom letzten Sarkophag der Reihe, der tief im Schatten lag, ging ein seltsames Leuchten aus: er war offen. Der vollkommen erhaltene Körper war in eine Art Tunika gekleidet, anstelle des Mundes hatte er eine leuchtende Scheibe. Er wollte ihn gerade berühren, als der Körper die Augen öffnete und… das Telefon klingelte.

Philipp sprang fast an die Decke. Er warf das Buch auf das Nachttischchen und lehnte sich zum Durchatmen an die Wand.

»Nein, alles in Ordnung, aber du weißt ja, für jemand wie ihn, der immer so aktiv ist«, sagte Mama gerade. Dann war es einige Sekunden still: »Er wird sich riesig freuen!«

»Wenn es Tante Hilde ist, die mich nach Bad Reichenhall einlädt, dann können sie-'s vergessen«, dachte Philipp. Eigentlich war er immer gern in Bad Reichenhall gewesen, aber im Moment war ein ruhiges Ferienwochenende das letzte, was er brauchte.

»Philipp! Onkel Karl ist dran und möchte mit dir sprechen!«

Philipp stellte den Weltrekord in der Zwölfmeter-Strecke auf.

»Philipp? Hörst du mich?«

»Onkel Karl! Hallo? Hallo! Ich kann… ich verstehe dich kaum, von wo… wo bist du?«

»Mit… Handy in Rom… te einen Post…n der Serie… und zum Preis von einem.«

»Onkel Karl? Die Post? Ich hör dich nicht, wiederhol bitte!«

Die Stimme von Onkel Karl wurde deutlicher: »Ich sagte, als Ersatz für deinen Besuch in Ägypten, könnten wir gemeinsam in eine Stadt fahren, wo…«

»Die Verbindung ist unterbrochen!« schrie Philipp. »Ruft er wieder an?«

Ein Klingeln.

»Wo?« brüllte er in den Hörer. Schweigen. Vielleicht war die Verbindung wieder unterbrochen. Vielleicht war es jemand anders.

»Warst du schon mal in Florenz?« ertönte die Stimme von Onkel Karl.

Die Ankunft

Auf der Reise

Zwei Tage später saßen die beiden im Flugzeug: voraussichtliche Ankunft in weniger als einer Stunde.

»Du interessierst dich also sehr für das alte Ägypten.«

»Ich habe gelesen, daß der Umfang der Pyramide des Cheops geteilt durch die Höhe drei Komma vierzehn ergibt. Und auch, daß man auf einem vor langer Zeit gesunkenen Schiff eine kleine Lampe gefunden hat«, und so ging es weiter, vom Totenbuch bis zum Astronauten von Palenque. »Wie erklärst du übrigens, daß *im gleichen Zeitraum* verschiedene Völker an beiden Ufern des Atlantiks Pyramiden erbaut haben? Man sagt, das hängt mit Atlantis zusammen. Von dort kam auch der Gott mit dem Bart, Quizz...«

»Quetzalcoatl. Ja, das war ein wirklich reizender Geselle: hat sich selbst angezündet und so...«

»Jedenfalls, wenn du Geheimnisse liebst, dann werden dich die Etrusker nicht enttäuschen, da bin ich sicher.«

»Die Etrusker... Die mit der berühmten unverständlichen Sprache!«

»Sie haben sich als erste in der Toskana niedergelassen. Das Wort Toskana kommt ja von Tuscia, wie die Römer sie nach ihren ersten Bewohnern nannten. Was die Sprache betrifft... die Gelehrten sind noch immer damit beschäftigt, sie zu *entziffern*.«

»Und sind es die Etrusker gewesen, die Florenz gegründet haben?«

»Nein, sie zogen es vor, auf den Hügeln zu wohnen, während Florenz in der Ebene, am Ufer des Arno, liegt. Zu jener Zeit gab es keine künstlichen Dämme für die Flüsse, und die Uferabschnitte der Ebene wurden leicht zu Sumpfgebieten. Stell dir vor: Stechmücken in Taubengröße, da holte man sich im Nu die Malaria. Und außerdem war man in der Ebene weniger vor feindlichen Angriffen geschützt.«

»Klar.«

»Deshalb ließen sie sich auf den Hügeln nieder und gründeten dort Fiesole. Sie hatten den für den Handel sehr nützlichen Fluß in nächster Nähe und gleichzeitig konnten sie ein Auge auf die Bergpässe des Apennin haben, die die Poebene mit Mittelitalien verbanden. Aber aus genau diesen Gründen kamen einige Jahrhunderte später die Römer.«

»Wie konnte es anders sein.«

»Für sie war es kein Problem, eine Stadt in der Ebene zu gründen, denn sie waren gute Ingenieure und wußten, wie man Dämme baut und Sümpfe trockenlegt. Schau mal, wir fliegen gerade über Fiesole.«

»Und das ist Florenz!«

»Richtig. Siehst du die Kuppel des Doms! Sie ist eine der größten der Welt. Und da ist der Arno... und das ist der Ponte Vecchio. Er wurde an der engsten Stelle des Arno erbaut, womöglich hatten die Etrusker hier ihren Hafen am Fluß. Wenn du genau hinsiehst, kannst du von hier aus die Spuren der Römer erkennen.«

»Wie denn?«

»Neben dem Domplatz ist noch ein anderer Platz, kannst du's sehen? Und siehst du, daß alle Straßen um diesen Platz sich im rechten Winkel treffen und eine Art Gitter bilden? An dieser Einteilung in „kleine Quadrate“, wie beim Papier der Rechenhefte, erkennst du, daß Florenz von den Römern gegründet wurde: ihre Kolonien sind alle so.«

»Aber weshalb?«

»Weil die Piazza della Repubblica, der Platz in der Nähe des Doms, der Mittelpunkt des *castrums* war; das war das Militärlager, und rund um dieses wurde die Stadt gebaut. Es war ein Rechteck, das zwei Hauptstraßen durchzogen, der *cardo* und der *decumanus*. Diese beiden Straßen unterteilten das Rechteck der Länge und der Breite nach in vier gleiche Teile. der *cardo* ging von Norden nach Süden und der *decumanus* von Osten nach Westen. Und alle andern Straßen des *castrums* verliefen parallel zu diesen beiden: so kam das Gitter zustande.«

»Und wie verteidigten sie sich gegen Feinde?«

»Dafür gab es die Mauern, die vier Tore hatten: zwei für den *cardo* und zwei für den *decumanus*. Kannst du die Form der antiken Stadt jetzt erkennen?«

»Richtig! Sie sieht aus wie ein Grillrost, der über dem Zentrum von Florenz liegt!«

»Bei Grill fällt mir ein... langsam bekomme ich Hunger.«

»Ich auch, aber... und die andern typischen Merkmale?«

»Wir müssen nur auf einen Stadtplan sehen und durch die Stadt wandern.«

DER PIAZZALE MICHELANGELO

Am Flughafen Amerigo Vespucci wurden der Archäologe und sein Neffe von Lisa empfangen, einer Restauratorin des Amtes für Kunst und Altertumswesen, die mit Onkel Karl befreundet war. Sie hatten sich bei einem Kongreß in Neapel kennengelernt, wo sie den Rednerbeitrag Onkel Karls „wirklich sehr originell" gefunden hatte; es folgten Abendessen, Kino, einige interkontinentale Anrufe und viele E-mails. Nachdem Philipp sich mit ihr bekannt gemacht hatte, wurde über das Wetter gesprochen.

»Was für ein schöner Tag heute, nicht? Wie war die Reise?«

»Phantastisch, wir haben die Form der römischen Stadt gesehen. Man erkennt sie nur von oben, wie die Zeichnungen von Nazca.«

Lisa sah ihren Freund fragend an. »Erinnerst du dich an *Akte X*? Mulder und Scully? Das sind Anfänger!« flüsterte er und zwinkerte ihr zu, während Philipp ins Auto stieg. Und dann fügte er hinzu: »Ich sterbe vor Hunger. Laßt uns einen Abstecher nach Fiesole machen, Mittagessen in der Trattoria und nachmittags das Theater.« Der Vorschlag wurde einmütig angenommen.

Lisa rückte noch mit einer Überraschung heraus. »Philipp, da du zum ersten Mal in Florenz bist, habe ich dir ein kleines Geschenk mitgebracht. Es ist da in der Tüte neben dir.«

»Aber, Lisa, das wäre doch nicht nötig gewesen.«

»Es ist doch nur eine Kleinigkeit.«

Ohne sich weiter um diesen Austausch von Höflichkeiten zu kümmern, stöberte Philipp in der Tüte. Er fand darin ein Papier, das sich, auseinandergefaltet, als eine Ansicht des alten Florenz erwies.

ALS FLORENZ DIE HAUPTSTADT ITALIENS WURDE (1865), SOLLTE ES VON GRUND AUF ERNEU WERDEN: GIUSEPPE POGGI ENTWARF EINEN GROSSEN (FÜR DIE DAMALIGE ZEIT) „ALLEENRI RUND UM DAS STADTZENTRUM. DIESSEITS DES ARNOS (AUF DER RECHTEN UFERSEITE) TRATEN ALLEEN AN DIE STELLE DER MITTELALTERLICHEN STADTMAUERN, DIE ABGERISSEN WURDEN; DER ANDEREN ARNOSEITE WURDE DIE ALLEE ETWAS AUSSERHALB DER STADTMAUERN ANGELE DIE SO ERHALTEN BLIEBEN. DIE NEUE PANORAMASTRASSE, DIE AUF DIE GROSSE PLATTFORM PIAZZALE MICHELANGELO MÜNDET, WURDE „VIALE DEI COLLI" (HÜGELALLEE) GENANNT.

Onkel Karl setzte sich gleich die Lesebrille auf. »Das ist eine Reproduktion der Karte der Kette, die so genannt wurde, weil eine Kette die Landschaft umrahmt. Florenz von den Hügeln des Bellosguardo aus gesehen... im Jahr 1470. Wenn du Florenz erst besser kennst, kannst du dir ein Vergnügen daraus machen, Gebäude zu suchen, die es damals schon gab, wie den Palazzo Vecchio, und herauszufinden, was sich früher zum Beispiel anstelle der heutigen Uffizien befand.«

Sie fuhren eine Allee entlang. Onkel Karl blickte erstaunt um sich. »Wohin fährst du denn? Das ist doch...«

»Es tut mir leid, aber ein kleiner Panoramablick ist einfach ein Muß. Komm, Karl, du wirst schon nicht verhungern, außerdem hast du zugenommen.«

Die Allee führte zu einem großen Platz, auf dem Lisa, die dabei wieder ihre Fahrkünste bewies, endlich parken konnte.

»Wir sind da«, seufzte Onkel Karl, »Piazzale Michelangelo.«

»Die kleine Stadt, die du auf den beiden Hügeln vor dir siehst, ist Fiesole. Und schau, hier unten... was für ein herrliches Panorama.«

»Und die vielen Touristen: ich weiß nicht, wie wir es geschafft haben, einen Platz zu finden.«

Philipp war sprachlos, blieb es aber nicht lange: »Die Statue in der Mitte des Platzes: das ist der *David* von Michelangelo!«

»Es ist nur eine Kopie«, erklärte Lisa. »Davon gibt es viele, und mit der Zeit gewöhnst du dich daran.«

Ein Abstecher nach Fiesole

Weder das mit großer Gier verschlungene Essen noch die eigentlich darauf zu erwartende Trägheit konnten Philipp von seinem Lieblingssport abhalten. Unter einer schönen, angenehm kühlen Pergola begann er unerbittlich.

»Gibt es noch viele Spuren der Etrusker in Fiesole?«

»Eigentlich nicht, nur ein Teil der Stadtmauer ist noch erhalten. Es waren anscheinend mächtige Mauern, die aber trotzdem nicht ausreichten: die etruskische Stadt wurde von den Römern erobert und verlor nach und nach ihre Bedeutung, während die von *Florentia* gleichzeitig zunahm. Deshalb ist Fiesole viel reicher an Spuren der römischen Vergangenheit als Florenz, wo sie unter neuerbauten Plätzen, Alleen und Häusern begraben liegt. Aber in Florenz gibt es das Archäologische Museum, in dem sich viele Kunstwerke und Gebrauchsgegenstände der Etrusker befinden. Oder du suchst dir eine andere Stadt der Dodekapolis.«

»Dodewas?«

»Das ist ein griechisches Wort«, schaltete sich Lisa ein, »und bedeutet „zwölf Städte“. Die Dodekapolis war der Bund der etruskischen Städte. Sein religiöses Zentrum war Orvieto.«

»Aber woher kamen die Etrusker?«

»Nicht aus dem Weltraum, wenigstens soviel ist sicher«, fuhr Onkel Karl fort. »Aber es ist eine schwierige Frage, die seit zweitausend Jahren diskutiert wird. Das Problem ist, daß die Etrusker so anders waren, das heißt, sie unterschieden sich sehr von den Nachbarvölkern, sowohl in der Sprache als auch in den Bräuchen. Deshalb

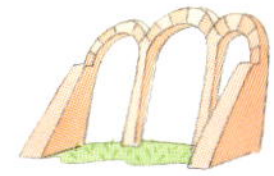

dachte man, daß sie aus dem Orient oder aus dem Norden gekommen und dann aus irgendwelchen Gründen nach Italien gezogen wären. Nach anderen Vermutungen lebten sie dagegen schon immer hier, unterschieden sich aber in ihrer Entwicklung von den übrigen Völkern. Jedenfalls teilten sie sich zeitweilig den Kuchen mit den griechischen Kolonien, aus denen sie Vasen und Wertgegenstände bezogen. Nach und nach verbreitete sich ihre Kultur in großen Teilen Italiens; eine Zeitlang regierten sie sogar in Rom. Dann bekamen die Römer die Oberhand und begannen sich ebenfalls auszubreiten.«

»Und da verschwanden die Etrusker?«

»Aber nein. Sie gingen in der römischen Kultur auf, die jedoch in verschiedener Hinsicht von der etruskischen beeinflußt wurde. Wenn es darum ging, einen Blitz zu „deuten“, griffen auch die Römer auf die etruskische Weisheit zurück.«

»Ich glaube, ich habe nicht verstanden: einen Blitz deuten'«

»Nach dem etruskischen Glauben war der Himmel in unterschiedliche Bereiche unterteilt, in denen übernatürliche Wesen herrschten: im Osten die Hauptgötter, im Süden die Götter des Himmels und der Erde, im Westen war das Totenreich mit den Geschöpfen der Hölle, und im Norden wohnten die geheimnisvollen und mächtigen Schicksalsgötter. Den Menschen manifestierten sie sich in der Natur, den Pflanzen, Tieren und so weiter; die verschiedenen Teile des Himmels wurden auf der Erde wie in einem Spiegel reflektiert. Jedes Ding, auch das unbedeutendste, konnte ein Zeichen himmlischer Fügung sein. Deshalb rührten die Etrusker keinen Finger, ohne sich vorher zu vergewissern, in welcher Laune ihre Götter waren, und hatten eine spezielle Technik zur Deutung der Zeichen entwickelt: die sogenannte Kunst der Divination, für die sie in der ganzen antiken Welt berühmt waren. Die wichtigste Form der Divination war die Wahrsagung aus den Eingeweiden oder aus der Leber, das heißt, die Eingeweide – besonders die Leber – von Opfertieren wurde untersucht. Außerdem wurden die Blitze und der Flug der Vögel beobachtet. Und natürlich gab es auch Wunder zu deuten...«

»Mir hat bei den Etruskern immer ihre Begeisterung für Tanz und Musik gefallen«, unterbrach ihn Lisa.

»Auf die Musik waren sie wirklich fixiert. Anscheinend hatte man in einer etruskischen Stadt nie seine Ruhe: wie bei den Leuten, die immer ihre Stereo- oder Fernsehgeräte eingeschaltet lassen. Sogar bei Boxkämpfen machten sie Musik... und vielleicht waren sie auch die Erfinder der Aerobic.« Onkel Karl sah grinsend zu Lisa, die viel von Fitneßtraining hielt.

»Warum gehen wir nicht rüber zum archäologischen Gebiet, das direkt hinter dem Dom ist?« schlug sie vor und überhörte die Anspielung.

»Also los!« sagte Onkel Karl, ging entschlossen zum Ausgang und vergaß dabei, die Rechnung zu bezahlen. Der Kellner rief ihn höflich zur Ordnung.

»Wir gehen schon mal«, sagte Lisa und bog in eine kleine Straße ab.

Zum zweiten Mal war Philipp sprachlos: er hatte erwartet, ein paar Säulen vorzufinden, die wie durch ein Wunder stehengeblieben waren, statt dessen befand sich hinter dem Eingangstor ein vollkommen erhaltenes römisches Theater.

»So gut erhalten«, schaltete sich Lisa ein, als hätte sie seine Gedanken gelesen, »daß wir hier heute abend ins Kino gehen können. Es wurde von den Römern der Kaiserzeit erbaut. Die Etrusker hatten, trotz ihrer Vorliebe für den Tanz, keine Theater aus Stein.«

Philipp sprang ungläubig von einer Riesenstufe zur andern.

»Die Leute brachten sich etwas zum Essen und ein Sitzkissen mit, genau wie heute.«

»Habt ihr euch für einen Film entschieden?« fragte der grade eingetroffene Onkel Karl.

»Wir haben auf dich gewartet«, sagte Lisa und begann zum Orchester hinunterzusteigen.

»Aber... und wenn es regnet?« fragte Philipp.

»Dann werden wir naß«, antwortete Onkel Karl und glättete seinen Bart, wie immer bei unangenehmen Vorstellungen. »Die Römer schützten die *cavea* – die Zuschauerränge – gegen Regen und Sonne mit dem *velarium*, das waren große Leinenmarkisen, die über den Köpfen der Zuschauer aufgespannt wurden. Und die Akustik

ist ausgezeichnet: deshalb werden hier so viele Konzerte veranstaltet. Lisa! Sag du was! Auf!« schrie er in Richtung seiner Freundin.

Die winzig kleine Lisa schüttelte ihren blonden Kopf.

»Was soll ich sagen?« hörte man sie murmeln.

»Hast du gehört?« sagte Onkel Karl triumphierend. »Und sie hat leise gesprochen.«

Lisa machte weit ausholende Armbewegungen in Richtung Thermen, und Onkel und Neffe begaben sich zu ihr.

»Abgesehen von den großen Becken, in denen vielleicht Schwimmbäder waren«, begann sie, »gibt es noch die Überreste einiger Räumlichkeiten, die früher überdacht waren: es handelte sich um das Frigidarium, das Tepidarium und das Calidarium. Die Thermalbäder suchte man nicht nur, wie heute, zur Kur auf: sie waren ein Treffpunkt für Freizeitspaß und Vergnügungen aller Art. Sicher, man badete, aber man konnte auch lesen, Freunde treffen oder Sport treiben. Es ging hier wohl nicht sehr ruhig zu: das Geschrei der Leute, die sich enthaaren ließen, das Lärmen der Kinder, die zerstreuten oder ängstlichen Ermahnungen der Mütter... und dazu der Tumult bei der Jagd nach einem Dieb, der eine Tunika gestohlen hatte...«

»Abgesehen von der Tunika«, sagte Philipp, »genau wie in Riccione.«

»Der Eintritt, den man zahlte, war so gering, daß ihn sich jeder leisten konnte.«

»Hier ist das Frigidarium«, verkündete Onkel Karl, der auf einem großen Stein balancierte. »das war der kalte Raum: man erkennt es an den drei großen Bogen, die diesen Raum hier, der eine Art Sporthalle gewesen sein muß, abtrennte vom großen Kalt-

wasserbecken, in das man eintauchen konnte. Das Tepidarium ist hier rechts, und, wie der lateinische Name sagt, war sein von den heißen Dämpfen des Calidariums erwärmtes Wasser ...«

»Lauwarm.«

»Richtig. Siehst du die beiden quadratischen Öffnungen in der Wand des Tepidariums? Von hier aus drang die Heißluft ein, die unter dem Fußboden des Calidariums entlangströmte. Und das ist der auf kleine Säulen gestützte Fußboden. Die Heißluft wurde im *praefurnium* erzeugt, einem Raum mit zwei kleinen Öfen, der sich hinter dem Calidarium befand. Sklaven heizten Wasser in großen Töpfen, und der Wasserdampf und der beim Verbrennen des Holzes entstehende Rauch strömten durch den Bogen zwischen Ofen und Calidarium unter den Fußboden.«

»Und sie verbrannten sich nicht die Füße?«

»Sandalen sind ja nicht erst heute erfunden worden.«

»Seht mal«, sagte Lisa und näherte sich den Überresten einer Wand. »Das ist einer der, heute aus der Wand gelösten, kleinen ausgehöhlten Mauersteine, durch die der überflüssige Dampf abziehen konnte. Ohne dieses Ventil wäre der Fußboden geborsten.«

»Damals hatte man die Qual der Wahl«, seufzte Onkel Karl und setzte sich auf ein Mäuerchen. »Wo bade ich heute? Im rechteckigen Becken vor dem Bogen des Heizofens oder im halbrunden Becken rechts?« Und während er sich den Hals mit einem Taschentuch mit grellem Karomuster abtrocknete, fügte er hinzu: »Diese Frage haben sich die Barbaren wohl kaum gestellt: das waren keine Leute, die sich viel wuschen. Im Mittelalter war hier ein Friedhof... oder, wie du sagen würdest, eine Begräbnisstätte.«

»Was für ein häßliches Ende für so einen Ort...« entschied Philipp. »Und was ist das für ein Baum?«

»Sommerliche Schließungszeit: für heute mache ich Schluß mit dem Antworten«, flüsterte der arme Archäologe schweißtriefend. Nur zwei Dinge haßte er mehr als die Hitze: Free Jazz und die Caro-Kann-Verteidigung.

DER DOMPLATZ

AUF DEM PLATZ

Und zum dritten Mal: wieder stand unser Held mit offenem Mund da, diesmal auf dem Domplatz. Er wußte nicht, wo er zuerst hinschauen sollte, und eine Haarsträhne, die ihm entweder das eine oder das andere Monument verdeckte, erschwerte die Angelegenheit zusätzlich.

»Dieser Platz bietet seine Schätze offen den Augen aller dar«, sagte Onkel Karl neidisch. »Und ich muß monatelang graben, um einen Ohrring zu finden.«

»Das«, begann Lisa, »ist das Baptisterium San Giovanni, in dem früher alle Kinder von Florenz getauft wurden. Die Taufe hatte nicht nur eine religiöse Bedeutung, sondern war auch ein Fest, mit dem die Stadt den Bevölkerungzuwachs, die Ankunft eines neuen Florentiners feierte; auch die Eintragung ins Geburtenregister erfolgte bei dieser Gelegenheit. Es war eine kollektive Zeremonie, die nur zweimal im Jahr stattfand. Aber in die Taufkirche ging man auch zu andern Festen und Versammlungen: sie war so etwas wie ein überdachter Platz.«

Philipp hatte sich inzwischen fürs Hochgucken entschieden.

»Santa Maria del Fiore«, informierte ihn Onkel Karl, »die Kathedrale der Stadt. Das ist der Glockenturm von Giotto: und da ist unsere alte Bekanntschaft, die Riesenkuppel, die wir schon vom Flugzeug aus gesehen haben.«

»Enorm«, sagte Philipp, dem kein anderes Adjektiv einfiel.

»Das war Absicht. Auch heute noch, obwohl Florenz viel größer geworden ist, sieht man sie kilometerweit... Aber wo ist denn Lisa?«

»Ich glaube, ich habe sie ins Baptisterium gehen sehen«, sagte Philipp und setzte sich ebenfalls in Bewegung.

»Warte, ein paar Dinge solltest du noch erfahren. Das Baptisterium ist Johannes dem Täufer, dem Schutzpatron von Florenz, geweiht. An seinem Feiertag, dem 24. Juni, ist

die ganze Stadt abends von dem Feuerwerk erleuchtet, daß auf dem Piazzale Michelangelo angezündet wird. Aber im Mittelalter und bis zum Ende des 15. Jahrhunderts feierte man drei Tage lang. Vom 22. Juni an fand auf dem Platz ein Markt statt, der das Feinste verkaufte, was Stadt und Land zu bieten hatten. Die Stände waren mit bunten Markisen überdacht, und über dem ganzen Platz zwischen Dom und Baptisterium, auf dem wir jetzt stehen, wurde ein großes, blaues Tuch gespannt, das mit goldenen Sternen bestickt war. Eine feierliche Prozession zog durch die Straßen der Stadt: von einem Stadtviertel zum andern wurden die Banner der Städte getragen, die Florenz unterworfen waren, und am Schluß brachte man sie...«

»Ins Baptisterium.«

»Das Baptisterium hat auch mit dem Fest *scoppio del carro*, Explosion des Wagens, zu tun.«

THOMAS PATCH,
»FEUERWERK UND DIE BRÜCKE SANTA TRINITA«

»Inwiefern?«

»Es handelt sich um ein Ernteritual, das am Ostersonntag zwischen Baptisterium und Dom veranstaltet wird. Es ist sehr alter Herkunft: anscheinend existierte es schon zur Zeit des ersten Kreuzzugs, Ende des 11. Jahrhunderts,« – Philipp wollte gerade fragen, ob vor oder nach Christus, beherrschte sich aber zum Glück – »an dem zweitausendfünfhundert Florentiner teilnahmen, darunter der Adlige Pazzino de' Pazzi.«

»Pazzino? Verrückter? Und da beschwere ich mich über meinen Namen!« lachte Philipp.

»Bei der Geschichte der Familie Pazzi gibt es wenig zu lachen: aber darüber reden wir später. Pazzino hatte jedoch einen guten Start, könnte man sagen: anscheinend war er bei der Belagerung von Jerusalem, das sich in muslimischer Hand befand, als erster über die Stadtmauer geklettert. Für diese Heldentat erhielt der tapfere Pazzino vom Anführer des Kreuzzuges, nämlich Gottfried von Bouillon persönlich, eine Reihe von Belohnungen, darunter drei Bruchstücke vom Grabstein des Heiligen Grabes. Pazzino brachte sie nach Florenz, und heute werden sie in der alten Kirche Santi Apostoli aufbewahrt. Es sind in Wirklichkeit bloß Feuersteine: die Florentiner zündeten damit über Jahrhunderte das „heilige Feuer" an und verteilten es dann einmal im Jahr in allen Häusern.«

»Aber was hat der Wagen damit zu tun?«

»Mit diesem Wagen wurde das heilige Feuer geholt. Im Lauf der Jahre wurde er immer reicher dekoriert und außerdem mit Feuerwerkskörpern bestückt: bereits im 15. Jahrhundert kamen die Menschen aus der ganzen, damals bekannten Welt herbei, um ihn zu sehen. Von der Regierungszeit Papst Leos X. an – das heißt vom Beginn des 16. Jahrhunderts – bis zum heutigen Tag verläuft die Zeremonie immer gleich: der Wagen wird von vier Ochsen bis vor das Baptisterium gezogen und durch einen eisernen Draht mit dem Chorbereich des Doms verbunden. Auf diesem Draht wird die sogenannte *Colombina* (kleine Taube) entlanggeleitet, ein kleines Geschoß, das mit großer Geschwindigkeit durch das Kirchenschiff bis zum Wagen schießt und dort alle Feuerwerkskörper entzündet. Auf dem Platz verbreiten sich Knallen, Rauch und Funken. Wenn alles gutgeht, das heißt, wenn der Wagen beim ersten Mal explodiert, dann bedeutet das eine gute Ernte.«

»Wer weiß, was die Etrusker davon gehalten hätten«, fragte sich Philipp.

»Siehst du die geometrische, weißgrüne Marmorverkleidung? Das ist eine typische Dekoration der alten Florentiner Architektur, von der viele beeinflußt wurden, deshalb findet man sie auch an der Kathedrale und am Glockenturm wieder, obwohl diese später erbaut worden sind. Da wäre noch etwas, aber da es mit dem Paradies zusammenhängt, sehen wir es nach dem Jüngsten Gericht. Gehen wir auf die Suche nach Lisa.«

Philipp sah seinen Onkel erstaunt an und folgte ihm in die Taufkirche.

DAS BAPTISTERIUM SAN GIOVANNI

Sobald sich die Augen an das Halbdunkel im Innern gewöhnt hatten, sah Philipp sich ohne viel Unterscheidungsvermögen um. Onkel Karl legte ihm eine Hand auf die Schulter und zeigte auf die Decke: die einzelnen Abschnitte der Kuppel waren mit schimmernden Mosaiken verkleidet.

»In der Mitte ist der große, strenge Christus, der beim Jüngsten Gericht über die Geschicke der Menschen bestimmt. Mit der offenen rechten Hand empfängt er die wenigen Auserwählten im Paradies, während die nach unten gerichtete Linke die Verdammten in die Hölle schickt.«

»Dann haben sie sich hier wohl nicht sehr gut benommen: die Hölle ist viel größer als das Paradies.«

»Dante Alighieri war deiner Meinung. Die Darstellung der Hölle sollte jedoch vor allem Angst einflößen und den Menschen klarmachen, daß sie ihr Seelenheil nicht auf die leichte Schulter nehmen durften. Es mußte alles sehr deutlich sein, weil die meisten Gläubigen Analphabeten waren: wenn man die Bedeutung einer Sache hervorheben wollte, vergrößerte man sie in der Darstellung, ohne sich allzusehr um die Proportionen zu kümmern.«

»Darum ist Christus so groß im Verhältnis zu den Menschen.«

DAS NORDPORTAL

DIE PARADIESPFORTE

»Klar. Und auch der goldene Hintergrund hat einen ganz bestimmten Zweck: er reflektiert das auf ihn fallende Licht, sein Schein ist eine „Nachbildung“ des göttlichen Lichts. War's angenehm im Kühlen?«

Lisa war auf Zehenspitzen näher gekommen. »Wunderbar ist es hier. Na Philipp, was hälst du davon?«

»Es kommt mir alles etwas seltsam vor.«

»Das ist normal«, sagte sie, »aber du mußt begreifen, daß diese Künstler kein Interesse daran hatten, die Dinge so darzustellen, wie sie in der Wirklichkeit sind. Die etwas strenge Symmetrie in der Gestaltung, die Größenunterschiede bei den Figuren oder bei bestimmten Teilen des Körpers sind gewollt. Die Mosaikmalereien wurden im Lauf des 13. Jahrhunderts von verschiedenen Künstlern ausgeführt, und in einem Jahrhundert wandelt sich der Stil oft erheblich. Deshalb wirst du bei genauem Hinschauen bemerken, daß einige Szenen lebhafter sind als die andern und überzeugender in der Darstellung, daß die Figuren „natürlicher“ und nicht so „unbeweglich“ sind: die Malerei der darauffolgenden Jahrhunderte verfolgte diesen Weg weiter.«

»Gehen wir inzwischen schon mal zum vorhin erwähnten Paradies«, rief Onkel Karl.

Sie traten hinaus und gingen zurück zum Portal des Baptisteriums, das auf den Domplatz gerichtet ist.

»Michelangelo sagte, daß es des Paradieses würdig sei, und seitdem heißt es: Paradiespforte. Es ist das zweite Portal, das Lorenzo Ghiberti für das Baptisterium ausführte. Dieses hier ist eine Kopie, die ein großer japanischer Konzern finanziert hat; das Original aus vergoldeter Bronze ist im Dommuseum zu besichtigen.«

»Es ist wie eine Art Comic. Warte: die beiden da sind Adam und Eva!«

L. GHIBERTI, »SZENEN AUS DEM LEBEN ADAMS UND EVAS«... UND »SZENEN AUS DEM LEBEN JOSEPHS« (PARADIESPFORTE)

»Ja, genau. Die Bildergeschichten auf den Tafeln beziehen sich auf das Alte Testament: sie gehen von der Schaffung Adams bis zu Salomon und der Königin von Saba. Alle Szenen hat Ghiberti mit realistischen Einzelheiten gestaltet...«

»Das stimmt: man sieht Tiere, Wälder, Städte... sogar Wolken.«

»Und die eleganten Figuren drücken Bewegung aus. Sie sind, je nach ihrer Entfernung vom Betrachter, vom Bildhauer unterschiedlich geformt worden: die im Vordergrund sind größer und stärker herausgearbeitet, die dahinter sind schon weniger erhaben, und die ganz im Hintergrund sind klein und flach, oder vielmehr in „Flachrelief", wie man das nannte. Auf diese Weise erhält die Darstellung mehr...«

»Tiefe. Und wirkt realistischer.«

»Genau. Daran erkennst du, daß man die Welt zweihundert Jahre nach der Ausführung der Mosaiken des Baptisteriums mit ganz andern Augen sah.«

»Und was kannst du mir über den Dom sagem?« fragte Philipp und drehte sich zur Kathedrale um.

Santa Maria del Fiore

»Also, diese Fassade ist gerade mal hundert Jahre alt. Die von Arnolfo di Cambio, dem ersten Architekten des Doms begonnene, reichte über Jahrhunderte nur bis zum ersten Stock. Und in den letzten Jahren des 16. Jahrhunderts beging man die „Torheit", sie abzutragen.«

»Wie, sie abzutragen?«

»Ja, man trug Stück für Stück den Marmor, die Statuen und die Mosaiken der Verkleidung ab. Der Urheber dieser Katastrophe war eigentlich ein guter, nur etwas zu ehrgeiziger Architekt namens Bernardo Buontalenti. Er wollte die Fassade nämlich nach seinen Vorstellungen erneuern und brachte schließlich den Erzherzog zu der Überzeugung, daß man die alte zerstören müßte. Das war eine vergebliche Mühe, weil Francesco – so hieß der Großherzog – einige Jahre später vergiftet wurde und von der Erneuerung der Fassade nicht mehr die Rede war, oder besser gesagt, es wurde nur davon geredet.«

»Wie bei der Sporthalle in meiner Schule... Aber wieviel hat es denn gekostet, das alles zu bauen?«

»Ein ganz schönes Sümmchen. Im Mittelalter war der Bau einer Kathedrale eine langwierige Angelegenheit. Wer den Grundstein legte, konnte sicher sein, daß die fertige Kirche erst die Kinder seiner Kinder und Kindeskinder sehen würden. Seiner Kindeskinder. Wenn alles gutging. Wieviel Kinder habe ich erwähnt?«

Die Fassade der Kathedrale SMF: Stilübungen, Teil I

Arnolfo di Cambio

B. Buontalenti

G.A. Dosio

Giambologna

Giovanni de' Medici

Kunstakademie

»Es hat gereicht, sprich weiter.«

»Von Unterbrechungen, Zweifeln, Meinungsänderungen und wechselnden Architekten begleitet, zogen sich die Arbeiten über Jahrhunderte hin. Die Bauarbeiten wurden vom Dombauamt geleitet, das war eine Gruppe von Geistlichen, Verwaltern und Baumeistern, die die Projekte prüfte und die Künstler auswählte. Kurz gesagt... die Angelegenheit zog sich dermaßen in die Länge, daß die Florentiner noch heute, wenn etwas nicht fertig wird, sagen: „das dauert ja so lange wie der Dombau". Als Arnolfo di Cambio starb, beauftragte das Dombauamt andere Architekten, die die Kirche weiter vergrößerten, bis sie zu dem Riesenbau wurde, den du heute siehst.«

»Vor allem hinten, wo die Kuppel ist... sieht es aus, als hätte man sie gerade noch auf den Platz gekriegt.«

»Komm, wir wollen uns mal innen umsehen.«

Santa Reparata

Nachdem sie durch das Portal in den Dom getreten waren, wollte Onkel Karl durch das Kirchenschiff gehen, aber Lisa nahm ihn beim Arm und veranlaßte ihn zu einer Rechtsdrehung, hin zu einer kleinen Treppe, die nach unten führte.

»Höhere Gewalt«, murmelte der Archäologe ergeben. »Bist du bereit für eine Zeitreise? Wir steigen jetzt hinunter zur ältesten Kirche von Florenz! Bitte nach Ihnen, Mademoiselle.«

Lisa fing an: »Das sind die Überreste von Santa Reparata, der alten Florentiner Kathedrale. Als sie erbaut wurde, hielt man sie für eine mächtige Basilika, aber um die Hälfte des 13. Jahrhunderts wuchs Florenz sehr rasch an, und die Kirche wurde bald zu klein. Da beschloß man in aller Bescheidenheit, die größte Kirche der Welt zu bauen.«

»Keine Halbheiten.«

»Bestimmt nicht«, schaltete sich Onkel Karl ein. »Florentiner und Bescheidenheit haben noch nie zusammengepaßt.«

»Sie begannen mit den Arbeiten«, setzte Lisa ihre Ausführungen fort, »aber damit sie in der Zwischenzeit nicht ohne Dom waren, rissen sie Santa Reparata nicht sofort ab und bauten die neue Kirche um die alte herum. Wie bei den russischen Holzpüppchen, du weißt schon, die man in-

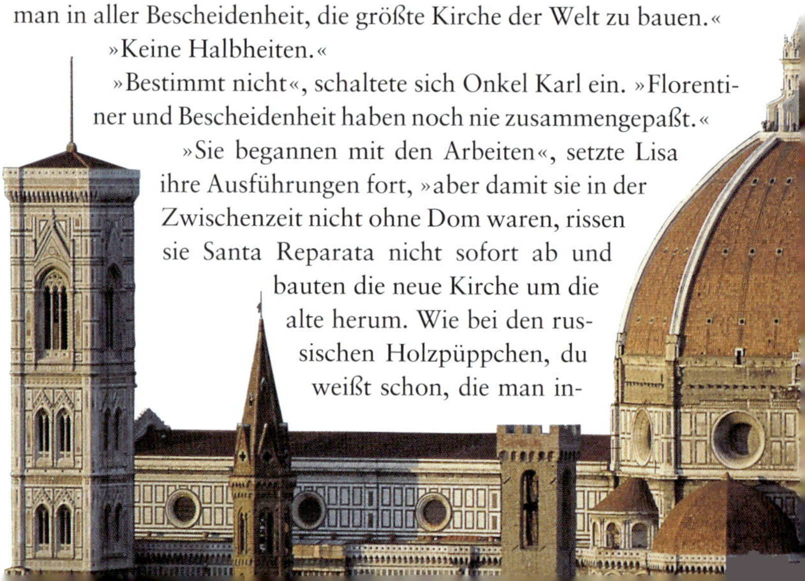

einanderstecken kann. Über hundert Jahre lang ging man zur Messe in die alte Kathedrale, die langsam von den Bauträgern erstickt wurde, die rings um sie wuchsen. Und obwohl ihr Verschwinden schon beschlossene Sache war, wurde sie, solange sie noch stand, weiter verschönert, und man begrub auch die Toten hier.«

»Das ist interessant«, sagte Onkel Karl. »Siehst du die Grabplatten da? Auf vielen steht ein Datum in römischen Ziffern: MCCCXLVIII, das heißt 1348, das Jahr des Schwarzen Todes: das war die Pest, mein Lieber, die innerhalb von wenigen Jahren ganz Europa durchzog. 1348 wurden die Türkei, Griechenland, Spanien, Frankreich und sogar London von ihr heimgesucht; und natürlich Italien.«

»Die Pest! Und an ihr starben viele Menschen?«

»Stell dir vor, allein im Sommer jenes Jahres raffte die Seuche einen von zwei Florentinern dahin und im restlichen Europa mindestens einen von drei Bewohnern. Im selben Jahr erschien das *Dekameron* von Boccaccio, in dem diese Geschichte ausführlich beschrieben wird und das so anfängt... hier: *Es war im Jahre MCCCXLVIII, als in der herrlichen Stadt Florenz – unstreitig der schönsten in Italien – die Pest ausbrach.* Ein Chronist aus der damaligen Zeit berichtet, *sie starben Tag und Nacht zu Hunderten, und jeder mied und verließ jeden, da diese Seuche durch den Atem und den Blick übertragen wurde...*«

»Sie wurde durch Blicke übertragen?«

»Aber nein, sie wurde von Ratten und Flöhen übertragen, aber das wußte man damals nicht.«

»Moment mal: wie schaffst du es nur, all das zu behalten?«

»Diese Abschnitte waren hier in meinem Reiseführer«, gab der Onkel zu. »Aber den Boccaccio wußte ich noch«, erklärte er befriedigt. »Ich habe ein fotografisches Gedächtnis.«

Philipp ließ es ihm durchgehen. »Aber ich wollte dich fragen... Was haben die Überlebenden gemacht?«

»Sie flohen aus der Stadt und beteten. Das *Dekameron* erzählt von einer Gruppe von jungen Leuten, die aufs Land geflüchtet waren, um der Seuche zu entgehen, und die so vergnüglich wie möglich lebten, um nicht an die Schrecken zu denken. Dieser Tage bringen wir dich einmal zur Kirche Orsanmichele, wo noch einiges an jenes schreckliche Jahr erinnert.«

DER GLOCKENTURM DES DOMS WURDE VON DEM BEDEUTENDEN MALER GIOTTO ENTWORFEN UND ZU BAUEN BEGONNEN. GIOTTO KAM BIS ZUM ERSTEN STOCKWERK; DEN REST ÜBERNAHMEN ANDREA PISANO UND FRANCESCO TALENTI. PISANO HAT AUCH DIE RELIEFS AM FUSS DES GLOCKENTURMS AUSGEFÜHRT: DIE SECHSECKIGEN RELIEFTAFELN MIT DARSTELLUNGEN DER ERSCHAFFUNG DES MENSCHEN UND DER ZÜNFTE STAMMEN FAST ALLE VON IHM UND SEINEM SOHN NINO (FÜNF TAFELN AUF DER NORDSEITE SIND VON LUCA DELLA ROBBIA). ÜBER DEN SECHSECKEN BEFINDET SICH EINE REIHE VON RAUTENBILDERN AUF BLAUER MAJOLIKA; DIESE RELIEFS ZEIGEN DIE PLANETEN, DIE GÖTTLICHEN UND KARDINALTUGENDEN, DIE ZÜNFTE (WIEDER!) UND DIE SAKRAMENTE. NOCH WEITER OBEN BEFINDEN SICH DIE STATUEN DER PROPHETEN. AM BEKANNTESTEN IST DER »ABAKUK« DONATELLOS, DER WEGEN SEINEM GROSSEN, KAHLEN SCHÄDEL „ZUCCONE“ (GROSSER KAHLKOPF) GENANNT WURDE. SÄMTLICHE SKULPTUREN SIND KOPIEN: DIE ORIGINALE STEHEN IM DOMMUSEUM.

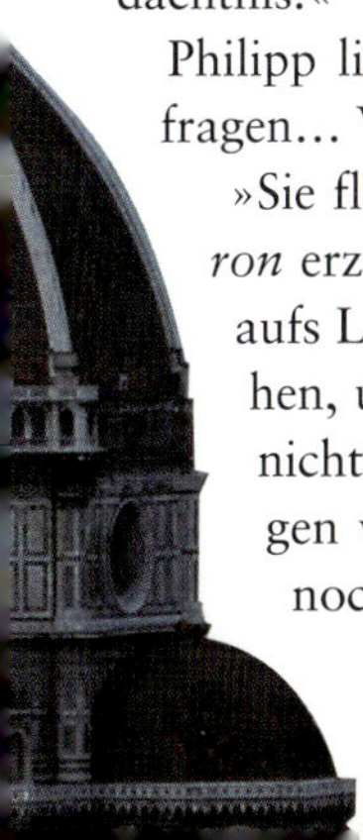

DOM OHNE FASSADE!

DREI ENTWÜRFE AUS DEM

19. JH. UND DIE BEIDEN

WESENTLICHEN LÖSUNGEN:

IN FORM EINER BASILIKA

ODER DREIGIEBELIG

Philipp war leicht erschüttert, was ihn nicht daran hinderte, etwas Merkwürdiges festzustellen. »Warum ist der Fußboden hier auf verschiedenen Ebenen?« fragte er.

»Weil jede Ebene mit einer anderen Zeit zusammenhängt. Du machst ein paar Schritte auf einem frühchristlichen Mosaik, dann gehst du nach rechts auf einen Backsteinfußboden, steigst eine Stufe hoch und stehst vor einem bunten Mosaik aus der Zeit Karls des Großen; und so weiter. Siehst du, hier ist ein Grabstein mit Farbresten: im Mittelalter wurden Grabmäler oft bemalt.«

»In den Vitrinen sind die Funde aus Grabstätten ausgestellt«, sagte Lisa. »Das Schwert eines Ritters, ein Glasbecher aus langobardischer Zeit... und da ist eine Art Skalpell.«

»Bevor wir wieder nach oben gehen«, schaltete sich der Archäologe ein, »will ich dir noch einen Grabstein zeigen. Er wurde bei den Ausgrabungen von 1972 gefunden.«

Philipp näherte sich, um besser zu sehen, und las langsam und deutlich vor: »*Corpus magni ingenii viri Philippi Brunelleschi Florentini*. Das ist Lateinisch.«

»Sehr gut! Es bedeutet, hier ruht Filippo Brunelleschi, ein Florentiner von großem Talent.«

»Hat er etwas Besonderes gemacht?«

»Wenn wir nach oben gehen, siehst du es. Komm.«

IM DOM

Als er wieder oben war, hatte Philipp denselben Eindruck wie beim Eintreten: innen wirkt der Dom wie eine große leere Schachtel in trüben Farben, sehr enttäuschend nach der äußeren Pracht. Er teilte seinen Eindruck Onkel Karl mit.

»Dabei gibt es hier viele Kunstwerke, von den Fresken bis zu den Glasmalereien; es sind die Dimensionen der Kirche, die diese Wirkung erzeugen.«

»Sie ist so groß, daß alles übrige winzig erscheint.«

»Das ist der „gotische Effekt“, der unsere Blicke nach oben zieht: die riesig hohen Pfeiler, Spitzbögen...«

»Spitz zulaufend ist damit gemeint, stimmt's?«

»Ja. Diese Bogen können viel schwerere Gewichte tragen als der „Rundbogen“ und ermöglichten es daher den Architekten der Zeit, sehr große, nach oben strebende Kathedralen zu bauen. Außerdem war nach der damaligen religiösen Auffassung der Mensch klein und unbedeutend gegenüber seinem Schöpfer. Die Gotik ist jedoch hier in Italien immer ziemlich maßvoll und „klassisch“ geblieben: das hing mit dem Geschmack und den künstlerischen Tendenzen zusammen. Wenn dir die „spitz zulaufenden“ Sachen gefallen, mußt du dir ansehen, was die Franzosen in dieser Hinsicht geschaffen haben!«

Philipp sah sich um. »Warum haben die beiden Ritter da keinen Heiligenschein? So sehen sie eher wie Krieger aus und nicht wie Heilige.«

»Das sind ja auch keine Heiligen sondern Söldnerführer. Auf den Fresken sind zwei perspektivisch von unten nach oben gesehene Reiterdenkmäler dargestellt: eins aus Marmor und das andere, das grünliche, aus Bronze. Das waren Söldnerführer: mit ihrer Hilfe gewann Florenz wichtige Schlachten, und zum Dank wurden sie von der Stadt an ihrem heiligsten Ort geehrt.«

»Und die Uhr da?« fragte Philipp und zeigte auf die Wand gegenüber der Fassade. »So eine habe ich noch nie gesehen.«

»Die hat Paolo Uccello gemalt, der auch den grünen Reiter geschaffen hat.«

»Paolo Uccello, Pazzino... Was für Nachnamen hatten die denn damals?«

»Das waren zum Teil Spitznamen, so wie du vielleicht einen Klassenkameraden Hering oder Dicker nennst. Sein richtiger Name war Paolo di Dono. Laut Vasari nannten sie ihn Uccello (Vogel), weil er Tiere liebte, aber keine halten konnte und sich deshalb damit begnügen mußte, sie zu malen: er hatte das ganze Haus voller Bilder von Hunden, Katzen und Vögeln! Andere meinen, daß er diesen Namen bekam, als er am Nordportal des Baptisteriums arbeitete. Damals war er Geselle in der Werkstatt Ghibertis, der den Wettbewerb zur Dekoration des Portals gewonnen hatte. Die verschiedenen Gehilfen teilten sich die Arbeit, und ihm fielen immer die Tiere und die Vögel der Verzierung zu; und von da an...«

»Und dann?«

»Er wurde Mitglied der Gilde der Ärzte und Apotheker, welche die offizielle Zunft der Künstler war; dann trat er in die Gesellschaft von San Luca ein, der eigentlichen Zunft der Maler. Irgendwann fuhr er nach Venedig, um die Mosaikkunst zu erlernen: leider ist nichts von seinem dortigen Schaffen erhalten geblieben. Nach seiner Rückkehr nach Florenz wurde er vom Dombauamt mit der Ausführung dieses Freskos beauftragt. Der Reiter ist Giovanni Acuto, der englische Söldnerführer John Hawkwood, der für fast zwanzig Jahre in Florentiner Diensten stand.«

GIOVANNI ACUTO

»Es sieht beinah wie eine richtige Skulptur aus…«

»Weil Paolo Uccello perspektivisch malt. Aber einiges ist merkwürdig. Der Sockel ist von unten gesehen, während Pferd und Reiter sich auf der Höhe des Betrachters befinden. Der Körper des Pferdes besteht in Wirklichkeit aus einer Reihe mehr oder minder großer Kreise, die aneinandergereiht sind. Und außerdem fand Vasari es nicht stimmig, daß die Füße des Pferdes alle auf einer Seite stehen. Man könnte sagen, daß Paolo Uccello etwas sonderbar war.«

»Inwiefern?«

»Irgendwann hatte er die Manie der Perspektive und blieb die ganze Nacht auf, um Trinkkelche und Hüte zu zeichnen. Seine Frauf rief ihn zu Bett, und er wiederholte immer nur entrückt: „O wie entzückend ist diese Perspektive!“«

»Er war wirklich verrückt!«

»Die Leidenschaft hatte ihn gepackt, und er tat nichts anderes mehr: er soll sich monatelang zu Hause eingeschlossen haben, ohne eine Menschenseele zu sehen. Aber *seine* Perspektive war nicht die künstliche und mathematische von Brunelleschi; es war eher eine „natürliche“ Perspektive, die sich am Augenschein orientierte. Es ist kein Zufall, daß er eine Reihe von „künstlichen“ Effekten einsetzt: optische Täuschungen, doppelte Perspektiven, Spiegelungen… Auf diesem weniger strengen und phantasievolleren Terrain bewegen sich viele Jahrhunderte später die Kubisten und die Surrealisten.«

Philipp sah neugierig nach oben: »Auch die Uhr ist nicht gerade normal.«

»Das Zifferblatt ist eine Margerite mit vierundzwanzig Blütenblättern, einem für jede Stunde des Tages und der Nacht; es gibt nur einen Zeiger in Kometenform, der außerdem in umgekehrter Richtung läuft… und er zeigt auch nicht die richtige Zeit an! Damals begann der Tag sofort nach Sonnenuntergang, mit der ersten Stunde der Nacht, und am darauffolgenden Abend begann der nächste Tag. Der Zeiger bewegt sich auch gegen den Uhrzeigersinn, weil er dem Lauf der Sonne von Osten nach Westen folgt, wie eine Sonnenuhr.«

»Unglaublich, daran hat sogar die Swatch noch nicht gedacht!«

»Da wäre ich mir nicht so sicher. Und da wir bei Marken sind, das hier auf dem Fußboden ist das Zeichen des Dombauamtes.«

Lisa fühlte sich verpflichtet hinzuzufügen: »Der Fußboden ist mit bunten Marmoreinlegearbeiten dekoriert, die geometrische

Muster bilden. In allen Feldern formen die Einlegearbeiten eine Art perspektivisches Spinnennetz; wenn du dich in die Mitte stellst, wo das Zeichen des Dombauamtes ist, hast du das Gefühl, davon verschluckt zu werden!«

INTARSIE IST AUS DEM ARABISCHEN „TARSI" ABGELEITET, WAS SOVIEL WIE KOSTBARE VERZIERUNG HEISST, DENN MAN FERTIGTE SIE AUS WERTVOLLEM HOLZ, STEIN ODER MARMOR AN. FÜR DIE FUSSBÖDEN VERWENDETE MAN MARMORPLATTEN IN VERSCHIEDENEN FARBEN, DIE MIT METALLSÄGEN GESCHNITTEN UND MIT TUFF- ODER BIMSSAND POLIERT WURDEN. DIE STÜCKE WURDEN DANN NACH EINER VORBEREITETEN ZEICHNUNG EXAKT IN FORM GESCHNITTEN. IN MANCHEN FÄLLEN HAT MAN SOGAR AUF DIE FARBÜBERGÄNGE GEACHTET!

DIE KUPPEL VON BRUNELLESCHI

Philipp sah in die Höhe. »Sie ist riesig. Wer hat so etwas zustande gebracht?«

»Ein Mann von großem Talent.«

»Filippo Brunelleschi!«

»Richtig, dein Namensvetter. Und sie würde noch riesiger wirken, wenn sie weiß wäre, statt mit diesem Freskenhimmel voller Engel, Teufel und Heiligen.«

»Erzähl mir alles darüber.«

»Die Geschichte der Kuppel ist geprägt von Merkwürdigkeiten, Kontroversen, Rivalitäten und überspannten Projekten. Aber es ist vor allem die Geschichte ihres Erbauers, einem genialen und sehr mutigen Mann. Gegen Ende des 14. Jahrhunderts beschlossen die Florentiner, die Kathedrale mit einer Kuppel zu krönen, die den allgemeinen Neid erregen sollte. Es war eine Prestigefrage. Zweihundert Jahre zuvor hatten die verhaßten Pisaner ihre Piazza dei Miracoli erbaut. Der neue Dom von Florenz sollte sie übertrumpfen und eines der Weltwunder werden. Als Bauleiter wurde, wie ich schon sagte, der berühmteste Architekt der Zeit, Arnolfo di Cambio, berufen. Nun begann man normalerweise den Bau einer Kirche mit der Apsis. Arnolfo di Cambio fing jedoch mit der Frontseite an, und da er auch ein guter Bildhauer war, schuf er eigenhändig einige Statuen für die Fassade. Aber – wohlgemerkt – er erklärte nie, wie die von ihm entworfene Kuppel erbaut werden sollte. Die Architekten, die nach ihm die Bauleitung übernahmen, wußten nicht, wo sie anfangen sollten, und taten alles, um die Sache nur ja nicht in Angriff nehmen zu müssen. Zu Beginn des 15. Jahrhunderts war der Dom fertiggestellt, aber von der Kuppel war nicht die kleinste Spur vorhanden. Daher schrieb die Stadt einen Wettbewerb aus, um einen geeigneten Architekten zu finden. Es gab sehr viele Teilnehmer, darunter auch einige mit, gelinde gesagt, unsinnigen Vorschlägen.«

GIORGIO VASARI UND FEDERICO ZUCCARI, »DAS JÜNGSTE GERICHT« FRESKENMALEREIEN DES KUPPELGEWÖLBES (FERNGLAS NICHT VERGESSEN)

»Zum Beispiel?«

»Das Problem war folgendes: wie sollte man in einer solchen Höhe arbeiten? Holzgerüste waren zu kostspielig und die zu bedeckende Fläche zu groß. Vasari berichtet, daß jemand vorgeschlagen hatte, die Trommel mit Erde zu füllen, die immer neu nachgefüllt werden sollte, je höher die Kuppel wuchs. An diesem Punkt stellte sich das nächste Problem: nach Beendigung der Arbeiten mußte die Kuppel wieder entleert werden. Und der geniale Gedanke war: wenn man die Erde mit Münzen vermischen würde? Wer würde bei der Aussicht darauf, ein hübsches Sümmchen nach Hause zu tragen, nicht gerne den Schubkarren mit anpacken?«

»Aber das war nicht der Gewinner.«

»Natürlich nicht. Aus der Ausschreibung gingen zwei Architekten und Bildhauer als Sieger zu gleichen Teilen hervor, Ghiberti und Brunelleschi. In Wirklichkeit war der Entwurf für die Kuppel von Brunelleschi, aber die Leute vom Dombauamt... hatten, sagen wir mal, kein Vertrauen zu ihm. Laut Vasari hielten sie ihn für ein bißchen verrückt. Es war das erste Mal, daß jemand behauptete, eine Kuppel von diesen Dimensionen ohne Stützgerüste bauen zu können. Deshalb stellten sie ihm Ghiberti zur Seite, der mehr Sicherheiten bot: er hatte Beziehungen in der Kommission und war außerdem ein großer Künstler. Die beiden verstanden sich jedoch nicht besonders gut: sie stritten sich dauernd darüber, wie die Arbeiten organisiert werden sollten, und dadurch ging der Bau nur langsam voran. Außerdem behielt Brunelleschi sein Wissen eifersüchtig für sich. Stell dir vor, um die verschiedenen Einspannungstechniken zu studieren, baute er sich kleine Modelle, wobei er als Ziegelsteine eine in Stückchen geschnittene Rübe benutzte: nach Beendigung der Studien machte er sich eine Suppe daraus, so daß niemand sich etwas abgucken konnte. Irgendwann stürzte Ghiberti sich dann auf die Arbeit an den Portalen des Baptisteriums, und Filippo konnte endlich die Situation in die Hand nehmen.«

»Aber wo war denn das Problem?«

»Das Problem war, die im Aufbau befindliche Kuppel zu stützen, und Brunelleschi löste es glänzend. Am Anfang des 15. Jahrhunderts waren er und Donatello nach Rom gegangen, um ihre Kenntnisse der Bauwerke und Statuen der alten Römer zu vertiefen. Brunelleschi schaute sich von ihnen eine Methode ab, die darin besteht, die Ziegelsteine in Fischgrätenform einzuspannen, damit sie auch bei starker Neigung nicht fallen, während gemauert wird.«

»HOCH RAGT SIE IN DEN HIMMEL, SO BREIT,
DASS IHR SCHATTEN AUF ALLE VÖLKER DER TOSKANA FÄLLT…«
(LEON BATTISTA ALBERTI)

»Durch diese kleine Tür hier kann man bis ganz nach oben steigen«, schaltete sich Lisa ein. »Es gibt da eine Treppe innerhalb der Mauern, in einem Hohlraum, den Brunelleschi gelassen hatte, um die Mauerstruktur leichter zu machen. Oben angelangt, betritt man die große Laterne aus weißem Marmor, die ebenfalls von ihm entworfen wurde und die, außer zur Beleuchtung der Kirche, auch zur Stabilisierung des ganzen Baus dient, wie der Schlußstein bei den Bogen. Von da oben sieht man ganz Florenz.«

»Wer weiß, wie lang sie gebraucht haben...« dachte Philipp laut und streckte die Nase in die Höhe.

»Sie sind auf viele Schwierigkeiten gestoßen«, nahm Onkel Karl die Unterhaltung wieder auf, »von denen viele mit der erzwungenen Zusammenarbeit von Brunelleschi und Ghiberti zusammenhingen. Irgendwann waren die Beziehungen der beiden so gespannt, daß Brunelleschi zum passiven Widerstand überging. Vielleicht nach dem gleichen System wie du, wenn du mal einen Tag die Schule schwänzen willst...«

»Und das wäre?« fragte Philipp verlegen. »Wenn es das ist, was ich vermute«, dachte er bei sich, »dann schaffe ich das leider nie.« Seine besorgte Mutter rief immer sofort den Arzt, und seine Verstellungskünste hatten überhaupt keine Chance.

»Er stellte sich krank („Aha“, dachte Philipp) und wartete ab, bis es Probleme gab. Die andern sollten merken, daß es ohne ihn nicht weiterging. Und das geschah auch regelmäßig.«

Die drei gingen hinter dem großen achteckigen Chorraum aus Marmor vorbei und näherten sich den mächtigen Pfeilern, die die schwere Kuppel tragen.

Die Sakristeien

Zwischen den Pfeilern wurden zwei Sakristeien geschaffen. Die Sakristei der Kanoniker verschließt eine dunkle Tür. Bei der Sakristei der Messen kann man durch eine Glastür auf das Innere blicken: sie ist ziemlich klein und ganz mit Holz verkleidet. In der Mitte ist ein Tisch, auf den die für die Messe notwendigen Gegenstände gestellt werden, ringsum sind viele Schränke mit Schubladen. Die Holzeinlegearbeiten an den Wänden stellen kleine Bücherschränke, Kreuze und Kerzenleuchter dar.

»Unglaublich, wie echt das alles aussieht!«

»Die Wunder der Perspektive«, sagte Onkel Karl. »Wo es keinen Platz gab, mußte man ihn erfinden!«

Lisa kicherte hinter ihrer Brille: »Diese Sakristei hat einiges mitgemacht. Das Ereignis von 1478 hat sie bestimmt nicht vergessen.«

»Was ist denn da passiert?«

»Es war am Ostersonntag. Stell dir die Szene vor: ein verwundeter Mann sucht hier Schutz; er ist gerade einem Attentat entgangen, aber die blutrünstigen Meuchelmörder geben nicht auf und verfolgen ihn. Wie im Kino. Es war Lorenzo de' Medici, der sich vor den Dolchen der Pazzi in Sicherheit brachte.«

»Den Verwandten von Pazzino!«

»Ich würde eher sagen, den Nachfahren. Pazzino war schon lange tot, aber seine Familie war inzwischen sehr mächtig geworden: so mächtig, daß sie sich gegen die Medici stellte.«

»Aber Lorenzo de' Medici war der Herrscher von Florenz.«

»Tatsächlich war er das, zusammen mit seinem Bruder Giuliano.«

»Und die Pazzi hatten beschlossen, sie umzubringen?«

»Genau. Aber dazu brauchten sie Verbündete, Komplizen. Deshalb verwickeln Francesco de' Pazzi und sein Vater Jacopo in die Verschwörung auch den Bischof von Pisa und – wie es scheint – sogar den Papst. Der Anschlag soll im Dom während der Ostermesse ausgeführt werden. Die beiden Brüder Giuliano und Lorenzo wohnen der Messe im Chorraum bei, wo neben den Geistlichen die Mitglieder der angesehensten Florentiner Familien sitzen. Als die Hostie erhoben wird und alle mit gesenktem Kopf niederknien, startet der Angriff: Giuliano wird sofort von einem Beilschlag, der ihm den Schädel spaltet, tödlich verletzt. Lorenzo kämpft, um sich von seinen Angreifern zu befreien. Ein Freund deckt ihn mit seinem Körper und wird erdolcht. Der an der Kehle verwundete Lorenzo rettet sich mit einem Sprung aus dem Chorraum und bringt sich mit einigen Freunden in der Sakristei der Messen in Sicherheit, genau hier.«

»Und dann?«

»Der Anschlag war gescheitert, ihm folgte die Rache, und sie war schrecklich. Die Pazzi und ihre Komplizen wurden alle getötet. Francesco de' Pazzi und der Bischof von Pisa wurden erhängt und ihre Leichname außen am Palazzo Vecchio aufgehängt. Jacopo Pazzi wurde erschlagen und in den Arno geworfen. Die andern Verschwörer wurden niedergemetzelt oder ebenfalls an den Fenstern des Palazzo Vecchio aufgehängt.«

Plötzlich wirkte die Sakristei finster. »Das ist ja unglaublich. Sie hatten nicht gerade feine Methoden.«

»Ein richtiger Horrorfilm«, lautete der Kommentar von Onkel Karl, der sich die blutige Schilderung schweigend angehört hatte. »Der Schädel Giulianos wird im Anthropologischen Museum aufbewahrt«, fügte er hinzu, »und das Beil hat seine Spuren an ihm hinterlassen. Auf, nach diesen düsteren Begebenheiten brauchen wir ein bißchen Sonne... und ein Eis.«

GIULIANO DA MAIANO UND SEINE WERKSTATT, »VERKÜNDIGUNG« (SAKRISTEI DER MESSEN). BEI DER AUSFÜHRUNG DIESER HOLZEINLEGEARBEITEN WURDEN VERSCHIEDENE HOLZARTEN VERWENDET: EIBEN-, BUCHSBAUM-, NUSSBAUM-, ZYPRESSENHOLZ... GANZ ZU SCHWEIGEN VON DEN EDLEREN SORTEN WIE EBENHOLZ, DIE AUS DEM ORIENT IMPORTIERT WURDEN. UM DAS HOLZ AUFZUHELLEN, WURDEN DAZWISCHEN ELEMENTE AUS ANDEREM MATERIAL WIE SCHMUCKSTEINE, ELFENBEIN, BEIN UND PERLMUTT EINGESETZT.

Nachdem sie den Dom verlassen hatten, fiel es ihnen nicht schwer, eine Eisdiele zu finden; schwieriger war da schon die Auswahl unter dreißig verfügbaren Eissorten.

»Artischocke? Parmakäse?« schlug Onkel Karl vor.

»Ach nein… Und was ist das? Warum Buontalenti?«

»Unser Freund Bernardo, der von der Fassade: er war es, der die Methode zum Aufbewahren von Speiseeis erfand. Sehr gut, kann ich dir empfehlen.«

»Was für ein Genie! Fast wie Brunelleschi.«

Mit ihren Eistüten in der Hand gingen sie gemächlich die Via Calzaioli entlang.

»Was machen wir denn jetzt?«

Philipp und Lisa warfen Onkel Karl jenen Blick zu, der besagt: »was immer du vorhast, die Antwort ist nein«.

»Den Dom müssen wir noch zu Ende besichtigen«, sagte er entrüstet. »Ich bringe euch auf die Kuppel.«

Giulias Brillengläser funkelten vor Schreck. »Das kannst du vergessen«, sagte sie diplomatisch. »Ich warte hier auf euch. Aber geht ruhig.«

Philipp betrachtete sie neidisch. Dann schickte er sich ins Unvermeidliche.

DIE KUPPEL 2: DIE RACHE

Es war sehr heiß, und die schmale Treppe schien endlos; und der Onkel war ihm immer zwanzig Stufen voraus und frisch wie eine Rose. »Wahrscheinlich hat er auf den Pyramiden trainiert«, dachte Philipp. Endlich kamen sie ins Freie: unter ihnen – weit unten – lag ganz Florenz und noch mehr.

»Hast du die Stufen gezählt?« fragte Karl. »Es sind 463.«

DER LEICHNAM DES BERNARDO BANDINI BARONCELLI, ZEICHNUNG VON LEONARDO DA VINCI

»Das habe ich gemerkt«, antwortete Philipp mit versagender Stimme. »Ich bin... wohl nicht... in Bestform.«

»Das habe ich bemerkt. Komm, setz dich und genieße den Blick!«

Zwanzig Minuten später fing der unermüdliche Archäologe wieder an: »Also Philipp, gehen wir heute nachmittag ins Dommuseum: was hälst du davon?«

Sie waren in einer überfüllten Pizzeria von San Lorenzo. Lisa hatte trotz der drängenden Bitten der beiden anderen aufgegeben: sie mußte nachsehen, ob eine wichtige E-mail für sie angekommen war.

»Es ist so, als würde ich sie persönlich kennen, die Leute vom Dombauamt. Ist es weit bis dahin?«

»Zwei Schritte von hier, auf dem Domplatz. Aber wenn du zu müde bist...«

»Ich? Im Gegenteil: das Eisen muß geschmiedet werden, solange es noch heiß ist.«

DONATELLO

DAS DOMMUSEUM

»Das Schöne an diesem Museum«, fing Onkel Karl an, »ist, daß in ihm alle Skulpturen, Gemälde und Wandteppiche gesammelt wurden, die im Lauf der Zeit aus dem Dom entfernt worden waren. Die Florentiner wollten eine einzigartige Kathedrale – sie sollte ja auch die größte der Welt werden – und hörten nie auf, sie zu schmücken, zu erneuern und zu verändern, bis sich am Ende des 19. Jahrhunderts der Sinn für „Sauberkeit" durchsetzte.«

»Bei mir zu Hause setzt er sich einmal in der Woche durch.«

»Aber ihr räumt das Haus nicht aus. Der Dom wurde jedoch nach und nach von der ganzen Ausstattung „gesäubert", mit der er im Lauf der Jahrhunderte geschmückt worden war. Unter anderem haben sie sich auch dieser beiden Marmorchöre entledigt, die als Balkone für die Chorsänger dienten. Sie befinden sich hier seit 1688, als

Ferdinando de' Medici und Violante von Bayern im Dom getraut wurden. Nach Meinung des Fürsten paßten die Chöre nicht zu den barocken Schmuckelementen der Kirche.«

LUCA DELLA ROBBIA

»Über Geschmack läßt sich streiten. Zum Wegwerfen waren sie aber wirklich nicht.«

»Sie befanden sich über den Türen der Sakristeien. Geschaffen wurden sie im selben Zeitraum des 15. Jahrhunderts von Luca della Robbia und Donatello. Der Gegenstand ist der gleiche, wurde aber von den beiden Künstlern mit unterschiedlichem Temperament ganz verschieden ausgeführt. Der Chor von della Robbia ist sehr anmutig in der Gestaltung, die singenden Kinder sind wunderschön und die ganze Szenerie erinnert an eine langsame und sanfte Melodie. Bei Donatellos Chor scheinen die kleinen Engel sich fast heftig zu bewegen. Dazu hat Donatello die kleinen Säulen und den Reliefhintergrund mit einem Mosaik aus Glaspaste überzogen, um mehr Licht einzufangen, denn sein Chor war auf der dunkleren Seite.«

»Und wer ist diese Art Hexe da?«

»Auch das ist eine Skulptur von Donatello. Sie stellt die *Büßende Magdalena* dar.«

»Da bekommt man ja eine Gänsehaut. Woraus ist sie denn gemacht?«

»Aus Holz, Gips, Werg... Er wählte Material, mit dem er die Leiden der Heiligen am besten hervorheben konnte. Siehst du ihre verzerrten Züge? Jedenfalls befindet sie sich in guter Gesellschaft: alle Statuen hier haben nicht wenig gelitten, solange sie im Freien standen. Hitze, Kälte, Erschütterungen... ganz abgesehen von der Umweltverschmutzung und den kleinen Aufmerksamkeiten der Tauben. Ursprünglich dienten die Räume des Museums zum Unterstellen der für die Kathedrale bestimmten Skulpturen. Jetzt geschieht das Gegenteil: die Statuen wurden von den Außenseiten des Doms und des Glockenturms entfernt und hier untergebracht, damit sie nicht ruiniert werden. Der Silberaltar hier stammt dagegen aus dem Baptisterium, wie viele andere kirch-

WOLLWIRKERZUNFT

liche Gegenstände. Weißt du, wie man sie von denjenigen unterscheiden kann, die aus dem Dom kommen?«

»Durch ein Markenzeichen oder so etwas.«

»Das Markenzeichen des Sponsors: der Adler, der ein Wollknäuel in den Klauen hält, ist das Symbol der Zunft der Wollhändler.«

»Und wer hat den Dom gesponsert?«

»Die Wollweberzunft, die sehr wohlhabend war. Sieh mal, auf diesen Stoff ist ihr Markenzeichen gestickt: ein Lamm mit Heiligenschein und einem Banner zwischen den Füßen. Der Silberaltar war das ganze Jahr über abgebaut und in einem Schrank untergebracht; am Festtag Johannes des Täufers wurde er in der Mitte der Kirche auf dem antiken Taufbecken aufgebaut. Es sind gut vierhundert Kilo Silber, auf denen Szenen aus dem Leben des Heiligen dargestellt sind.«

WOLLWEBERZUNFT

»Ist er sehr alt?«

»Hier steht, daß er in der zweiten Hälfte des 14. Jahrhunderts begonnen wurde. Damals war Florenz besonders reich und mächtig und hatte unter anderem gerade Pisa besiegt. Die Geschäfte gingen gut, die Zukunft sah rosig aus, die Menschen waren sehr geschäftig. Siehst du hier: das sind die Originaltafeln des Glockenturms; auf dem Platz haben wir die Kopien gesehen. Die sechseckigen stellen die menschlichen Tätigkeiten dar: Landwirtschaft, Seefahrt, Metallurgie, Bildhauerei, Weberei... Man sieht auch das Werkzeug und die Arbeitsinstrumente der damaligen Zeit.«

»Tatsächlich... man sieht niemanden, der nicht arbeitet.«

Die beiden gelangten zu einem langen Korridor mit Glaswänden.

MECHANIK

EINLESE

»Schau mal, das gefällt dir bestimmt: zwei Räume, die den Bau der Kuppel veranschaulichen! Da sind die Modelle... und auch die Totenmaske von Brunelleschi.«

Philipp stöberte neugierig herum und strich dabei seine Haarsträhne zurück.

»Aber woher haben sie denn die Steinblöcke genommen? Und wie wurden sie zur Kuppel nach oben geschafft?«

»Bitte der Reihe nach. Der Architekt machte den Entwurf, aber ausgeführt wurde er oft von den Baumeistern, die die Arbeiten leiteten und die Handwerker koordinierten. Der Baubeginn wurde mit der Zeremonie der Grundsteinlegung gefeiert, an der die bedeutendsten Persönlichkeiten der Stadt teilnahmen. Die Steine stammten aus den Steinbrüchen von Maiano, unterhalb von Fiesole, oder vom Boboli-Hügel. Zum Bau wurden sie auf von Mauleseln oder Ochsen gezogenen Wagen herangeschafft, und die Steinmetze formten sie je nach Bedarf: für Bogen, Gewölbe usw. Den notwendigen Mauerkalk gewann man durch das Brennen von Kalksteinen, die dann mit Wasser und Sand vermischt wurden. Um die Qualität des Mörtels zu verbessern, wurden dem Gemisch Haare, Ochsenblut... und sogar Ohrenschmalz beigemengt.«

»Ein tolles Rezept! Wirklich köstlich.«

»Abwarten, da fehlt noch die letzte Abrundung durch den Chefkoch: jede Menge Knoblauchzehen, damit der Teufel nicht alles zum Einstürzen bringt! Aber die Arbeiten wurden nicht nur mit bloßer Muskelkraft ausgeführt. Es gab Maschinen zum Hochheben und Anordnen der Steine; mangels Dampfkraft oder Strom benötigte man Tiere, um sie in Gang zu setzen. Hier sind einige dieser Maschinen aufbewahrt: Flaschenzüge, Winkel aus Eisen, dicke Hanfseile zum Heben von Baumaterial... Es gibt auch merkwürdigere Gegenstände wie diesen kleinen Karren, der auf das Rippengewölbe der Kuppel herabgelassen wurde, um die Handwerker mit Ziegelsteinen zu versorgen,

VON DEN SKULPTUREN, DIE ARNOLFO DI CAMBIO FÜR DIE FASSADE DES DOMS SCHUF, IST DIESE »MADONNA MIT KIND« DIE... ORIGINELLSTE: SIE HAT GLASAUGEN, EIN DETAIL, DAS SICH BEI KEINER ANDEREN FLORENTINER SKULPTUR WIEDERFINDET. ANSCHEINEND HATTE BERNARDO BUONTALENTI, DER DEN GROSSHERZOG ZUM ABREISSEN DER MITTELALTERLICHEN FASSADE VERANLASSTE, DAFÜR KEINE SYMPATHIE: NACH SEINER MEINUNG SAH SIE MIT DIESEN GLASAUGEN LÄCHERLICH, WENN NICHT SOGAR MONSTRÖS AUS. DIE STATUE WURDE DAHER IM INNERN DES DOMS AUFGESTELLT; ABER AUCH HIER ZOGEN IHRE AUGEN WEITER SCHAREN VON PILGERN UND SCHAULUSTIGEN AN, DIE ZU IHRER VEREHRUNG GEKOMMEN WAREN. UM ZU VERHINDERN, DASS DIE STATUE ZUM KULTOBJEKT FÜR ABERGLAUBEN WURDE, ENTFERNTEN DIE PRIESTER SIE BEI NACHT AUS DER KATHEDRALE UND SCHLOSSEN SIE IM HOF DES DOMBAUAMTS EIN. (NEBENBEI: WÄHREND WIR SCHREIBEN, KÜMMERT SICH DAS DOMBAUAMT UM DIE RESTAURIERUNG DER TAFELN, DIE AUF DIESEN SEITEN ZU SEHEN SIND. DIE „WIEDER SAUBEREN“ TAFELN WURDEN HIER NICHT ABGEBILDET, WEIL UNS DIE PHOT... WEIL WIR EUCH NICHT DIE ÜBERRASCHUNG VERDERBEN WOLLTEN!)

SEEFAHRT

oder diese Winden und Scheren, die zum Heben von Marmorblöcken oder Steinen dienten. Und hier sind die eigens von Brunelleschi erfundenen Formen für die Ecksteine.«

Aber Philipp war bei den Holzmodellen hängengeblieben.

»Die Modelle brauchte er, um den „Kunden“ davon zu überzeugen, daß er imstande war, die Kuppel zu bauen. Diesmal hatte er Glück.«

»Wieso diesmal?«

»1401 hatte es schon eine Ausschreibung für die Dekoration des Nordportals des Baptisteriums gegeben. Brunelleschi hatte mit einer Probearbeit teilgenommen, es war die Tafel mit dem *Opfer Isaaks*, die sich im Bargello befindet. Zu seinem Pech gewann Ghiberti, und in seiner Enttäuschung stürzte sich unser Brunelleschi mit wildem Eifer auf die Architektur, obwohl er auch als Bildhauer nicht schlecht war.«

FILIPPO BRUNELLESCHI

LORENZO GHIBERTI

DAS DOMMUSEUM

Zu den Sammlungen gehörten auch sehr merkwürdige Gegenstände, die, nach ihrem Glitzern zu urteilen, sehr wertvoll waren. »Früher«, begann Karl, »hing die Bedeutung einer Kirche davon ab, wieviele und welche Reliquien sie vorweisen konnte. Zum Beispiel…«

Philipp hielt sich nur noch mit Mühe auf den Beinen und sein Gesichtsausdruck war nicht besonders intelligent.

»Fühlst du dich nicht gut?«

»Nicht gut genug, um die Reliquien zu schaffen.«

»Es ist mit mir durchgegangen«, sagte Karl teilnehmend, »Wir gehen ins Hotel, ruhen uns aus, und heute abend sehen wir uns Bruce Willis an. Fragen wir Lisa, ob sie mitkommt.«

Philipp guckte erstaunt: »Vielleicht ist sie mehr für Liebesgeschichten…«

»Du machst wohl Witze? Die gefallen mir. Sie sieht nur Action-Filme.«

LINKS DIE »PIETÀ BANDINI« VON MICHELANGELO, DIE IHREN NAMEN NACH DEM BILDHAUER FRANCESCO BANDINI ERHIELT, DER SIE KAUFTE UND NACH ROM BRACHTE. DREI PIETÀ-SKULPTUREN SIND SICHER VON MICHELANGELOS HAND: DER REIHENFOLGE NACH SIND DAS DIE »VATICANA« (DIE EINZIGE VOLLENDETE), DIE »BANDINI« (D.H. DIESE HIER) UND DIE »RONDANINI« (HEUTE IM CASTELLO SFORZESCO IN MAILAND). BEI DER »PIETÀ VON PALESTRINA« IST ES NICHT GANZ SICHER, OB SIE WIRKLICH VON IHM STAMMT. DIE »BANDINI« HATTE ER FÜR SEIN GRABMAL VORGESEHEN, ZERSCHLUG SIE ABER AN EINER STELLE ANSCHEINEND, WEIL ER SIE MISSLUNGEN FAND. VOR IHRER UNTERBRINGUNG IM DOMMUSEUM STAND DIE SKULPTUR LANGE ZEIT IN DER KIRCHE SAN LORENZO UND SPÄTER IM DOM (DESHALB KENNT MAN SIE AUCH ALS »DOM-PIETÀ«).

DAS MOSAIK

DAS MOSAIK IST EINE BESONDERE DEKORATIONSFORM ZUM VERKLEIDEN VON WÄNDEN UND FUSSBÖDEN.

ES WURDE SCHON BEI DEN GRIECHEN VERWENDET (DIE DIE MOSAIKPLÄTTCHEN ERFUNDEN HABEN) UND BEI DEN RÖMERN (DIE ALS ERSTE GOLD DAFÜR BENUTZTEN) UND HATTE IM BYZANTINISCHEN REICH – D.H. IM OSTRÖMISCHEN REICH – AB DEM 4. JAHRHUNDERT N. CHR. SEINE BLÜTEZEIT. ABER VIELLEICHT SOLLTE MAN GENAUER ERKLÄREN, WORUM ES SICH HANDELT.

ZUNÄCHST WURDE EINE ZEICHNUNG ANGEFERTIGT. MAN ZEICHNETE DIE UMRISSE DER FIGUREN VOR, DIE DANN MIT KLEINEN, ANEINANDERGEFÜGTEN WÜRFELN „AUSGEFÜLLT" WURDEN. DIESE KLEINEN WÜRFEL WAREN ENTWEDER AUS STEIN ODER MARMOR („MOSAIKSTEINCHEN") ODER AUS MIT METALLOXIDEN GEFÄRBTER GLASPASTE („MOSAIKPLÄTTCHEN"). GOLD UND SILBER VERMISCHTE MAN ABER NICHT MIT DEM GLAS, SONDERN SCHOB HAUCHDÜNNE METALLBLÄTTCHEN ZWISCHEN ZWEI DURCHSICHTIGE GLASPLATTEN WIE BEI EINEM SANDWICH, NUR WAR STATT SCHINKEN KOSTBARES BLATTGOLD ODER SILBER DARIN.

ZUR HERSTELLUNG DER MEIST VIERECKIGEN ODER DREIECKIGEN MOSAIKEN ZERSCHNITT MAN MIT EINER HEISSEN ZANGE PLATTEN AUS FARBIGEM GLAS. DIE STÜCKCHEN WURDEN ANSCHLIESSEND AUF EINE SCHICHT AUS FRISCHEM KALK, STUCK ODER GIPS GEPRESST.

ES GAB VERSCHIEDENE TRICKS, UM DIE MOSAIKEN ZUM SCHIMMERN ZU BRINGEN, VOR ALLEM DEN, DIE PLÄTTCHEN IN UNTERSCHIEDLICHER SCHRÄGLAGE EINZUSETZEN. UND BEI DEN HEILIGEN VERWENDETE MAN FÜR DEN HEILIGENSCHEIN VERGOLDETE SCHALENFÖRMIGE PLÄTTCHEN.

WER DIE BESONDERS ALS WANDVERKLEIDUNG GEEIGNETEN MOSAIKEN AUS GLASPASTE SEHEN MÖCHTE, DER SOLLTE DAS BAPTISTERIUM SAN GIOVANNI UND DIE KIRCHE SAN MINIATO BESICHTIGEN.

DAS GLASFENSTER

WARUM HABEN GOTISCHE KIRCHEN SO VIELE GLASFENSTER? WEIL MAN DANK DER SPITZBOGEN UND STREBEPFEILER, DIE AUCH EXTREM STARKE GEWICHTE AUSHALTEN KÖNNEN, KEINE SO DICKE MAUERN MEHR WIE FRÜHER ZU ERRICHTEN BRAUCHTE: DIE WÄNDE WURDEN HÖHER UND DÜNNER GEBAUT UND DURCH GROSSE FENSTERÖFFNUNGEN, DIE MIT GLASFENSTERN GESCHMÜCKT WAREN, „AUFGELOCKERT".

MAN BRAUCHTE ZUNÄCHST EINE ZEICHNUNG AUF KARTON IM MASSTAB 1:1 (DAS HEISST IN DER GRÖSSE, DIE DIE FERTIGE ARBEIT HABEN SOLLTE), UND NATÜRLICH EINIGE PLATTEN AUS FARBIGEM GLAS, DIE AUF VERSCHIEDENE ARTEN HERGESTELLT WURDEN: MAN MISCHTE BEI DER VORBEREITUNG DER GLASPASTE FARBSTOFFE BEI; MAN LEGTE ZWEI DÜNNE PLATTEN AUS VERSCHIEDENFARBIGEM GLAS ÜBEREINANDER UND ERZIELTE DURCH DIESE „SUMMIERUNG" DEN GEWÜNSCHTEN FARBTON; ODER ABER MAN BEMALTE DIE PLATTEN DIREKT.

NACH DER KARTONVORLAGE WURDEN DIE GLASSTÜCKE IN DER ERFORDERLICHEN FORM UND GRÖSSE ZUGESCHNITTEN. DAZU BENUTZTE MAN HEISSE EISENSPITZEN; SPÄTER GING MAN ZUM SCHNEIDEN MIT DIAMANTEN ÜBER, WEIL DABEI DIE SCHNITTKANTEN SAUBERER UND REGELMÄSSIGER WAREN.

ZUM SCHLUSS WURDEN DIE EINZELNEN STÜCKE IN EIN RAHMENWERK AUS BLEI EINGEPASST. DANN WAR DAS GLASFENSTER FERTIG UND KONNTE DEM SONNENLICHT UND DEN BEWUNDERNDEN BLICKEN DER GLÄUBIGEN PRÄSENTIERT WERDEN.

LORENZO GHIBERTI

PAOLO UCCELLO

DONATELLO

Die Römer & Co.

Florentia

Am nächsten Morgen verkündete Onkel Karl, daß sie nach *Florentia* gingen. Filippo folgte ihm bereitwillig zur Piazza Repubblica, wo sie Lisa trafen, die in die Lektüre einer französischen Modezeitschrift vertieft war.

»Bist du bereit?« fragte Onkel Karl scheinheilig. »Willkommen in Florentia!« Philipp schaute sich um, aber er sah nichts außer Laternen, Café-Tischen, parkenden Taxis und ziemlich vielen großen Gebäuden.

»Nicht hier! Es liegt drei oder vier Meter unter unsren Füßen, wir spazieren gerade drüber.«

»Jetzt erinnre ich mich! *Cardo*, *decumanus*... Das ist der Platz des *castrums*, wo Florenz entstanden ist.«

»Hier befand sich das Forum, das ganz aus weißem Marmor war«, begann Lisa »mit dem Kapitol und den angrenzenden Gebäuden. Das Kapitol war der Tempel der drei wichtigsten römischen Götter – Jupiter, Juno und Minerva – und durfte in keiner Kolonie fehlen. Seine Überreste befinden sich genau hier unter den Arkaden, wo heute das Kino Gambrinus ist. Deshalb heißt die angrenzende Straße auch Via del Campidoglio (Kapitol).«

»Und die Säule da in der Mitte?«

»Sie ist ebenfalls römisch. Hier war der Punkt, wo sich *cardo* und *decumanus* kreuzten. Die Statue oben stellt vielleicht die Göttin Flora dar, nach der *Florentia* genannt worden war. Es handelte sich um eine Göttin der Pflanzen, die bei den Römern sehr beliebt war: man feierte sie mit Zirkusspielen und anderen Schauspielen. Via Calimala war in der Antike der *cardo*: wenn man bis zum Ende durchgeht, kommt man zur Via Calimaruzza, wo man unter dem ersten

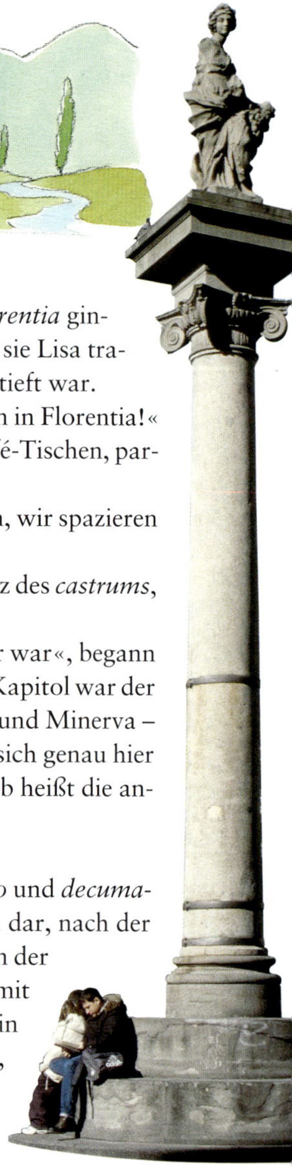

Gebäude rechts die Überreste des südlichen Stadttors besichtigen kann. Auch unter der Piazza Signoria hat man interessante Dinge gefunden: zum Beispiel die Überreste einer *fullonica*, einer Art Färberei, wo die Stoffe gewaschen und vor allem bearbeitet und gefärbt wurden. Damit ist bewiesen, daß die Stoffverarbeitung, durch die Florenz in der ganzen Welt berühmt geworden ist, schon auf die Zeit der Römer zurückgeht. Auf der Piazza Signoria waren auch die schönsten Thermen…«

»Wie die von Fiesole?«

»Noch bessere: in *Florentia* gab es drei, die auch sehr groß waren. Das Theater fehlte natürlich auch nicht, es war fünfmal so groß wie das von Fiesole. Ein Teil des Palazzo Vecchio wurde genau auf den antiken Stufenreihen erbaut. Deswegen geht die Via de' Gondi auf seiner rechten Seite abwärts. Das Amphitheater war dagegen außerhalb der Stadtmauern, auf dem Land, wenige Schritte von der Kirche Santa Croce entfernt. Das Erdgeschoß ist unter der Erde, aber auf der Piazza Peruzzi sind einige Bogen des ersten Stocks erhalten, und von oben kann man seine Form rekonstruieren, die beim Bau der Häuser bewahrt wurde.«

»Ja, aber das ist ein virtuelles *Florentia*. Ich hatte gehofft, etwas zu sehen.«

»Dafür gibt es das Archäologische Museum.«

DAS ARCHÄOLOGISCHE MUSEUM

Philipp hätte es nicht so eilig gehabt, aber Lisa schleppte ihn ohne weiteres zum etruskischen Schmuck. »Da das virtuelle *Florentia* dich enttäuscht hat, halte ich Spezialeffekte für angebracht.«

Philipp schien nicht besonders interessiert. Als er dann näher hinschaute, bemerkte er, daß das Gold zu feinsten Fäden und mikroskopisch kleinen Kügelchen verarbeitet worden war. »Erstaunlich« sagte er.

»Sieh dir den Sarkophag von Larthia Seanti an, die halb ausgestreckt auf einem Di-

wan liegt: an einer einzigen Hand trägt sie fünf Ringe! Ihr Sarkophag ist noch bemalt, was selten vorkommt, da die Farben meistens mit der Zeit abgegangen sind.«

Philipp nutzte die Gelegenheit, um seine Bildung zu beweisen. »Haben die Etrusker auch Gebrauchsgegenstände für das Jenseits ins Grab mitgenommen wie die alten Ägypter?«

»Natürlich. Aber sie glaubten, daß die Toten als „Anwesenheit" oder Geist im Grab blieben. Deshalb sind ihre Gräber wie Wohnungen und enthalten Gewänder, Zierat und die von dir erwähnten Gebrauchsgegenstände.«

»Das erklärt auch die Möbel und die Sachen zum Essen und Trinken«, schloß Philipp befriedigt.

»In späterer Zeit stellten sie sich, unter dem Einfluß der Griechen, ein richtiges Totenreich vor. Das Jenseits der Etrusker war von fürchterlichen Dämonen bevölkert: zum Beispiel von Tuchulcha mit der Hakennase, den Eselsohren und Schlangen anstelle der Haare.«

»Und was geschah, wenn sie ins Jenseits kamen?«

»Die Schatten der Toten kamen nach langer Reise dort an und mußten für immer bleiben: dieser ewige Aufenthaltsort war für alle gleich, und die Dämonen saßen ihnen immer im Nacken.«

»Es gab keine Möglichkeit abzuhauen?«

»Keine. Die Aussicht war zu trostlos, das empfanden sie selbst. In der letzten etruskischen Epoche gab es da-

her ein klein wenig Aussicht auf ein besseres Jenseits: spezielle Geheimriten für wenige Auserwählte stellten eine Verbindung zum Gott Fufluns her und verhießen anscheinend ein glücklicheres Leben nach dem Tod.«

Ganz im Bann des Totenreichs und seiner Dämonen, ging Philipp zerstreut von einer Vitrine zur nächsten. Plötzlich blieb sein Blick an einem etwas beunruhigend aussehenden Wesen hängen: es war ein Tier mit dem Körper eines Löwen, einem Schlangenschwanz und einem Ziegenkopf. Er versuchte, seinem Erstaunen Ausdruck zu verleihen: »Und das?«

»Ein so unwahrscheinliches Geschöpf«, schaltete sich Onkel Karl ein, der genug geschwiegen hatte, »daß sein Name heute für alles herhalten muß, was es nicht gibt: Schimäre! Sie konnte Feuer speien, und erst dem griechischen Helden Bellerophontes war es gelungen, sie zu überwinden. Bei dieser Gelegenheit soll ihm die Göttin Athene das berühmte geflügelte Pferd Pegasus geliehen haben.«

»Sie wurde 1553 in Arezzo gefunden«, erläuterte ihm Lisa. »Sie ist aus Bronze, einem Material, das die Etrusker meisterhaft zu bearbeiten verstanden, und erregte bei den Künstlern der Zeit, wie dem Maler Giorgio Vasari und dem Bildhauer Benvenuto Cellini, sofort Aufsehen. Außer einer großen Anzahl kleiner Votivfiguren aus Bronze…«

»Votiv?«

»Weihgaben für die Götter. Sie sind leicht zu erkennen, denn meistens stellen sie Menschen beim Darbringen von Gaben für die Götter dar. Also außer diesen kleinen Bronzefiguren beherbergt das Museum auch zwei sehr große Bronzestatuen. Die *Schimäre* haben wir schon gesehen. Die andere ist der Mann mit der Toga und dem ausgestreckten, Schweigen gebietenden Arm. Er wird *Der Redner* genannt und trägt Toga und Fußbekleidung nach römischer Mode, war aber in Wirklichkeit ein Etrusker, ein „römisierter" Etrusker. Auf dem Saum der Toga steht sein Na-

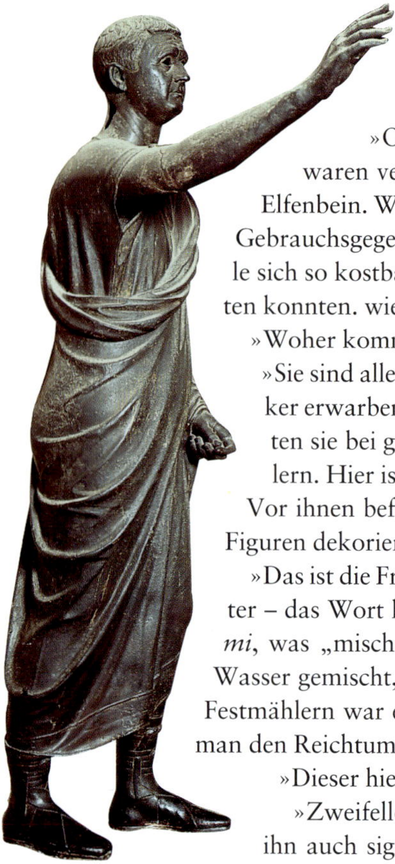

me, Aulo Metello. Ursprünglich hatte er wohl auch Augen.«

»Er wird sie verloren haben...«

»Oder man hat sie ihm weggenommen, denn sie waren vermutlich aus einem wertvollen Material wie Elfenbein. Was du hier in den Schaukästen siehst, das sind Gebrauchsgegenstände. Aber du mußt nicht meinen, daß alle sich so kostbare Metalle oder teure griechische Vasen leisten konnten. wie sie im letzten Stock ausgestellt sind.«

»Woher kommen diese Vasen?«

»Sie sind alle aus etruskischen Gräbern. Die reichen Etrusker erwarben sie von griechischen Kaufleuten und benutzten sie bei großen Gelegenheiten, vor allem bei Festmählern. Hier ist das Glanzstück.«

Vor ihnen befand sich eine große Vase, die mit schwarzen Figuren dekoriert war.

»Das ist die François-Vase«, erläuterte Lisa. »Es ist ein Krater – das Wort kommt von dem griechischen Verb *kerànnumi*, was „mischen" bedeutet – in ihm wurde der Wein mit Wasser gemischt, bevor man ihn in Bechern servierte. Bei den Festmählern war er das wichtigste Stück, denn an ihm konnte man den Reichtum des Gastgebers ablesen.«

»Dieser hier hat bestimmt einem hohen Tier gehört.«

»Zweifellos. Siehst du, der Töpfer und der Maler haben ihn auch signiert: „Ergòtimos machte mich und Kleitìas zeichnete mich". Die Figuren sind nach alter Art schwarz auf rotem Grund – später machte man dann das Gegenteil, rote Figuren auf schwarzem Grund – und stellen Episoden aus der Mythologie dar, die von Achilles handeln.«

SIE WURDE 1844 VON ALESSANDRO FRANÇOIS IN CHIUSI GEFUNDEN

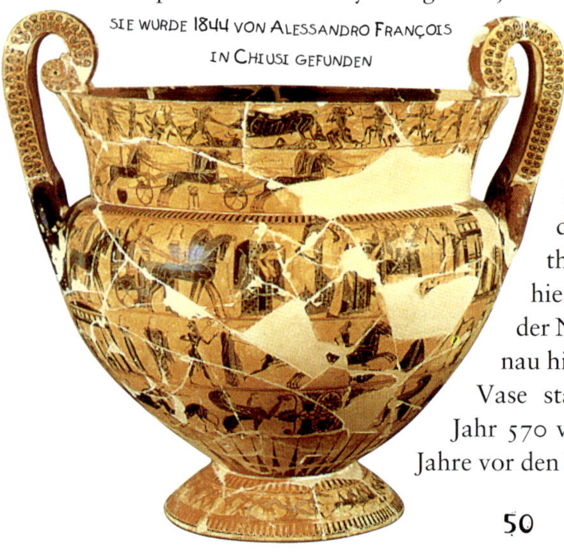

»Der mit dem Duell und der Ferse?«

»Genau der. Aber sieh nur, wie viele Figuren dargestellt sind, da stehen auch die Namen. Zum Beispiel: diese Szene zeigt die Hochzeit von Peleus und Tethys, den Eltern von Achilles, und hier auf dem Wagen steht „Zeus", der Name des Königs der Götter... genau hier vor deiner Nase. Denk dir, die Vase stammt wahrscheinlich aus dem Jahr 570 vor Christus: das ist fast hundert Jahre vor den Persischen Kriegen!«

HYDRIA (GRIECH. „HYDOR“, WASSER: DER WASSERKRUG) MIT ROTEN FIGUREN, EIN MEISTERWERK DES MALERS VON MEIDIAS (5. JAHRHUNDERT V. CHR.)

»Es reicht mit den Vasen«, unterbrach der Archäologe. »Gehen wir nach Ägypten!«

Philipp war selig. An seinen Augen zogen Mumien und alle möglichen Gegenstände vorbei, die aus Gräbern stammten: Stühle, Kopfstützen (seltsame Halbmonde aus Holz, die die Ägypter als Kissen benutzten), Sandalen, Taschen, Musikinstrumente, kleine Statuen und Grabstelen.

»Das ist das Prunkstück der ganzen Sammlung«, sagte Onkel Karl und zeigte auf einen perfekt erhaltenen Holzwagen. »Stell dir vor, zur Herstellung dieses Wagens wurden sechs verschiedene Arten von Holz verwendet, und da es in Ägypten nicht viel Holz gab, ließen sie es aus anderen Ländern kommen. Sein reicher Besitzer bestieg den Wagen zusammen mit dem Wagenlenker, um auf die Jagd zu gehen oder in den Krieg zu ziehen. Er war vermutlich sehr stolz darauf.«

»Kann ich mir denken. Wie Porsche- oder Ferrarifahrer.«

»Zum Glück werden sie heute den Erben hinterlassen«, sagte Onkel Karl, den der Gedanke eines Friedhofs voller Luxuskarossen beunruhigte.

GUELFEN: VON WELFEN, BAYERISCHES HERZOGSGESCHLECHT, DAS IM 12. UND 13. JAHRHUNDERT UM DEN KAISERTHRON KÄMPFTE; IN ITALIEN BEZEICHNUNG FÜR DIE PAPSTANHÄNGER (BZW. GEGNER DES KAISERS). VON 1266 AN NANNTE MAN SIE IN FLORENZ „GUELFI NERI“, SCHWARZE GUELFEN.

GHIBELLINEN: VON WAIBLINGER, BEINAME DER HOHENSTAUFEN, HERZÖGE VON SCHWABEN, GEGNER DER WELFEN; IN ITALIEN BEZEICHNUNG FÜR DIE ANHÄNGER DES KAISERS (BZW. GEGNER DES PAPSTES). VON 1266 AN NANNTE MAN SIE IN FLORENZ „GUELFI BIANCHI“, WEISSE GUELFEN.

RUND UMS MITTELALTER

DIE TURMHÄUSER

»Möchtest du gern wissen, was mit *Florentia* einige Jahrhunderte nach unsren römischen Vorfahren, im finsteren Mittelalter, geschehen ist?«

»Deshalb bin ich hier«, sagte Philipp entgegenkommend.

»Wir machen einen Rundgang durch die Stadt der Turmhäuser«, informierte ihn Onkel Karl, während sie die Hoteltreppe hinunterstiegen, »die es aber nicht mehr gibt.«

»Die auch nicht mehr! Das ist doch nicht etwa auch nur ein virtueller Rundgang?«

»Nicht eigentlich, wart's ab, du wirst sehen. Um das Jahr 1000 war Florenz sehr klein und von einer Stadtmauer umgeben, die die Gräfin Mathilde hatte bauen lassen. Nur wenige Jahrzehnte später war diese schon zu eng. Die Bevölkerung wuchs, in den Werkstätten der Handwerker lief die Produktion auf vollen Touren, und man hatte begonnen, die Wolle auch ins Ausland zu liefern. Außerdem waren die Florentiner recht kriegerisch: sie führten Krieg gegen alle benachbarten Orte, und wenn sie einen davon erobert hatten, kamen viele seiner Bewohner zur Arbeit in die Stadt. Da aber das Geld zum Bau eines größeren Mauerrings fehlte, nutzte man jeden Quadratmeter innerhalb des alten: die Straßen wurden immer enger, viele Gemüse- und Ziergärten verschwanden... und die Stadt füllte sich mit Türmen. Wer nach Florenz kam, sah von außen die hohe Stadtmauer mit Zinnen, über die hundertsiebzig Turmhäuser, die Glockentürme der Kirchen und das weiße Dach des Baptisteriums ragten. San Gimignano, das zwischen Florenz und Siena liegt, ist noch heute so.«

»Eine Art mittelalterliches Manhattan.«

»So ähnlich. Da sind wir: unsre Besichtigung beginnt hier in der Via delle Oche, nur wenige Schritte vom Dom entfernt. Das hier ist der Turm der Visdomini, eine kleine Festung, in die man sich bei feindlichen Angriffen zurückzog. Früher waren die Türme doppelt so hoch wie heute und hatten oben Terrassen mit Zinnen…«

»Von denen sie dann heißes Öl runterkippten!«

»Auch ein paar Steine taten's schon. Du weißt ja, wenn man einen Stein aus sechzig Metern Höhe wirft… Jede adlige Familie hatte ihre eigene kleine Festung. Die Geschichte des damaligen Florenz ist nicht gerade unblutig: die Fehden unter den Familien zogen sich ungefähr über hundertfünfzig Jahre hin.«

»Aber wie kam es dazu?«

»Man vermutet, daß ein Ereignis aus dem Jahr 1216, eine nicht zustande gekommene Heirat, der Auslöser war. Die Familien der Verlobten trafen nahe am Ponte Vecchio aufeinander, und eines der Familienoberhäupter wurde getötet. Von da an spalteten sich die Florentiner in feindliche Parteien auf, die sich gegenseitig die Vormacht über die Stadt streitig machten. Später waren es nur noch zwei Parteien: die Guelfen als Anhänger des Papstes und die Ghibellinen, die auf der Seite des Kaisers standen. Die Kämpfe zwischen Päpsten und Kaisern – und zwischen den sie unterstützenden Familien – zogen sich über Jahrhunderte hin, bis die Päpste den Sieg davontrugen und mit ihnen die guelfischen Florentiner.«

Während Onkel Karl die „finsteren Zeiten!“ heraufbeschwor, waren die beiden zur Piazza Sant'Elisabetta gelangt.

»Dieser Turm aus Stein und Ziegelsteinen heißt Torre della Pagliazza (Strohturm). Seine Grundmauern sind nicht quadratisch, wie bei dem Turm der Visdomini, sondern ellipsenförmig, und er ist älter: er stammt aus byzantinischer Zeit. Anscheinend hängt sein Name damit zusammen, daß hier lange Zeit ein Frauengefängnis untergebracht war; und die Frauen schliefen in den Zellen nicht auf dem Fußboden wie die männlichen Häftlinge, sondern auf einer Art Strohlager. Und jetzt schau in die kleine Gasse hier gegenüber: siehst du den andern Turm mit dem oberen, vorspringen-

den Teil, der von dicken, schräg stehenden Holzstangen gestützt wird? Das sind die „Vorkragungen“, geschlossene und vorspringende Holzveranden, mit denen der knappe Wohnraum erweitert wurde. Auch heute gibt es sie noch – mit Glaswänden – an Neubauten. Die Steine, die aus den Fassaden der mittelalterlichen Häuser herausragen, waren Konsolen, auf denen die vorspringenden Veranden ruhten. Von dort aus warf man Steine auf seine Feinde und den Unrat auf die Straße... *jede* Art von Unrat, wenn du weißt, was ich meine.«

»Was? Gab es denn keine Toiletten?«

»Wo denkst du hin! Die Straßen von damals waren Kloaken. Sie waren nicht gepflastert, und in ihrer Mitte befand sich eine Rinne, damit das Regenwasser abfließen konnte, aber es war unvermeidlich, daß sich auch der Unrat darin ansammelte. Außerdem drang durch die Holzveranden keine Sonne, so daß sie feucht und schmutzig waren.«

»Alles in allem glaube ich nicht, daß die Leute im Mittelalter gern in der Stadt herumliefen...«

»Außerdem bestand auch immer die Gefahr, von einer verfeindeten Familie überfallen zu werden. Zu ihrem Schutz organisierten sich die Familien in politischen Gruppierungen, den sogenannten „Consorterie“: diese Vereinigungen ließen sich jeweils in den verschiedenen Wohnblocks nieder, in die die Stadt unterteilt war.«

»Wie bei den Wagen der Siedler, die einen Kreis bildeten, um sich gegen die Indianer zu verteidigen.«

»Die Florentiner des Mittelalters verbrachten einen großen Teil ihrer Zeit auf dem Hof: nicht am Schloßhof mit Fürsten und Minnesängern, sondern auf dem kleinen Platz in der Mitte des Häuserblocks.«

Jetzt gingen sie die Via del Corso hinunter, kamen durch einen kleinen Bogen – einst ein von Soldaten bewachtes Stadttor – und befanden sich dann auf der Piazza Donati.

»Das ist typisch für Florenz: der Platz hat den Namen der mächtigsten Familie der Consorteria, die hier ansässig war. Es handelte sich um einen der Höfe, von denen wir sprachen. Stell dir vor, wie er damals gewesen sein muß: Kinder, die den Gänsen um den Brunnen herum nachlaufen... Das tägliche Leben von Florenz von 1000 bis 1200 spielte sich an Orten wie diesem hier ab. Das an den Platz angrenzende Gebäude ist der Turm der Donati.«

»Aber der ist ja höchstens fünfzehn Meter hoch!«

»Die Turmhäuser waren im Schnitt etwa sechzig Meter hoch, aber die Stadtregierung wollte den feindlichen Parteien den Boden für ihre Kämpfe entziehen und ordnete gegen Ende des 13. Jahrhunderts an, daß alle privaten Türme „gekappt", das heißt bis auf eine Höhe von fünfundzwanzig Metern reduziert werden müßten. Nur der Turm des Rathauses überragte als Symbol der Wiederherstellung von Recht und Ordnung noch weiter die Stadt. Beim Turm der Donati waren sie vielleicht etwas zu weit gegangen. Aber jetzt werden wir uns einen Turm ansehen, der eine witzige Geschichte hat.«

Die beiden gingen in Richtung „Dante-Haus".

»Hier ist der Kastanienturm. Das war der erste Florentiner Regierungssitz, wo sich Ende des 13. Jahrhunderts die Prioren der Zünfte versammelten, bis der Palast der Prioren erbaut war, der heute Palazzo Vecchio heißt. Der Turm erhielt seinen Namen, weil die Prioren einmal unter dem Ansturm der wütenden Menge mit Kastaniensäcken warfen, als sie keine Steine mehr hatten. An der Fassade kannst du die drei Türen sehen, die auf die Veranden führten. Auch dem Palast des Stadthauptmanns (später des Stadtvogts), den man Mitte des 13. Jahrhunderts in der Via del Proconsolo erbaute, wurde ein altes Turmhaus einverleibt, das sich dabei in einen Glockenturm verwandelte: bei feindlichen Angriffen und sonstigen Gefahren wurde die Bevölkerung von seinem Glockenschlag zusammengerufen. Im 16. Jahrhundert wurde der Palast zum Sitz des Polizeihauptmanns (*Bargello*), dem das Gebäude bis heute seinen Namen verdankt.«

»Und wer wohnt jetzt da?«

»Jetzt ist das ein Museum, aber damals war es kein schöner Aufenthaltsort, besonders wenn man mit den Gesetzen in Konflikt gekommen war: der *Bargello* war der Polizeihauptmann. In dem Gebäude befanden sich auch das Gericht und das Gefängnis. Die Gesichter von flüchtigen Sträflingen, wurden auf die Fassade des Palastes gemalt, damit man sie erkennen konnte.«

»*Wanted... dead or alive.*«

»Es gab auch Folterkammern mit all ihrem Schreckensinstrumentarium... Zum Glück gab es ein positives Ende: der Großherzog Peter Leopold von Habsburg-Lothringen, der als erster Herrscher der Welt die Todesstrafe abschaffte, ließ das gesamte Instrumentarium im Hof des Palastes verbrennen.«

»Dieser Triumph der Zivilisation muß gefeiert werden! Eis gefällig?«

Der Palazzo Davanzati

»Eine Frage«, sagte Philipp hinter seiner Eistüte. »Wie sahen diese Turmhäuser innen aus? Wo hatten sie zum Beispiel die Wurfgeschosse, die sie ihren Feinden auf den Kopf warfen?«

Onkel Karl führte ihn zu einem schönen alten Palast. »Das ist das Museo della Casa Fiorentina Antica (Museum des Alten Florentiner Hauses), das man besser unter dem Namen Palazzo Davanzati kennt. Hier kannst du sehen, wie die reichen Florentiner Familien im 13. und 14. Jahrhundert lebten. Ursprünglich hatte der Palast den Davizzi gehört; vom 16. bis zum 19. Jahrhundert bewohnte ihn dann die Familie Davanzati. Anfang des 20. Jahrhunderts wurde er von einem Antiquitätenhändler erworben, der ihn in eine Art Museum mit antiken Möbeln und Einrichtungsgegenständen umwandelte: die Originaleinrichtung war verlorengegangen.«

»Aber ist das ein Turmhaus?«

»Im Vergleich zu den Turmhäusern ist der Palazzo Davanzati schon recht komfortabel. Aber das Verteidigungssystem ist ähnlich, auch weil zum Zeitpunkt seines Baus noch immer nicht das beste Klima in der Stadt herrschte. Die Bodenluken, die an der Decke der Loggia zu sehen sind, nennt man „Gußerker“: von dort aus „übergoß“ man Übelwollende mit Steinen, Müll und sonstigem. Die heute durch Holztore verschlossene Loggia war früher zur Straße hin offen und als Laden eingerichtet. Die Besitzer waren Wollhändler.«

»Aber bestand da nicht die Gefahr von nächtlichen Überfällen?«

»Doch. Deshalb wurde die auf den Innenhof gehende Tür jeden Abend geschlossen und kontrolliert: nur vertrauenswürdige Personen wurden eingelassen. Diese schmale Treppe aus Holz und Stein führt zu den oberen Stockwerken, wo die Zimmer liegen. Ursprünglich gab es das Oberlicht nicht, so daß Sonne und Regen hereinkamen.«

»Da ist auch ein Brunnen.«

»Das war in der damaligen Zeit ein unglaublicher Luxus. Normalerweise speicherte man das Regenwasser oder holte es aus dem Fluß; aber hier brachte ein Flaschenzugsystem das Wasser in jeden Stock, bis zum dritten, wo sich die Küche befand.«

»Warum so weit oben?«

»Aus Sicherheitsgründen, Meistens gingen Brände nämlich von

der Küche aus. Wenn sie im Erdgeschoß gewesen wäre, dann hätten die sich nach oben ausbreitenden Flammen alles verbrannt; so beschränkte sich der Schaden auf den letzten Stock. Das hier im ersten Stock ist der „große“ Salon, wo sich die Familie versammelte: es ist der bequemste, hellste und größte Raum des Hauses. In der Nische zwischen den Fenstern wurden die schweren Steine angehäuft, die man dann aus den Gußerkern warf… Da auf dem Fußboden sind sie, vorher haben wir sie von unten gesehen.«

»Was für ein reizendes Familienidyll: während die Mutter oben kocht, bewirft die Oma irgendeinen unglückseligen Passanten mit Steinen…«

»Da haben wir sicher einige Fortschritte gemacht. Heutzutage ist sogar der Wachhund aus der Mode gekommen: mit Strom geladene Drahtzäune, photoelektrische Zellen… In fast allen Räumen gab es diese praktischen kleinen Wandschränkchen, die unter den an den Wänden aufgehängten Vorhängen verschwanden. es waren bunte und mit Pelz gefütterte Vorhänge, die „Wandbehang“ genannt wurden.«

»Mit Pelz gefüttert? Dann war es wohl ziemlich kalt… Sie hätten es wie Kubrick machen sollen, der *2001 Odyssee im Weltraum* gedreht hat: in einem Haus, wo er neu eingezogen war, gab es keine Heizung, da hat er Bademäntel für seine Gäste gekauft.«

»Wo liest du denn solche Sachen? Aber es stimmt, die Kälte war ein Problem. Hier im Speisesaal ist ein schöner Kamin. Die Vorhänge haben ein blau-rotes Rautenmuster mit Papageien. Wie gesagt, hingen diese Vorhänge früher an den Wänden und halfen den Raum zu wärmen.«

»Mit all diesen Papageien rundum konnten sie von wärmeren Gefilden träumen.«

»Eine faszinierende Idee! Darüber könnten wir einen Artikel schreiben. Inzwischen sehen wir uns mal an, wo unsere Familie träumte.«

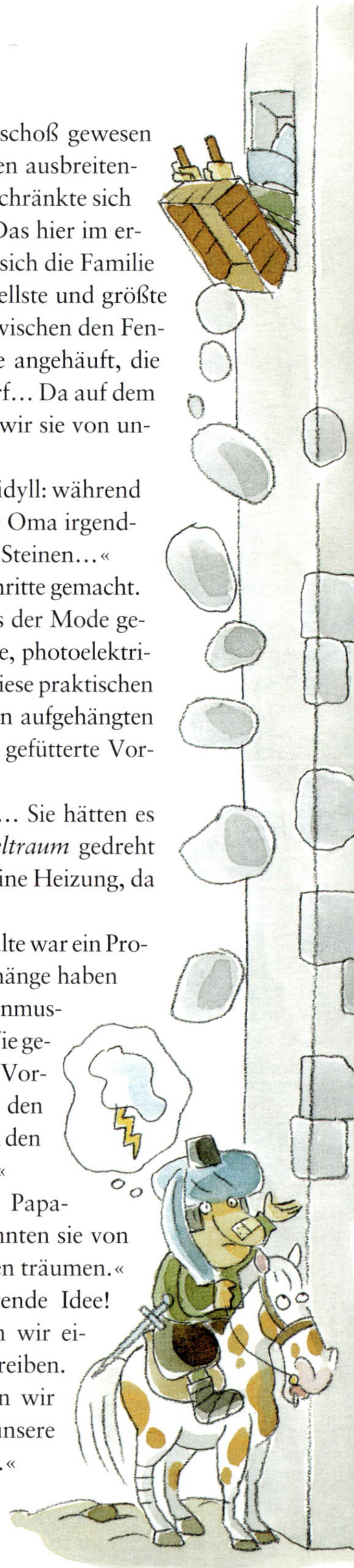

Im Schlafzimmer des zweiten Stocks fanden sie ein Bett mit Baldachin vor.

»Vorerst mußt du dich mit dem Bett zufriedengeben, das vollständige Schlafzimmer werden wir auf einem Fresko von Ghirlandaio in Santa Maria Novella sehen: in der Szene von Mariä Geburt sieht man ein Bett mit „Bettkasten", das heißt mit einem Holzbrett unter der Matratze. Es diente gleichzeitig als Bett, Nachttisch, Bank und Schrank.«

»Es wirkt bequemer als das Hotelbett«, bemerkte Philipp, der seit einigen Tagen Mühe beim Einschlafen hatte.

»Das Bett ist bequem, aber das Leben war es weniger, besonders für die Frauen.«

»Weshalb?«

»Sie kamen fast nie aus dem Haus und waren den ganzen Tag mit Spinnen und Nähen beschäftigt. Und im Winter war es noch härter: die Fenster ohne Glas waren nur mit über die Fensterrahmen gespanntem Leinen abgedichtet oder mit hölzernen Fensterläden verschlossen... Sie mußten mit Kohlenbecken und Kaminen auskommen.«

»Wollen wir nicht einen kleinen Spaziergang in der Sonne machen?«

»Ich werde dir San Miniato zeigen.«

DIE KIRCHE SAN MINIATO AL MONTE

»Wer war der heilige Miniato?« fragte Philipp, während der Bus den Viale dei Colli hochfuhr.

»Das war der erste christliche Prediger und Märtyrer von Florenz.«

»Um dieses Primat beneide ich ihn nicht.«

»Er lebte im 3. Jahrhundert unter dem römischen Kaiser Decius. Eine Legende erzählt, daß er nach seiner Enthauptung seinen Kopf genommen und wieder auf seine Schultern gesetzt habe, um sich zum Sterben in die Grotte zu begeben, wo er als Einsiedler gelebt hatte.«

»Das ist, wo die Kirche entstand.«

»Genauer gesagt, das Oratorium. Diese Basilika ist eines der am besten erhaltenen alten Gebäude der Stadt. Die Fassade müßte dich an etwas erinnern…«

»Das Baptisterium San Giovanni.«

»Dann hörst du also zu, wenn ich spreche!« rief Onkel Karl.

»Nein, aber ich habe ein fotografisches Gedächtnis«, stichelte sein Neffe.

»Getroffen!« sagte der Onkel und führte die Hand, wie unter einem tödlichen Schlag, zum Herz. »Es genügt wirklich, wenn man aufmerksam hinsieht… Nehmen wir einmal an, du wolltest San Miniato von außen zeichnen. Dann würdest du bemerken – das heißt, sicher hast du es schon bemerkt – daß das ganz einfach ist: man braucht nur die grünen Marmorstreifen der Fassade zu verfolgen, dann sieht man, daß man sie in geometrische Formen zergliedern kann. Diese Klarheit in Form und Linie ist in Florenz die

Basis aller künstlerischen Ausdrucksformen: bildende Kunst, Mode, Literatur...«

»Und was ist mit dem Adler oben an der Fassade?«

»Er findet sich auch in der Kirche wieder. Da dich dein fotografisches Gedächtnis im Stich läßt, will ich deiner Erinnerung nachhelfen: es ist das Symbol der Wollhändlerzunft, der alten Liga der Florentiner Kaufleute.«

»Richtig! Der Adler hält in den Klauen das... ein Päckchen.«

»Den „Stoffballen", eine Art Sack, der im Mittelalter gebräuchlich war: er wurde mit Stoffen und andern Waren gefüllt und auf Esel gebunden. Zum Bau einer Kirche brauchte man eine Menge Geld, und im allgemeinen übernahmen Zünfte, und nicht Privatleute, die Finanzierung. Das gut sichtbar angebrachte Markenzeichen war reine Werbung.«

RINGS UM CHRISTUS SIND DIE SYMBOLE DER VIER EVANGELISTEN ANGEORDNET:

DER ADLER DES HL. JOHANNES
DER LÖWE DES HL. MARKUS
DER ENGEL DES HL. MATTHÄUS
DER OCHSE DES HL. LUKAS

IN DER KIRCHE

Das Sonnenlicht blendete, und es dauerte eine Weile, bis sich die Augen an das Halbdunkel gewöhnt hatten. Empfangen wurden sie im Innern von der großen, auch wieder sehr strengen Christusfigur, von der aus dem Hintergrund der Kirche ein schimmerndes Licht ausging. »Ein Mosaik!«

»Ein sehr altes Mosaik mit Goldhintergrund. An Jesu Seite stehen Maria und der hl. Miniato, der eine Krone in der Hand hält. An diesem Ort verspürten im Mittelalter die einfachen Leute aus dem Volk sicher eine ziemliche Scheu. Der Christus beherrscht das ganze Kirchenschiff, man sieht fast nur ihn. Die Mönche waren da oben in einer Art der Kirche zugewandten Loge und blieben den Blicken der Gläubigen verborgen: dort wurde – und wird noch heute – die Messe innerhalb einer kostbaren Marmorumrandung gehalten.«

»Die Glasfenster schaffen ein so geheimnisvolles Licht«, sagte Philipp und zeigte auf die Fenster des Kirchenschiffs, die eng wie Schießscharten waren.

»Das ist ja auch kein Glas, es sind dünne Scheiben aus Alabaster, einem lichtdurchlässigen Stein aus Volterra.«

Philipp sah sich um. »Die Figuren auf dem Fußboden... das sind die Sternzeichen! Was machen die denn hier?«

»Das ist der Tierkreis. Im Mittelalter hatte man die Angewohnheit, die heidnischen Symbole mit neuer Bedeutung sozusagen wiederzuverwenden: die zwölf Apostel, die Monate des Jahres, die Körperteile... Schauen wir mal, ob wir unsre Sternzeichen finden. Da sind sie: diese Seeziege ist der Steinbock, und da sind die Zwillinge, ein Mann und eine Frau in mittelalterlicher Tracht.«

Über eine Treppe gelangten sie zum oberen Teil der Kirche.

»Das hier ist die Kanzel«, sagte Onkel Karl und zeigte auf einen kleinen Marmorbalkon mit Pult. »Von hier aus lasen die Priester aus der Bibel und predigten für die Gemeinde.«

»Auf lateinisch?«

»Nein, sie benutzten die allen verständliche Volkssprache. Komm, wir wollen uns die Krypta ansehen. Hier«, fuhr Onkel Karl fort und zeigte auf den Altar im Hintergrund

Die römischen Stadtmauern, die nach der Gründung der Stadt im Jahr 59 v. Chr. errichtet wurden, bildeten ein Quadrat zwischen Domplatz, Piazza San Firenze, Piazza S. Trinita und Via Cerretani. Aber die Zeit blieb nicht stehen, und vieles änderte sich: im 6. Jh. n. Chr. ist das Weströmische Reich schon zusammengebrochen, das Oströmische Reich liegt in den letzten Zügen, die Barbaren wüten, und die (insgesamt tausend?) Einwohner sind zu schwach, um den alten Mauerring zu verteidigen; deshalb wird ein viel kleinerer gebaut (der byzantinische). Als dann die Bevölkerung wieder zunimmt und der Karolinger Mauerring (9.-10. Jh.) entsteht, kehrt man, mit einer leichten Erweiterung zum Arno hin, zum römischen Mauerverlauf zurück. Der im Jahr 1079 erbaute Mathildische Mauerring (nach Mathilde von Canossa) schloss den Domplatz wieder mit ein. Beim fünften Mauerring (1172-1175) wird es ernst mit der Erweiterung, auch weil inzwischen viele Häuser in den Vororten ausserhalb der Stadt standen: die neuen Stadtmauern sind dreimal so geräumig wie die alten und erreichen (wenn auch nur aus Holz) zum ersten Mal die andere Arnoseite. Der sechste Mauerring (1284-1333) verläuft auf der Linie des heutigen Alleenrings. Im 14. Jahrhundert entwickelte sich Florenz zu einer richtigen Metropole (in Europa war nur Paris damals grösser!) und um ein für allemal Platz zu haben, baute man sehr weiträumig, zu weit, denn nur kurze Zeit später (1348) raffte die Pest jeden dritten Florentiner Einwohner dahin.

der Krypta, »befinden sich in einem kleinen steinernen Schrein die Gebeine des Märtyrers und seiner Freunde, die ebenfalls Opfer der Verfolgungen wurden. Die zierlichen Säulen, die das Gewölbe stützen, sind aus verschiedenen Marmorsorten und unterschiedlich geformt, denn sie stammen von römischen Gebäuden, die während des Mittelalters abgerissen worden waren.«

»Die wurden also auch wiederverwendet?«

»Sicher, aber nicht nur aus praktischen Gründen: in der mittelalterlichen Symbolik verkörperten die Säulen die Christen zugleich in ihrer Funktion als Gründer und als Stütze der Kirche, wobei diese als Gebäude und auch als religiöse Gemeinschaft gemeint ist. In diesem Sinn stellen die wiederverwendeten Säulen auch symbolisch den Übergang vom Heidentum zum Christentum dar.«

Die Stadtmauern und die Festung

»Ist das die mittelalterliche Stadtmauer?« fragte Philipp, nachdem sie die Kirche verlassen hatten.

»Sie ist's. Sie steigt bis zum Forte Belvedere an. Das hier ist einer der wenigen noch erhaltenen Mauerabschnitte. Im 19. Jahrhundert, als Florenz zur Hauptstadt Italiens wurde, riß man den größten Teil ab, um Platz für Alleen wie die zu schaffen, die wir hier vor uns haben.«

»Schlachten, Angriffe, Kanonen… das interessiert mich: erzähl mir, was du über die Stadtmauer weißt.«

Onkel Karl fing an: »Im Mittelalter und in der Renaissancezeit waren alle großen Städte von Mauern umgeben. Während der Belagerung von Florenz wurde auch der Hügel, auf dem die Kirche San Miniato steht, von Michelangelo in eine Festung verwandelt, um die Stadt auf der Südseite verteidigen zu können. Der Glockenturm der Kirche wurde mit Kanonen ausgerüstet und von oben bis unten mit Matratzen ausgepolstert.«

»Damit die Wachposten es bequemer hatten.«

»Witzbold… Damals waren die Kanonenkugeln keine explodierenden Geschosse sondern einfache Steinkugeln: ihre Schlagkraft bestand allein in der Wucht des Aufpralls. So landeten sie dagegen weich, ohne Schaden anzurichten.«

»Wie bei einer Gummiwand.«

»Genau. Jetzt gehen wir nach unten.«

Onkel und Neffe gingen die Stufen der Via del Monte alle Croci hinunter. An der Porta San Miniato angekommen, kreuzten sie links die steil an der Befestigung entlanglaufende kleine Straße.

»Nehmen wir die?« sagte Philipp. »Sie sieht gar nicht so steil aus.«

»Wenn du sie in zügigem Tempo in der frühen Nachmittagssonne hochgegangen bist, sprechen wir uns wieder«, antwortete Onkel Karl, der anscheinend aus Erfahrung sprach. »Das hier«, fuhr er fort, »ist der Mauerabschnitt, den wir vorhin von oben gesehen haben. So hohe und gerade Mauern waren ein bißchen wie die Turmhäuser: die Verteidiger beugten sich über die Zinnen und schütteten auf die Feinde, was sie konnten, um sie am Hochklettern zu hindern. Und wenn ein Krieg in Sicht war, wurden auf

den Mauern kleine vorspringende Holztürmchen mit Schießscharten angebracht, um den Höhenvorsprung vor den Angreifern zu vergrößern.«

Die anstrengende, aber malerische steile Straße führte sie nach kurzer Zeit unter das Stadttor Porta San Giorgio. »Es ist das älteste von Florenz.«

»Da sind... noch... die Angeln«, keuchte Philipp und bemühte sich, seine Atemnot zu verbergen.

»Und der Riesenbau hier daneben ist das Forte Belvedere.«

»Die Mauern der Festung stehen schräg, für Angreifer war sie dadurch doch sicher leichter einzunehmen.«

»Irrtum! Als man bei Kämpfen anfing, Kanonen einzusetzen, merkte man, daß die hohen und schmalen mittelalterlichen Mauern sehr leicht zu treffen waren: jede einschlagende Kugel hinterließ ein großes Loch, und die Trümmer fielen auf die Verteidiger. Deshalb erfand man das „Bollwerk", niedrige, massive, schräg stehende Mauern, von denen die Geschosse abprallten. Buontalenti, der Architekt der Festung, war ein Experte für Festungen und Stadtmauern, die er in der ganzen Toskana erbaute.«

»Der mit dem Eis!«

»Genau der. Und er hatte noch eine andere Spezialität: in Sommernächten schoß er von der Festung aus so schöne Feuerwerkskörper in die Luft, daß er den Beinamen „Bernardo mit den Feuerrädern" erhielt! Gehen wir rein, damit du dich ausruhen kannst: diesmal war es nur ein kurzer Aufstieg.«

Philipp warf ihm einen bösen Blick zu, wurde aber sofort besänftigt: vor ihm erstreckte sich eine weite Rasenfläche – auf der Bernardo Buontalenti damals sein Feuerwerk veranstaltete – mit Menschen, die in der Sonne lagen oder lasen; und dahinter sah man ganz Florenz, zum Anfassen nah.

»Kein Wunder, daß es Belvedere (Schönblick) heißt...« dachte er, bevor er dem Beispiel seines Onkels folgte, der schon auf der Wiese döste.

Die Piazza della Signoria

Die Geschichte und die Häuser

Die heiße Schokolade mit Sahne bei Rivoire, außerhalb der Jahreszeit, hatte den Erwartungen entsprochen. Philipp war ein Bild der Gesundheit: er sah aus wie einer dieser superstarken Helden von *Doom* – oder sonst einem Videogame – nach der Einnahme eines kräftigen Arzneiengemischs. Nebenwirkungen: Fragen über Fragen. Onkel Karl, der neben ihm saß, war in seine Zeitungslektüre vertieft. Vor ihnen lag die Piazza Signoria, die vom imposanten Bau des Palazzo Vecchio beherrscht wird.

»Wann wurde die Piazza Signoria erbaut?«

»Erbaut ist nicht das richtige Wort«, begann der Onkel und faltete seine Zeitung zusammen, »weil das so klingt, als wäre der Platz zu einem bestimmten Zeitpunkt nach einem Entwurf entstanden. In Wirklichkeit haben aber Künstler verschiedener, auch weit auseinander liegender Epochen daran gearbeitet. In der Römerzeit standen hier das Theater und die Thermen, und auf einer Seite war die Stadtmauer. Als die Barbaren Einzug hielten, wurden die Gebäude verlassen, und die Anwohner zogen sich auf die Hügel von Fiesole zurück, wo sie sich besser verteidigen konnten. Aus dem Theater wurde eine kleine Festung mit Zinnen, und aus den Resten der *insulae* – den damaligen „Mitbesitzerhäusern" – entstanden behelfsmäßige Mauern. Allmählich wurde auf den Trümmern dann wieder gebaut, und um das Jahr 1000 stand der Platz voller Turmhäuser.«

»Kleine Festungen, Mauerwerk, befestigte Häuser… Jahrhundertelang war man nur damit beschäftigt, seine Haut zu retten!«

IN SEINEM 10. GESANG DER »HÖLLE« BEGEGNET DANTE FARINATA DEGLI UBERTI PERSÖNLICH. ÜBER DEN STOLZEN GHIBELLINEN HEISST ES: »RECKT' ER MIT BRUST UND STIRNE SICH HINAN, ALS OB DIE GANZE HÖLLE ER VERACHTE«, UND ER SPRICHT DEN DICHTER MIT DEN BERÜHMTEN WORTEN AN: »TOSKANER, DER DU DURCH DIE FEUERFLÄCHE LEBENDIG GEHST…«. IM DARAUF FOLGENDEN UNVERGESSLICHEN DIALOG HALLT DAS ECHO VON JAHRZEHNTEN BLUTIGER ZUSAMMENSTÖSSE ZWISCHEN GUELFEN UND GHIBELLINEN WIDER: DIE SCHLACHT VON MONTAPERTI (1260) ZUM BEISPIEL, DIE »EINSTMALS ROT GEFÄRBT DER ARBIA (EIN FLUSS) WOGEN«: BLUTROT NATÜRLICH. TROTZ DER GEGENSÄTZE HAT DANTE GROSSEN RESPEKT VOR DEM MANN, DER GEGEN DEN WILLEN SEINER VERBÜNDETEN, DIE FLORENZ DEM ERDBODEN GLEICHMACHEN WOLLTEN, DIE STADT »OFFENEN VISIERS« VERTEIDIGTE.

WAPPEN AM GERICHTSGEBÄUDE

»Sich vor Angriffen zu schützen, war sicher die Hauptsorge. Aber fast alle Türme auf dem Platz gehörten einer einzigen, sehr mächtigen Familie, den Uberti. Einer von ihnen, Farinata, war der Anführer der Ghibellinen. Weißt du noch, wer das war?«

»Die Anhänger des Kaisers, die Todfeinde der Guelfen waren, welche auf der Seite des Papstes standen.«

»Gut. Am Ende des 13. Jahrhunderts besiegten die Guelfen Farinata in einer großen Schlacht in der Nähe von Florenz. Seine Familie und ihre Verbündeten wurden in die Verbannung geschickt und ihre Türme dem Erdboden gleichgemacht. Das ist noch nicht alles: das Gebiet, auf dem bis dahin die Häuser der Uberti gestanden hatten, wurde für verflucht erklärt, und niemand durfte dort bauen. So ist der Platz entstanden.«

»Richtig verflucht? Die waren damals ja ganz schön nachtragend.«

»Im Jahr 1298 beschloß die Stadtregierung – bestehend aus den sogenannten Prioren – den Bau eines großen Palastes für Versammlungszwecke und beriefen dazu, wie üblich, Arnolfo di Cambio, der schon die halbe Stadt erbaut hatte. Aus Gründen der Ersparnis integrierte Arnolfo di Cambio einige Türme, die der verbannten Familie Foraboschi gehört hatten, in seinen Bau. Wie bereits beim Bargello geschehen, wurde auf dem höchsten Turm – dem sogenannten Kuhturm – der neue, fast hundert Meter hohe Turm erbaut. Der Palast, der erst später den Namen „della Signoria" (der Stadtregierung) erhielt, war kleiner als der jetzige: der älteste Teil ist der große, massive Würfel mit Zinnenumrandung, der höher ist als alles übrige und aussieht wie eine Burg. Das Problem war, daß sich nach dem Bau des Palastes der Platz als zu klein erwies. Daher begann die Kommune, die benachbarten Häuser zu kaufen, um sie niederzureißen. Es dauerte etwa hundert Jahre, dann hatte der Platz endlich seine heutigen Ausmaße und wurde mit Ziegelsteinen in Fischgrätenmuster bepflastert. Als man dann feststellte, daß die mit Eisen umspannten Räder der Wagen die Bepflasterung beschädigten, wurde ihnen die Durchfahrt verboten: so entstand die

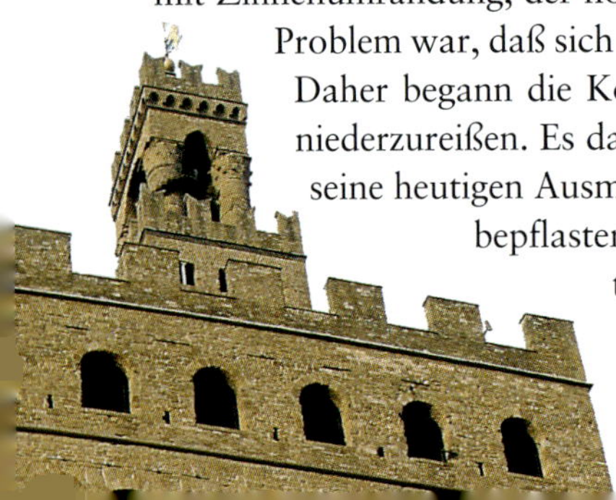

WOLLHÄNDLER — GELDWECHSLER — WOLLWIRKER — SEIDENHÄNDLER — ÄRZTE UND APOTHEKER — GERBER UND KÜRSCHNER — FLEISCHER

erste Fußgängerzone von Florenz. Dahinten, auf dem engsten Teil des Platzes – in Richtung Santa Croce – wurde der Palast erbaut, in dessen Fassade die Wappen sämtlicher Zünfte eingemeißelt sind: das war das Handelsgericht, wo spezielle Richter die Handelsaufsicht führten und bei Streitfällen zwischen ausländischen oder Florentiner Kaufleuten Recht sprachen.«

»Ich versteh gar nichts mehr! Erzähl doch erst mal weiter vom Palazzo Vecchio.«

»Am Ende des 15. Jahrhunderts war er für die großen Volksversammlungen zu klein geworden, und man beschloß den Bau eines neuen, großen Saals für die Volksvertreter, der an den mittelalterlichen Bau angegliedert wurde. Wenn man den Palast vom Handelsgericht aus betrachtet, kann man den neuen leicht vom alten Teil unterscheiden: er hat ein Satteldach und größere Fenster. Nach weiteren hundert Jahren wurde der letzte Teil, ebenfalls entlang der abfallenden Straße, über den neuen Saal hinaus, erbaut. Bei der Gelegenheit wurden die Löwen ausquartiert, die die Florentiner seit dem Mittelalter direkt hinter dem Palast in der nach ihnen benannten Via dei Leoni (Löwenstraße), hielten.«

DIE LOGGIA DEI LANZI UND DIE STATUEN

»Und diese Loggia da?«

»Heute ist sie ein Museum unter freiem Himmel, aber erbaut wurde sie aus praktischen Gründen. Es ist eine ziemlich lustige Episode. Die Prioren waren immer nur zwei Monate im Amt, und bei jeder Wachablösung fand vor dem Tor des Palastes eine Zeremonie mit Fahnen, Trompetern und Ehrengästen statt. Einmal wurde der Erzbischof von Ravenna eingeladen, der sich in vollem Ornat, in der Gewandung für große Gelegenheiten, präsentierte. Unglücklicherweise fing es während der Zeremonie zu regnen an, und der von Kopf bis Fuß pitschnasse Erzbischof war nicht wenig verärgert. Um solche Peinlichkeiten künftig zu vermeiden, beschlossen die Florentiner, eine große Loggia für diese Zeremonien zu bauen. Man nannte sie die Loggia der Prioren, aber heute kennt man sie unter dem Namen Loggia dei Lanzi.«

»Und was bedeutet das?«

»Es ist eine Abkürzung von *lanzichenecchi* (zweischneidiges Kurzschwert), und war die Bezeichnung für die deutschen Landsknechte, die dieses Schwert bei der Bewachung des Palastes trugen.«

»Deutsche Soldaten? Aber in welchem Jahr sind wir denn?«

»Sie bildeten das Privatheer der Medici, ein bißchen so wie die Schweizergarde im Vatikan. Als die Erzherzöge

sich sicherer fühlten, verlegten sie die Soldaten an einen andern Ort und begannen, Statuen in der Loggia aufzustellen. Auch der Platz begann sich zu füllen…«

»Du meinst dieses Reiterdenkmal und den Brunnen?«

»Ja. Die Skulptur ist von Giambologna und stellt Cosimo I. zu Pferd nach Art der römischen Kaiser dar: sein Sohn Ferdinando hatte sie zu Ehren des Vaters ausführen lassen, der der erste Großherzog der Toskana gewesen war und Siena erobert hatte. Daneben ist der *Brunnen des Neptun*, den die Florentiner *Biancone* (weißer Riese) nennen, weil er groß aber etwas plump ist. Denk dir, früher zeigten ihn die Mütter ihren heiratsfähigen Töchtern, damit sie sahen, wie ein nackter Mann aussieht… Der Künstler, der den Brunnen geschaffen hat, Ammannati, stellte ebenfalls Cosimo dar, und zwar als Neptun, den Meergott, den er mit bronzenen Gestalten aus dem Meer umgab, Nymphen, tanzende Tritonen…«

»Keine schlechte Idee, sich in Verkleidung porträtieren zu lassen: als römische Kaiser, Meergötter…«

»Die Wahl des Kostüms war nie zufällig: einen Fürsten als Gott des Meeres darzustellen, bedeutete zum Beispiel eine Anspielung auf seine Ambitionen als Seefahrer. Aber wenn sie dir ein Denkmal auf der Piazza aufstellen wollten, wie würdest du dich dann darstellen lassen?«

»Ein Reiterdenkmal? Batman auf seinem Batpferd!«

Während dieser reizenden Plauderei hatten sie das Café verlassen und begaben sich zum Eingang des Palazzo

Vecchio, wo eine Kopie der *Judith* von Donatello steht (die in der Hand den Kopf des Holofernes trägt).

»Das Original ist im Innern«, erklärte Onkel Karl, »aber zunächst war es im Garten des Palastes der Medici; als diese vertrieben wurden, brachte man es hierher. Das ist eine Kopie des *David* von Michelangelo«, fuhr er fort und zeigte auf die beiden großen Statuen neben der Tür, »während die andere, von Baccio Bandinelli, Herkules und Cacus darstellt.«

»Cacus? Wer war das denn?«

»Das war ein Riese, der Feuer spie, ein Sohn des Vulkan. Er wohnte auf dem römischen Hügel Aventin, und als Herkules eines Tages dort vorbeikam, beging er den Fehler, ihm vier Kühe und vier Stiere zu stehlen. Herkules brach in seine Höhle ein und würgte ihn mit eisernem Griff so lange, bis er tot war. Dann nahm er alle Tiere mit.«

»Das war auch nicht ohne. Und die Statuen in der Loggia?«

Als »Perseus« geschmolzen wurde

»Die berühmteste Statue, der *Perseus,* ist gerade erst aus der Werkstatt hier im Bogengang der Uffizien zurück: nach so vielen Jahren im Freien war er restaurierungsbedürftig. Es ist eine herrliche Statue: sie verkörpert Perseus, der in der Hand den Kopf der Meduse, des Ungeheuers mit den Schlangenhaaren, hält...«

»Und ihr Blick ließ die Menschen zu Stein werden, ich weiß. Ich frage mich, wie er auf so etwas gekommen ist? Wozu brauchte er bloß den Kopf der Meduse?«

»Er hatte ihn einem König versprochen. Die Meduse war ein furchtbares Geschöpf, sie hatte zwei Schwestern, die auch ziemlich häßlich waren: die Griechen nannten sie Gorgonen und siedelten sie jenseits des Ozeans an, wo das Reich der Nacht beginnt. Perseus mußte sich ganz schön anstrengen. Zum Glück halfen ihm die Nymphen, die ihm geflügelte Schuhe, einen unsichtbar machenden Um hamg und einen Sack für den Kopf der Meduse liehen. Aber niemand wußte sie aufzufinden, au-

DER »KOPF DER MEDUSE« VON CARAVAGGIO IN DEN UFFIZIEN

ßer zwei alten Weibern, die die Grenze zum Reich der Nacht bewachten: sie wechselten sich ab, denn sie hatten zusammen nur ein Auge. Perseus gelang es, das Auge an sich zu nehmen, während die eine es der andern übergab, und zwang sie dadurch zum Reden: so fand er die Meduse.«

»Und dann?«

»Nach einer Version packte er sie mit geschlossenen Augen am Hals, nach einer anderen sah er ihr Bild in einem glänzenden Schild reflektiert, den Athene ihm als Spiegel hinhielt. Er schnitt ihr den Kopf ab, steckte ihn in den Sack und flog mit seinen Zauberschuhen davon, während ihn die beiden anderen Schwestern verfolgten. Oder vielleicht nahm er Pegasus, das geflügelte Pferd, das gerade aus dem Hals des Ungeheuers entschlüpft war.«

»Und was hat er mit dem Kopf gemacht?«

»Er benutzte ihn bei verschiedenen Gelegenheiten als Waffe. Wer könnte ihm das verdenken? Er ließ die Menschen im wahrsten Sinne des Wortes zu Stein werden. Beinah hätte er auch den Bildhauer Benvenuto Cellini versteinert. Dieser war ein Freund des Großherzogs, und sie verbrachten viele gemeinsame Abende damit, kleine etruskische Figuren zu restaurieren, die die Bauern in der Nähe von Fiesole fanden. Irgendwann hatte ihn die fixe Idee mit dem *Perseus* so schlimm erwischt, daß er fast dabei draufging.«

»Wieso?«

»Weil die Statue aus Bronze und die von Cellini gewählte Verfahrensweise – das Schmelzen mit flüssigem Wachs – langwierig und kompliziert ist. Um eine innen hohle Skulptur, wie die der griechischen Antike, zu schaffen, mußte man zuerst eine Tonfigur herstellen, die gebrannt wurde; dann beschichtete man sie mit Wachs, das sorgfältig nach der Form modelliert wurde, und überzog sie dann wieder mit Ton. Die drei Schichten wurden von Nägeln zusammengehalten. Dann kam die Statue in den Brennofen: das Wachs schmolz und floß durch eigens angebrachte Röhrchen ab, und an seine Stelle goß man die flüssige Bronze. Am Schluß brach man die äußere Tonschicht auseinander, entfernte die Nägel und Röhrchen, zog die innere Tonschicht von unten heraus und brachte die letzten Verbesserungen an: eine Arbeit von Jahren. Wenn die Statue groß und sehr fein ausgearbeitet ist, verteilt sich der Guß aus flüssigem Metall nicht gleichmäßig in allen Teilen der Form. Auch der Großherzog hielt ihn für verrückt: *Benvenuto*, sagte er zu ihm, *diese Figur kann nicht aus Bronze gemacht werden, weil das nicht möglich ist.* Und beim Schmelzen des *Perseus* passierte tatsächlich alles mögliche, wie Cellini selbst in seinen Erinnerungen erzählt. Die Mühe *war unsäglich; so sehr ich mich anstrengte*, schrieb er.«

»Was will er damit sagen?«

»Es regnete in Strömen, und vom Hof her drangen Wasser und Wind ein, die den Brennofen abkühlten. Aber er war doch so heiß geworden, daß irgendwann das Dach Feuer fing und von einem Augenblick zum andern einzustürzen drohte. Cellini wurde vor Überanstrengung krank, er bekam Fieber und mußte ausgerechnet im kritischsten Moment, nämlich beim Bronzeguß, nach Hause gehen. *Ich fühle mich so elend, wie ich mich noch nie gefühlt habe, seit ich zur Welt kam, und ich bin sicher, daß diese große Qual mich binnen weniger Stunden zum Tode führt*, sagt er. Er erklärte seinen Helfern die kommenden Arbeitsgänge und legte sich *sehr widerstrebend* ins Bett. Es ging ihm wirklich schlecht: er wiederholte dauernd: *Ich fühle, daß ich sterben muß*, und war überzeugt, daß er die Nacht nicht überleben würde. Irgendwann... Warte, das lese ich dir vor, weil es zu schön ist. Hör zu: *Als ich in unermeßlicher Qual dalag, sah ich plötzlich einen Mann im Zimmer vor mir, dessen Gestalt gebogen war wie ein großes S; und er fing mit so trauriger, betrübter Stimme zu sprechen an, wie diejenigen, die für das Seelenheil derer beten, die zum Gericht müssen*, das heißt die zum Tode Verurteilten, und sagte: *O Benvenuto! Euer Werk ist verdorben, und nichts auf der Welt kann es mehr retten.*«

»Hilfe! Was war denn passiert?«

»Der Ofen war ausgegangen. Der mehr Tote als Lebendige stieß einen Schrei aus: wie ein Besessener sprang er aus dem Bett und kehrte zur Arbeit zurück, wobei er Schläge und Verwünschungen nach allen Seiten austeilte. Dann schickte er Leute aufs Dach, um das Feuer zu löschen, das heftiger denn je brannte, und ließ die Tür mit Brettern, Teppichen und Tüchern abdichten, um den Brennofen vor dem Regen zu schützen. Der Brennofen reagierte darauf mit einer Explosion.«

»Eine aussichtslose Sache!«

»Das ist noch nicht alles. Die Bronze war nicht flüssig genug, weil das Feuer die Legierung verbraucht hatte. Also nahm Cellini sämtliche verfügbaren Teller – Zinnteller – und warf sie in den Brennofen: das Metall verflüssigte sich wieder, und das Schmelzen des *Perseus* konnte somit vollendet werden.«

»Grandios!«

»Hör zu: *darum kniete ich nieder und dankte Gott aus vollem Herzen; dann wandte ich mich einem Teller mit Salat zu, der auf einer alten Bank stand, und aß und trank mit großem Appetit, zusammen mit der ganzen Gesellschaft; dann ging ich froh und gesund zu Bett, denn es fehlten noch zwei Stunden bis zum Tag; und ich schlummerte so sanft, als wäre ich niemals krank gewesen.* Er hatte sich nie besser gefühlt. Nach vollbrachtem Werk konnten die Leute nicht glauben, daß alles mit rechten Dingen zugegangen wäre, und hielten Cellini für einen Teufel!«

DER GROSSE SAAL DER FÜNFHUNDERT

DIE »PUTTE MIT DELPHIN« VON VERROCCHIO (DAS ORIGINAL!) IM HOF DES PALAZZO VECCHIO

»Seltsam«, fing Philipp an. »Ich war auf den düsteren Hof einer mittelalterlichen Burg gefaßt, und statt dessen sind die Säulen und Wände alle dekoriert… Und dann dachte ich, daß Burgen immer einen Brunnen hätten, um im Fall von Belagerungen mit Wasser versorgt zu sein: aber hier ist ja ein Springbrunnen. Was für eine komfortable Burg ist denn das?«

»Bis zum 16. Jahrhundert sah der Hof in etwa so aus, wie du dir's vorgestellt hast. Dann wurde er aus Anlaß einer fürstlichen Hochzeit erneuert. Wie ich dir vorhin sagte, war der Palast zuerst kleiner. Aus Sicherheitsgründen – und um die Bestechungsmöglichkeiten zu verringern – wohnten die Prioren hier während der gesamten Dauer ihres Mandats, fern von ihren Familien und mit ausschließlich männlichem Dienstpersonal. Es wohnten also nur wenige Personen

hier, die nicht viel Platz brauchten. Die Idee zum Bau eines riesigen Saals kam von Girolamo Savonarola, dem Dominikanermönch, der die Stadt nach dem Tod Lorenz des Prächtigen regierte, bis...«

»Bis er auf der Piazza Signoria verbrannt wurde, ich weiß.«

»Savonarola dachte, daß es mit einem Rat von fünfhundert Weisen an der Seite der republikanischen Regierung leichter wäre, den Medici standzuhalten, die mit allen Mitteln versuchten, die Stadt zurückzuerobern. Deshalb gab er den Auftrag zur Vergrößerung des Palastes. So entstand der Große Saal der Fünfhundert, der sich am Ende der zum ersten Stock führenden, doppelten Prunktreppe befindet. Wir sind fast da.«

»Er ist wirklich riesig.«

»Wie in vielen Fällen, hat er nicht mehr sein ursprüngliches Aussehen. Zunächst war der Saal einfach und schmucklos, er hatte eine Holzdecke mit Hängewerk und kahle Wände. Übrigens: die Wände sollten von Michelangelo und Leonardo da Vinci mit Fresken bemalt werden, aber aus verschiedenen Gründen wurde nichts daraus. Wenn du an die Decke siehst, wirst du feststellen, daß der Saal nicht ganz rechteckig ist: die kurzen Seiten liegen nicht parallel, weil sie die Verlängerung der Außenmauern des Palastes sind, der trapezförmig erbaut worden war. Als Cosimo de' Medici Herzog wurde, zog er in dieses alte Rathaus ein.«

»Damit niemandem entging, wer der Boß war...«

DAS NASHORN WAR DAS WAPPENTIER DES HERZOGS ALESSANDRO (S. S. 117)

ORGIO VASARI, »MAXIMILIAN HEBT DIE BELAGERUNG
ON LIVORNO AUF« (AUSSCHNITT, DAS GESAMTE GEMÄLDE IST SEHR VIEL GRÖSSER!)

Der Große Saal der Fünfhundert wurde zum Thronsaal. Giorgio Vasari, der das besondere Vertrauen Cosimos besaß, schmückte ihn mit Fresken, die die Schlachten darstellen, die Florenz gegen Pisa und Siena gewonnen hatte, und an die Decke malte er wahre oder erdichtete Episoden zur Verherrlichung seines Auftraggebers. Cosimo ließ sich auf dem Tondo in der Mitte des Saals bei seiner Krönung darstellen: von weitem sieht er aus wie Gott, umgeben von Engeln…«

FRANCESCOS ARBEITSZIMMER UND DIE WOHNGEMÄCHER DER ELEONORA

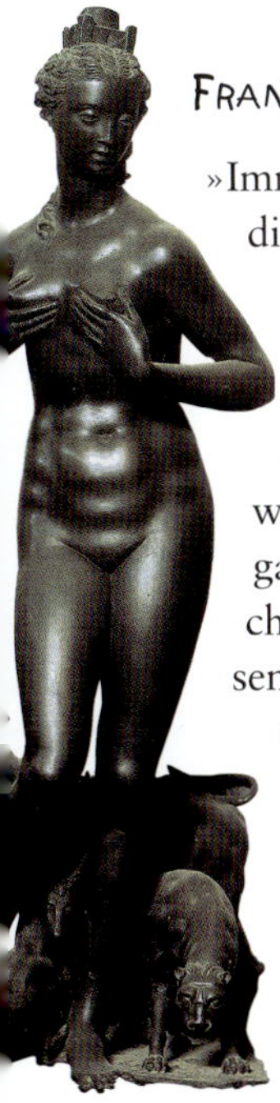

»Immer diese Verkleidungen! Und dieses Zimmer? So klein und voller Gemälde…«

»Das ist das Arbeitszimmer von Cosimos Sohn Francesco, dem von der Domfassade. Er war ein Einzelgänger, der sich ganze Tage hier einschloß und Bücher über Alchimie las. Hinter diesen Gemälden sind die Schrankfächer, in denen er seine Sammlungen versteckte.«

»Was für Sammlungen?«

»Vasen, Münzen, allerhand merkwürdige Gegenstände. Ein Teil davon ist im Palazzo Pitti aufbewahrt.«

BARTOLOMEO AMMANNATI, »DIE GÖTTIN OPI«
(KLEINES ARBEITSZIMMER VON FRANCESCO)

AGNOLO BRONZINO, »ELEONORA VON TOLEDO MIT IHREM SOHN GIOVANNI« (UFFIZIEN)

»Und die beiden in dem ovalen Rahmen sind seine Eltern?«

»Ja. Die Mutter hieß Eleonora und war Spanierin: eine sehr schöne, reiche und ehrgeizige Frau. Sie haben sehr jung geheiratet, Cosimo war siebzehn, sie sechzehn Jahre alt. Stell dir vor, wie schlimm das war: einen ganzen Hofstaat in einem mittelalterlichen Palast ohne jede Bequemlichkeit aufbauen zu müssen. Es gab noch nicht einmal Kamine, weil die Prioren sehr spartanisch gelebt hatten.«

»Ein Schloß einzurichten... Eine schwierige Sache, ich wüßte nicht, wo ich anfangen sollte.«

»Sie begannen mit dem Bau vieler neuer Räume, sogar ganzer Wohngemächer. In einem dieser Wohngemächer ist jeder Raum einer anderen Gestalt aus der Mythologie gewidmet: Herkules, Jupiter... und auf der Terrasse der fürchterliche Saturn, der die eigenen Kinder frißt.«

Eine steile Treppe führte Onkel Karl und Philipp – auf der anderen Seite der schwindelerregend hohen Tribüne, der durch den Saal der Fünfhundert geht – zu den Gemächern Eleonoras.

»Diese Gemächer hatte die junge Herzogin für sich gewählt, nebenbei waren es die, in denen die Prioren gewohnt hatten. Der Renaissance-Stil der Säle ist auch hier Vasari zu verdanken, der sich um die Modernisierung von Treppen, Decken und Balkonen

GIOVANNI STRADANO, »DAS LABOR DES ALCHIMISTEN« (KLEINES ARBEITSZIMMER VON FRANCESCO)

FRANCESCOS PERSÖNLICHES EMBLEM IST EIN WIESEL MIT EINEM RAUTENZWEIG IM MAUL; DIE RAUTE IST EINE IMMERGRÜNE, STARK RIECHENDE PFLANZE: MAN GLAUBTE, DASS DIE WIESEL SIE IM MAUL TRUGEN, UM SICH GIFTIGE KRÖTEN VOM LEIB ZU HALTEN, DIE DURCH DEN PENETRANTEN GERUCH ABGESCHRECKT WURDEN. ÜBER DEM KLEINEN TIER STEHT DAS MOTTO »AMAT VICTORIA CURAM« (DER SIEG LIEBT DIE SORGFALT).

bemüht hatte. In den Gemächern der Eleonora trägt jeder Raum den Namen einer berühmten weiblichen Gestalt aus der Antike...«

»Mal sehen... Grüner Saal.«

»Außer dem ersten, der nach der Farbe der Wände benannt worden war.«

Nachdem sie durch den Saal der Sabinerinnen gegangen waren, der den Hofdamen vorbehalten war, betraten die beiden den Esther-Saal.

»Hier speisten die Prioren. In der Mitte der Wand ist das große Becken zum Händewaschen. Das Wasser, das aus den Hähnen kam, war Regenwasser, das von den Regentraufen aufgefangen und in ein Sammelbecken hinter der Wand geleitet wurde. Der Ecksaal ist dagegen Penelope gewidmet.«

»Die Frau des Odysseus, die mit dem Faden... das heißt mit dem Webrahmen!«

»Bravo. In diesem hellen Raum widmete sich die Herzogin ihren weiblichen Tätigkeiten... Wir gehen gleich; aber zuerst will ich dir noch einen ganz besonderen Saal zeigen.«

Onkel Karl führte ihn durch den Audienzsaal zum Saal der Geographischen Karten.

»Dieser Globus hier ist riesig! Schade, daß er nicht auf meinen Schreibtisch paßt.«

»Er ist sehr alt: versuch einmal, Australien zu finden.«

»Ich kann es nirgends sehen... Dafür sind hier Kannibalen!«

»Das ist bezeichnend. Du wirst auch auf den anderen Karten sehen: die noch unerforschten oder wenig bekannten Teile der Erde sind immer von Ungeheuern und seltsamen Geschöpfen bevölkert.«

»Sind auch hinter diesen Paneelen Geheimfächer?«

»Natürlich. Hinter einer dieser Landkarten ist sogar ein Geheimgang, der nach draußen führt.«

»Indiana Jones und der Palast des Todes! Fehlen nur noch die Fallen mit scharfen Spitzen...«

Beim Hinausgehen bemerkte Philipp eine merkwürdige Figur: eine Schildkröte... mit Segel. Es war eine Holzschnitzerei, die sich auf einer der beiden Türflügel befand, durch die man zum Saal der Zweihundert gelangt.

»Das ist eins der Embleme Cosimos«, erläuterte Onkel Karl, »zu dem ihn, wie üblich, sein Lieblingskaiser inspirierte. Das über der Schildkröte eingeschnitzte Motto ist *Festina lente*, was in Lateinisch soviel heißt wie „beeile dich langsam".«

»Genau: beeilen wir uns langsam in Richtung Restaurant.«

Das Schweinchen

»Du hast dich vollgeschlagen wie immer«, hatte Onkel Karl gesagt. »Jetzt werde ich dich mit einem Artverwandten bekannt machen.«

Philipp hatte dieses rätselhafte Vorhaben auf die Flasche Rotwein zurückgeführt, der der Archäologe eifrig zugesprochen hatte: ihre schädliche Wirkung schien sich jetzt bemerkbar zu machen. Nach ein paar Minuten befanden sie sich vor einem Brunnen, über dem ein großes Bronzewildschwein thronte.

»Darf ich vorstellen: *il Porcellino*, das Schweinchen.«

»Welches Schweinchen denn?«

»So heißt es. Es ist die Nachbildung einer berühmten Skulptur von Pietro Tacca, einem Künstler aus dem 17. Jahrhundert, der in Bronze eine antike römische Marmorskulptur, die in den Uffizien steht, nachgebildet hatte; diese wiederum ist eine Kopie einer griechischen Bronze! Nach dem Volksglauben kehrt angeblich derjenige, der die Nase des Schweinchens berührt, eines Tages nach Florenz zurück.«

Philipp stellte sich in der Schlange an.

»Dahinter ist die Loggia des Neuen Markts. Heute ist da ein Strohmarkt, während früher die Seidenhändler und Goldschmiede dort ihre Geschäfte tätigten. Der Sitz ihrer Zunft war in der Via Por Santa Maria, der Straße hier rechts.«

»Das wollte ich dich gern fragen. Diese Zünfte, das heißt...«

»Damals bedeutete „Zunft" auch „Verband".«

»Und die Bude da?«

»Da gehen wir später zu einem kleinen Imbiß hin. Eine der größten Freuden des Lebens ist das Kutelbrötchen!«

»Warum auf später verschieben, was man gleich erledigen kann?«

»Wir haben vor zwei Sekunden erst gegessen!« rief Onkel Karl entsetzt. »Meine Schwester hat eine außerirdische Lebensform auf die Welt gebracht. Warte, irgendwo habe ich den Willkommensgruß in allen Sprachen des Planeten...«

Philipp beobachtete wie hypnotisiert die verschiedenen Zubereitungsphasen des Brötchens.

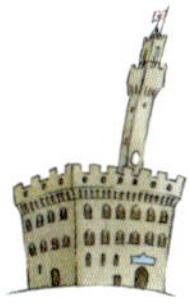

ORSANMICHELE

Sie waren durch die Via Calzaioli gegangen und dann in die Via dell'Arte della Lana abgebogen.

»Hier ist die Kirche Orsanmichele. Es ist die Abkürzung von Orto di San Michele (Gemüsegarten von San Michele).«

»Komisch. Sie wirkt nicht wie ein Palast, weil da all diese Heiligenfiguren sind. Aber ehrlich gesagt, auch nicht wie eine Kirche: drei Stockwerke und kein Glockenturm!«

»Und sieh dir auch die Wände an: sie sind oben ziemlich dick und verjüngen sich zum Erdgeschoß hin, an einigen Stellen sind sie sogar ganz dünn und wie Spitzen durchbrochen. Und der Fußboden hat keinen Belag aus Marmor oder aus einem anderen kostbaren Material, sondern ist mit Steinen bepflastert wie ein Marktplatz. Es ist wirklich ein merkwürdiges Gebäude, aber es gibt eine Erklärung dafür: diese geschlossenen Bogengänge waren ursprünglich offen, es war die Loggia des Getreidemarkts. Wo zuvor die Nonnen des Klosters San Michele ihren Gemüsegarten hatten, war der Getreidemarkt, und Arnolfo di Cambio – der Architekt des Doms und des Palazzo Vecchio – hatte zum Schutz der Stände eine Überdachung aus Holz und Ziegelsteinen erbaut. Eines Tages verbrannte die Loggia jedoch bei einem Feuer. Nach einer Legende blieb nur ein Pfeiler stehen, auf dem ein Bild der Madonna war. Man hielt es für ein Wunder, und seitdem kamen die Leute bei Sonnenuntergang zum Beten hierher.«

»Warum bei Sonnenuntergang?«

»Weil tagsüber Markt war. Im Jahr 1337 hatte die Kommune eine neue „feuerfeste" Loggia bauen lassen, mit Pfeilern aus Stein und Gewölben aus Ziegelsteinen, wie bei der Loggia des Neuen Markts. Und da man auch einen trockenen und luftigen Raum zum Speichern von Getreide für Hungersnöte brauchte, wurden über der Loggia zwei große geeignete Räume erbaut. Sehr bequem: unten der Markt und oben das Lager; ganz abgesehen davon, daß in

diesem erhöhten Speicher im Herzen der Stadt das Korn in Sicherheit vor Mäusen, Dieben und Überschwemmungen war. In einem Pfeiler links vom Eingang wurde Platz für eine schmale Treppe geschaffen, die den städtischen Beauftragten als Zugang zum Speicher diente. Und im Gewölbe ist eine rechteckige Luke, durch die man sehen konnte, wer an der Tür klopfte. Die Getreidesäcke wurden mit Seilen und Lastenzügen hochgebracht, die aus den großen Fenstern ragten.«

»Und wie brachte man sie runter?«

»Dafür gab es Rutschen: dadurch kamen sie schnell und mühelos nach unten. Die beiden Pfeiler links sind innen hohl und haben noch die Öffnungen. aus denen das Korn kam.«

»Was für eine Organisation.«

»Aber das ist noch nicht alles. Florenz war noch nie so reich gewesen wie im 14. Jahrhundert: alle größeren Straßen waren gepflastert, und die alten Häuser aus Kriegszeiten hatten teuren Steinpalästen Platz gemacht. Dann kam das schicksalhafte Jahr 1348, das Jahr der Pest. Die verzweifelten Florentiner versammelten sich in der Markthalle und flehten die Madonna um das Ende der Seuche an: was auch prompt eintrat. Zum Dank beauftragten sie Bernardo Daddi, einen Schüler Giottos, mit einem großen Gemälde mit der thronenden *Madonna mit Kind*.«

»Das sich hier irgendwo befindet, nehme ich an.«

»Ja, hier ist es, in dem großen Tabernakel aus weißem Marmor mit Einlegearbeiten aus buntem Glas. Entworfen hat es der Architekt und Bildhauer Andrea Orcagna. Die Gläubigen, Kranken und Bettler, die zum Beten herkamen, wurden immer zahlreicher. Deshalb wurde die Loggia in ein Oratorium verwandelt, die Bogengänge geschlossen und der Markt an einer andern Stelle angesiedelt. Der Ort füllte sich in kurzer Zeit mit Exvoto-Bildchen, das heißt mit Weihgaben, auf denen die ganze Gestalt – oder auch nur einzelne Körperteile – der von der Madonna Geheilten abgebildet waren: sie hingen überall, sogar an den Ringen, die von der Decke baumeln.«

»Aber um zum Speicher im ersten Stock zu kommen, mußte man immer noch durch die Kirche.«

»Ja, das war nicht schön. Deshalb baute man

die Überführung, die den Palazzo dell'Arte della Lana mit dem alten Kornspeicher verband, der heute ein Museum ist. Ich empfehle dir, einen Blick auf die Glasmalereien des Oratoriums zu werfen, bevor du hinausgehst: sie stellen die Wunder der Madonna von Orsanmichele dar und gehören zu den ältesten von Florenz.«

»Und jetzt zu den Statuen in den Tabernakeln«, fuhr der Onkel fort, als sie draußen waren. Die zahlreichen städtischen Zunftverbände eiferten um die Wette, um solch ein vielbesuchtes Oratorium zu finanzieren. Die Kommune beauftragte schlauerweise mit seiner Instandhaltung und Verschönerung… alle. Die oberen Zünfte, das heißt die reichsten, stifteten Statuen ihres Schutzheiligen für die Nischen in den Außenwänden; die niederen Zünfte Fresken oder Bilder aus glasierter Terrakotta.«

»Und wer ist der Heilige mit der Rüstung und dem Schild?«

»Das ist der *hl. Georg*, den Donatello für die Zunft der Waffen- und Harnischschmiede schuf. Damals war er noch sehr jung und wenig bekannt, deshalb betrauten sie ihn mit einer nicht sehr tiefen Nische am Eckpfeiler, in dem die Treppe ist. Auch das ist aber…«

»Eine Kopie. Und wir werden das Original sehen…«

»Im Bargello: alles zu seiner Zeit.«

Santa Croce

Der Platz und der Fussball in historischen Kostümen

Philipp und Onkel Karl hatten den Platz nach einem schönen Spaziergang durch die mittelalterlichen Straßen von Florenz erreicht.

»Erraten. Schon im 14. Jahrhundert wurden auf diesem Platz Turniere, Feste und Wettspiele veranstaltet. Bei Gelegenheit wurde er – halt dich fest – sogar in ein Fußballfeld verwandelt: hier wurde – und wird noch heute – der berühmte Fußball in historischen Kostümen gespielt.«

»Nie gehört. Warum in Kostümen?«

»Weil die Spieler – abgesehen von den Turnschuhen – wie im 16. Jahrhundert gekleidet sind.«

»Aber wie sind die Spielregeln? Und wer hat sie erfunden?«

»Etwas in der Art hat es vermutlich schon zur Zeit der Griechen und der Römer gegeben; und hier in Florenz hat man sich immer sehr dafür begeistert. Es ist ein ziemlich hartes Spiel, bei dem man erhebliche Kräfte und Fähigkeiten braucht. Die jungen Männer aus guter Familie ließen sich nicht lange bitten: unter den Zuschauern waren viele junge Mädchen, auf die sie natürlich Eindruck machen wollten, wie du dir denken kannst. Außerdem war es eine ausgezeichnete Gelegenheit, um alte Rechnungen zu begleichen, ohne die Nacht hinter Gittern zu verbringen…«

»Und die Mannschaften?«

»Es gab vier, eine für jedes Stadtviertel: die Weißen von Santo Spirito, die Grünen von San Giovanni, die Roten von Santa Maria Novella und die Blauen von Santa Croce. Das berühmteste Spiel fand am 17. Februar 1530 zwischen Weißen und Grünen statt: das Heer von Kaiser Karl V. lagerte vor den Stadtmauern, aber das Spiel wurde trotzdem ausgetragen. Die Florentiner wollten zeigen, daß ihnen die Belagerung völlig egal war; zum Zeichen ihrer Verachtung ließen sie sogar Musikanten auf das Dach der Kirche Santa Croce steigen.«

»Wie übertrieben! Bestimmt war das gefährlich, oder?«

»Sehr: und in der Tat pfiff ihnen irgendwann eine Kanonenkugel um die Ohren. Aber niemand kam zu Schaden, und das Fußballspiel ging normal weiter. Im 18. Jahrhundert verlor sich die Tradition. 1930 wurde sie wiederaufgenommen und seit dem ist das Spiel ein alljährliches Ereignis. Wenn wir noch Karten bekommen, können wir es uns ansehen: es findet am 24. Juni statt, dem Feiertag Johannes des Täufers.«

»Du hast mir die Regeln nicht erklärt.«

GIORGIO VASARI UND GIOVANNI STRA
»DIE BELAGERUNG VON FLORENZ« (PALAZZO VECCHIO, SAAL VON CLEMENS

»Das Spiel dauert eine Stunde. Es gibt zwei Mannschaften mit je 27 Spielern. Das Spielfeld ist rechteckig, mit Sand bedeckt und in der Mitte durch eine weiße Linie geteilt. An den kurzen Seiten befindet sich ein Tor, in das die gegnerische Mannschaft den Ball befördern muß, um damit einen „Fang", das heißt ein Tor zu schießen. Jeder Fang wird von den Schüssen der Feldschlangen, Artilleriewaffen mit langem, dünnem Lauf, begleitet.«

»Eine Art Rugby.«

»Ja, es ist eine Mischung aus Kampfsport, Fußball und Rugby. Ein ziemlich starkes Gemisch: Stöße, Tritte, Schläge... eine ständige Rauferei. Die siegreiche Mannschaft gewinnt ein Kalb.«

»Laß uns hingehen.«

»Mal sehen. Auf alle Fälle dürfen wir den Umzug nicht verpassen, der vor dem Spiel veranstaltet wird. Er ist sensationell: über fünfhundert Personen in Kostümen und Rüstungen, die zum Klang von Trommeln und Trompeten durch die Innenstadt ziehen. Aber im 13. Jahrhundert war der Platz ruhiger: damals wohnten die Franziskaner hier.«

»Die Anhänger des hl. Franz von Assisi, der mit den Tieren sprach.«

»Und der seinen Besitztümern entsagte, um in Armut zu leben. Viele folgten seinem Beispiel, und es wurden Kirchen und Klöster ge-

GIOVANNI STRADANO, »DAS RITTERTURNIER IN SANTA C
(PALAZZO VECCHIO, GEMÄCHER DER ELEO

gründet. In Florenz siedelten sich die Franziskaner in einer kleinen Kirche außerhalb der Stadtmauern an, in einem sumpfigen Gebiet, in dem die ärmsten Wollarbeiter lebten. Die Predigten der Mönche, die bald große Menschenmengen anzogen, wurden auf diesem Platz gehalten. Gegen Ende des 13. Jahrhunderts wurde dann mit dem Bau der gotischen Kirche begonnen, die wir hier gegenüber sehen.«

Die Kirche Santa Croce

»Aber die Fassade finde ich nicht besonders gotisch... und auch mit der franziskanischen Einfachheit hat sie wenig zu tun. Sie ist doch nicht etwa...«

»Sehr viel später entstanden, sehr gut! Sie ist wirklich erst aus dem vorigen Jahrhundert.«

»Ich hab eben ein Auge für bestimmte Dinge...«

»Siehst du die Steintafel an der Fassade? Das Zeichen gibt die Wasserhöhe während der Überschwemmung von 1966 an.«

»Bis da oben! Das hat bestimmt große Schäden angerichtet...«

»Es war nicht ohne: im Museum neben der Basilika kannst du dir ein Bild vom Ausmaß der Katastrophe machen. Jetzt gehen wir rein. Und mach dich auf eine Überraschung gefaßt: diese Kirche ist alles andere als kahl.«

Philipp war sofort von der großen Anzahl von Altären beeindruckt, die an den Wänden verteilt waren.

»Die Altäre und Denkmäler sind fast alle nach dem 16. Jahrhundert entstanden und bergen die sterblichen Reste so berühmter Italiener wie Michelangelo und Galileo;

IN DER KIRCHE SANTA CROCE BEFINDEN SICH DIE GRABMÄLER VIELER BERÜHMTER MÄNNER: MICHELANGELO (BILDHAUER, MALER UND ARCHITEKT), VITTORIO ALFIERI (DICHTER), NICCOLÒ MACHIAVELLI (SCHRIFTSTELLER, HISTORIKER UND PHILOSOPH), LEONARDO BRUNI (GELEHRTER UND POLITIKER), GIOACCHINO ROSSINI (MUSIKER), LEON BATTISTA ALBERTI (ARCHITEKT UND PHILOSOPH), GALILEO (WISSENSCHAFTLER, S. KAP. 12). DIESE GRABMÄLER GROSSER PERSÖNLICHKEITEN INSPIRIERTEN UGO FOSCOLO ZU SEINEM BERÜHMTEN GEDICHT »DIE GRÄBER« (1807).

aber nicht alle, einige sind leer. Der Entwurf für die Kirche ist von Arnolfo di Cambio…«

»Schon wieder.«

»In der nach oben strebenden Gotik mit vielen Glasmalereien, wie wir sie schon kennen. Hier bremst jedoch das Holzdach den Schwung der Spitzbogen.«

»Eine Gotik, die ein bißchen weniger gotisch ist.«

»Genau. Ursprünglich waren die Wände mit Fresken bemalt, die Episoden aus dem Leben der Heiligen darstellten; die Franziskaner erzählten sie in ihren Predigten und spielten sie sogar in „sakralen Darstellungen“, einer Art religiösem Schauspiel, bei dem der Platz zur Bühne wurde. Viele dieser Fresken sind verlorengegangen. Reste davon sieht man noch im hinteren Teil der Kirche, hinter dem Hauptaltar und in den Kapellen der reichen Florentiner Familien des 14. Jahrhunderts, die sich wie üblich bei der Darstellung ihrer Lieblingsheiligen gegenseitig zu übertrumpfen suchten.«

GIOTTO UND CIMABUE

»Der hl. Franz durfte natürlich nicht fehlen«, fuhr Onkel Karl fort und trat in die Bardi-Kapelle, »und diese Fresken hier stellen Episoden aus seinem Leben dar. Sie wurden von Giotto gemalt. Wenn du sie mit den Mosaiken des Baptisteriums vergleichst, siehst du sofort, daß er ein anderes Gefühl für die Figuren, den Raum und die Geschichte hat: nicht unbedingt ein besseres oder schlechteres, aber neu ist es auf alle Fälle. Um noch ein anderes Beispiel zu nennen, schau dir den hl. Franz auf dem Gemälde mit Goldhintergrund an: die Gestalt ist dürr und unproporzioniert; Giottos Mönche sind dagegen sehr „leiblich“ und wohlgenährt. Die Vögel auf dem Tisch sind stilisiert, und alle Figuren stehen in Reih und Glied, während bei den Fresken Giottos die Gestaltung des Hintergrunds

Giotto, »Approbation der Ordensregel« (Kirche Santa Croce, Bardi-Kapelle)

und vor allem die Anordnung der Figuren im Raum so natürlich wie möglich ist. Die bedeutendste Szene des Zyklus ist die *Lossagung des hl. Franziskus vom Vater*, in der der hl. Franz sich seiner kostbaren Gewänder entledigt und sie seinem Vater übergibt, so daß er zum Entsetzen der Anwesenden nackt auf dem Platz von Assisi steht. Giotto stellt die verschiedenen Momente des Ereignisses und die Empfindungen seiner Gestalten sehr wirkungsvoll dar: der Vater des hl. Franz zum Beispiel ist außer sich und nur mit Mühe davon abzuhalten, seinen Sohn zu verprügeln. Dann sind da die

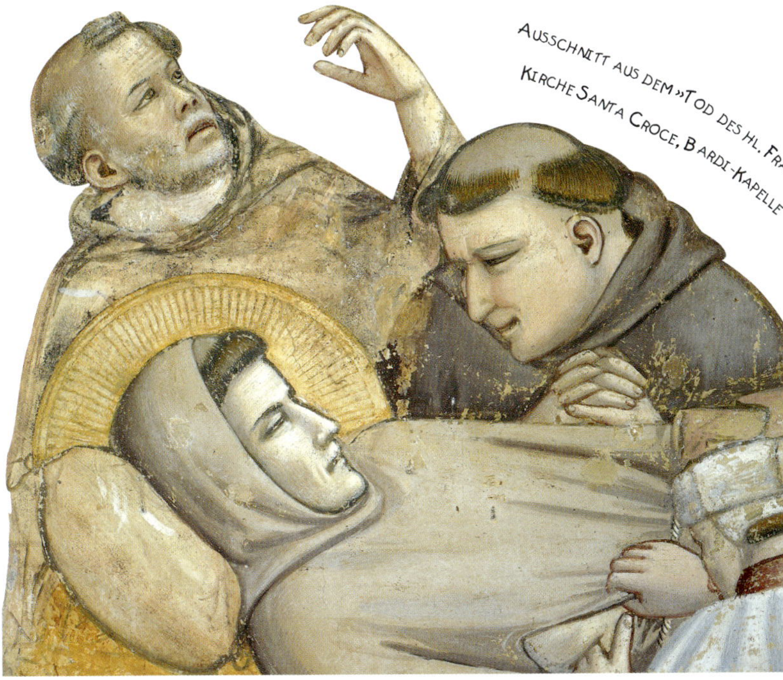

Ausschnitt aus dem »Tod des hl. Franz« Kirche Santa Croce, Bardi-Kapelle

Frauen, die ihre Kinder wegbringen, denn eine so ungesittete und revolutionäre Geste war kein geeignetes Schauspiel für sie. Schließlich ist da der Bischof, der Franz in seinen Umhang hüllt: der Rebell wird integriert und aufgenommen in den Schoß der Kirche.«

»Noch so ein Riesen-Comic... Ganz klar.«

»Das war notwendig, denn sonst hätten diejenigen, die nicht lesen konnten, nichts verstanden. Komm, ich zeig dir ein Wunder in der andern Kapelle.«

Sie gingen in die Kapelle der Bardi di Vernio. »Hier sind die Fresken mit der Darstellung der Wunder des hl. Silvester. Da ist ein sehr lustiges dabei. Der Maler ist Maso di Banco, ein Schüler Giottos. Stell dir vor, du wärst ein Mann aus dem Volk im Mittelalter, und versuch, die Szene mit dem Drachen zu lesen.«

»Also: der mit dem Heiligenschein ist ein Heiliger... und er ist zweimal dargestellt. Das bedeutet, die Geschichte spielt sich in zwei Teilen ab.«

»Sehr gut.«

»Der Heilige in der Mitte fordert die beiden Personen auf, wieder aufzustehen...«

»Und verwarnt sie wegen Simulation. Komm, das ist doch kein Schiedsrichter beim Fußball!«

»Warte mal: zuerst lagen sie auf dem Boden, und jetzt stehen sie... Ich hab's: er hat sie wiedererweckt!«

»So ist es besser. Und schau: die Ruinen sind mit Gras bewachsen, ein Zeichen für ihr Alter. Und dann ist da noch die Marmorsäule, die die Szene in zwei Hälften teilt...«

»Rom?«

»Bravo! Die Szene spielt auf dem halb zerstörten Forum. Die beiden Auferstandenen sind Zauberer. Aber was war ihnen passiert?«

»Also, links ist ein Drachen, dem der hl. Silvester das Maul zuhält. Und die dabeistehende Figur hält sich die Nase zu... Ich verstehe: der stinkende Atem des Drachen hatte sie niedergestreckt!«

»Gratuliere, vor dir liegt eine glänzende Karriere als Kunsthistoriker.«

»Das ist das Verdienst dieses Maso, er hat alles gemalt, was zum Verständnis nötig war.«

Später konnte sich Philipp im Museum von Santa Croce persönlich ein Bild von den schweren Verlusten machen, von denen schon die Rede war, eines der vielen Opfer der Überschwemmung ist das *Kruzifix* von Cimabue, dem Lehrer Giottos, dessen Werke den Übergang zwischen der Kunst des Mittelalters und Giottos neuem Realismus bildeten.

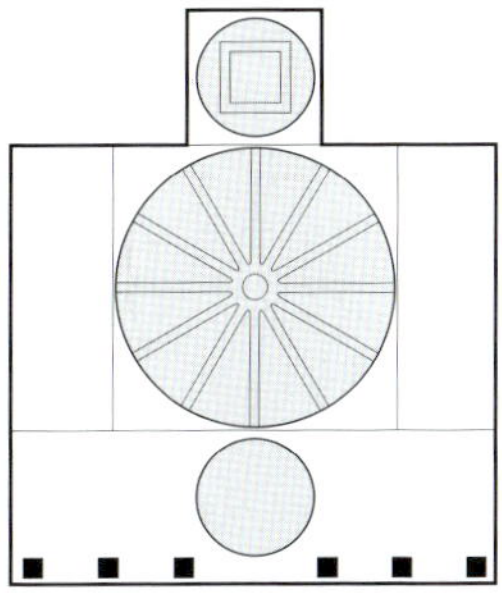

»Wie der zugerichtet ist! Das Gesicht und der Körper sind praktisch verschwunden. Hing er denn nicht in der Kirche, über dem Hauptaltar?«

»Schön wär's gewesen, dann wäre er nicht beschädigt worden; leider befand er sich hier, wo du ihn siehst, und wurde zusammen mit den andern Kunstwerken des Museums vom Schlamm mitgerissen.«

Im Mittelalter wurden die Kirchen in der Form eines lateinischen Kreuzes gebaut, und zwar mit einem längeren Flügel (dem Längsschiff) und einem kürzeren (dem Querschiff). Dann kam die Renaissancezeit mit ihrer Vorliebe für geordnete und „rationale" Raumaufteilung, und die Architekten entdeckten ihre Leidenschaft für den Kreis als der perfektesten Form und begannen, auch Bauwerke mit „zentralem Grundriss" zu entwerfen, das heisst solche, die sich symmetrisch um einen Punkt herum ausdehnen: also in Kreisform oder quadratisch oder in der Form eines griechischen Kreuzes (ein Kreuz mit vier gleich langen Balken). Brunelleschi spielte gern mit Formen (wie man an der Alten Sakristei von San Lorenzo sehen kann), und ganz allmählich näherte auch er sich dem zentralen Grundriss. Die Pazzi-Kapelle (in der später die Verschwörung stattfand) stellt seinen ersten Schritt in diese Richtung dar. Der Grundriss ist ungefähr so: in der Mitte ein Rechteck, das nur wenig breiter als lang ist, davor ein Bogengang und dahinter eine quadratische Apsis mit dem Altar. Alle drei Räume sind von einer Kuppel bedeckt: die grösste in der Mitte hat ein kegelförmiges Dach und eine Laterne, davor und dahinter sind die beiden kleineren. Als Brunelleschi starb, waren die Arbeiten noch nicht beendet, und es ist bis heute nicht klar, ob das Ergebnis seinem ursprünglichen Entwurf entspricht. Denn unser Brunelleschi gab sich nicht leicht zufrieden. Nur kurze Zeit nach dem Entwurf für die obige Kapelle entwarf er nämlich für die Kamaldulensermönche die Kirche S. Maria degli Angeli, die erste der Renaissance mit zentralem Grundriss, die leider unvollendet geblieben ist: ein zentrales Achteck, das eine Kuppel bedeckt, mit 16 Aussenseiten: im Innern ist eine Kapelle auf jeder Seite (also 8); aussen ist an jeder zweiten Seite eine Nische (und daher ebenfalls 8). Schwindelerregend...

Die Sonne, das Symbol des Dominikanerordens

Santa Maria Novella und San Lorenzo

Santa Maria Novella: der Platz und die Kirche

»Welcher Film hat die meisten Oscars in der Geschichte des Kinos gewonnen?«

»*Titanic*: der hat elf bekommen.«

»Es gibt einen, der genauso viele bekommen hat.«

»Genauso viele... Warte mal, der Schinken, den sie immer im Fernsehen zeigen: *Ben Hur*!«

»Von 1959. Und erinnerst du dich an die tolle Szene... Moment: und wer hat zehn bekommen?«

»Nicht ablenken. Du meinst das Rennen der Zweigespanne.«

Das geblähte Segel als Zeichen eines günstigen Geschicks ist das Emblem von Giovanni di Paolo Rucellai.

»Genau. Wenn du gegen Ende des 16. Jahrhunderts auf diesem Platz gewesen wärst, hättest du solche Szenen erleben können.«

Philipp, Karl und Lisa waren auf der Piazza Santa Maria Novella, die einst als „Rennstrecke“ für den Palio dei Cocchi, ein von Cosimo I. eingeführtes Pferderennen, diente. Die Wagen hatten als Wendepunkte die beiden Obelisken, die sich an den äußeren Enden des Platzes befinden; ringsum wurden Zuschauertribünen aus Holz aufgestellt, während der Großherzog und sein Gefolge unter den Bogengängen, auf einer erhöhten, von Fahnen umgebenen Tribüne Platz nahmen.

»Der Platz war aber nicht für das Rennen erbaut worden«, erklärte Onkel Karl, »sondern als Versammlungsort für die Gläubigen, die in der Kirche keinen Platz mehr gefunden hatten.«

»Wie bei Santa Croce.«

»Genauso. Auch dies hier war das Kloster eines Bettelordens, nämlich der Dominikaner. Als sie nach Florenz kamen, siedelten sie sich in einer kleinen Kirche außerhalb der Stadtmauern an, ganz genau wie die Franziskaner, aber auf der anderen Seite der Stadt, und mit der Zeit ließen sie die Kirche von zwei Mönchen und Architekten, Sisto und Ristoro, vergrößern und verschönern. Neben der Fassade rechts befindet sich der Friedhof: eine einfache Bodenfläche, wie es der Ordenstradition entsprach.«

»Aber die Mauern, die ihn umschließen, sind nicht gerade einfach.«

»Du hast recht«, sagte Lisa. »In den Mauernischen befinden sich die Sarkophage von reichen Florentiner Familien, die alle in kostbarem weißen und grünen Marmor angefertigt wurden. Noch heute heißt die Straße, die an der Kirche entlangführt, Via degli Avelli, das heißt Straße der Gräber.«

»Irgendwann wurden die Arbeiten jedoch aus Geldmangel eingestellt«, fuhr Onkel Karl fort. »Es vergingen hundertfünfzig Jahre, bis Giovanni di Paolo Rucellai, ein Kaufmann, der mit dem Handel von Purpurstoffen – einer Farbe, die niemand herzustellen wußte – sein Glück gemacht hatte, bis dieser Leon Battista Alberti beauftragte, die Arbeiten an der Kirche, einschließlich Fassade, zu beenden.«

»Die Fassade erinnert sehr an die von San Miniato« stellte Philipp fest. »Geometrische Figuren, weißer und grüner Marmor...«

»Die tempelähnliche Umrandung um das gläserne Auge in der Mitte der Fassade ist eine Huldigung an die Architektur der Antike, die in der Renaissance sehr bewundert wurde. Die Ohren, die den oberen Teil der Fassade mit dem unteren verbinden, sind eine Erfindung Albertis: sie nennen sich „Voluten“ und kamen sofort in Mode. Zu einem späteren Zeitpunkt fügte ein Mönch,

der Astronom war, noch zwei Instrumente hinzu, die zur Erforschung der Bewegung von Gestirnen und Planeten dienten: das eine ähnelt einer Sonnenuhr und das linke wird „Himmelsäquator“ genannt.«

»Das Innere ist ganz entschieden gotisch«, sagte Philipp in sachverständigem Ton, »und durch die großen, bunten Glasfenster dringt ein wunderschönes Licht. Aber, Lisa, die Renaissance... Inwiefern waren die Menschen der Renaissance-Zeit anders als die im Mittelalter?«

Die »Dreifaltigkeit« von Masaccio

»Sieh dir dieses Fresko an«, begann sie. »Es ist die *Dreifaltigkeit* von Masaccio, einem der größten Maler des 15. Jahrhunderts. Hinten steht Gottvater, vorne der Sohn, und der Heilige Geist ist als weiße Taube zwischen beiden. Es ist ein bedeutungsvolles Gemälde, aus dem man einige Aspekte der geistigen Entwicklung der Renaissance ersehen kann. Zunächst einmal: der Leib Jesu zeigt das Interesse an der menschlichen Anatomie. Gott ist nicht mehr weit entfernt und unerreichbar in einem goldenen Himmel oder in den Wolken, sondern in einer Kapelle, die den von Brunelleschi erbauten ähnelt. Und die Szene ist aus unserer Perspektive dargestellt: was oben ist, sehen wir von unten nach oben, was unten ist, – wie das Skelett auf dem Grab – ist von oben nach unten gesehen.«

»Perspektivisch.«

»Ein Zauberwort. Hier hat Masaccio zum ersten Mal in der Geschichte der Malerei streng die Regeln der perspektivischen Linienführung befolgt: beim Malen der Kapelle hat er praktisch einen perfekten perspektivischen Grundriß mit einem zentralen Fluchtpunkt angelegt. Und außerdem dient die Perspektive nicht nur zu einer rationellen Anordnung der Figuren auf dem Gemälde, sondern schafft beim Betrachter auch den Eindruck, in das Bild hineingehen zu können: so wird dieses zu einer Fortsetzung des realen Raums.«

»Keine Bange, von der Perspektive sprechen wir später mit Ruhe«, sagte Onkel Karl leise.

»Bei den auf der Stufe knienden Figuren handelt es sich um das Ehepaar Lensi, das hier begraben ist. Sie haben die gleiche Größe wie die Madonna und der hl. Johannes, der unter dem Kreuz steht, sie sind sogar in der gleichen Art gekleidet: nur durch die Stellung und den fehlenden Heiligenschein unterscheiden sie sich von den beiden religiösen Figuren. Erinnerst du dich an die Mosaiken des Baptisteriums, den riesigen Christus und die winzig kleinen Menschen? Bei Masaccio nicht: er stellt Heilige und Menschen seiner Zeit in einen Raum, nämlich in eine Renaissance-Kapelle.«

»Ich verstehe: es gibt keine Unterschiede mehr in der Größe, dem Hintergrund und der Kleidung, und alle Figuren werden wie auf einer Fotografie dargestellt, und nicht, nach ihrem Rang, größer oder kleiner.«

»Das ganze Geheimnis liegt im Auge des Betrachters: es gibt nichts Übernatürliches mehr, das den Menschen beherrscht und erdrückt; jetzt ist es der Mensch, der das ihn umgebende Universum beobachtet und ordnet.«

»Eine rationale, auf den Menschen bezogene Betrachtungsweise, die sich an der Antike orientiert«, faßte Onkel Karl zusammen, »und die Masaccio mit Brunelleschi teilte.«

Ghirlandaios Geschichten

Die drei begaben sich hinter das Marmortabernakel des Hauptaltars. In der Kapelle sahen sie unter einem herrlichen Glasfenster den Freskenzyklus des Ghirlandaio: die *Szenen aus dem Leben Mariens und Johannes des Täufers.*

»Erinnerst du dich an den Palazzo Davanzati?« fragte der Archäologe. »Hier hat der Maler viele Gegenstände, Gewänder und Möbel dargestellt, die wir im Museum gesehen haben, und auch noch andere.«

»Ghirlandaio«, fuhr Lisa fort, »hat die religiösen Szenen mit Details aus dem alltäglichen Leben seiner Zeit ausgeschmückt und läßt sogar Verwandte, Freunde und Mitarbeiter der Tornabuoni, einer reichen, mit den Medici verwandten Florentiner Familie, darin auftreten.«

DOMENICO GHIRLANDAIO, »APPROBATION DER ORDENSREGEL DES HL. FRANZ (KIRCHE SANTA TRINITA, SASSETTI-KAPELL

»Es gibt auch eine Straße, die sich so nennt, wir sind gestern durchgegangen: voller Luxusgeschäfte!«

»Was den Luxus betrifft: hier ist ein richtiges florentinisches Bett mit Bettkasten, der bequeme Fächer ringsum hat. Und sieh dir das Schlafzimmer an: es ist ganz und gar mit Holz verkleidet, das mit Schnitzereien verziert ist, und oben ist eine Verzierung aus bemalter Terrakotta mit kleinen Putten. Auch an der andern Wand ist ein Schlafzimmer dargestellt. Die Damen, die den jungen Müttern Geschenke bringen, sind die Tochter und die Schwiegertochter Tornabuonis, die beide, sehr jung, bei der Geburt eines Kindes starben: das kam damals sehr oft vor. Wenn du Zeit hast, dann kannst du mal kurz in die Kirche Santa Trìnita gehen…«

»Am Ende der Via Tornabuoni«, schloß Onkel Karl.

»Dort ist noch eine Kapelle, die Ghirlandaio mit Fresken geschmückt hat, die Sassetti-Kapelle. Er sollte Szenen aus dem Leben des hl. Franziskus malen und ließ sich die Gelegenheit nicht entgehen, Lorenz den Prächtigen mitsamt seinen Söhnen und deren Lehrer darzustellen. Und im Hintergrund sieht man Gebäude und Ausschnitte vom Florenz der damaligen Zeit, darunter den Palazzo Vecchio und die Brücke Santa Trìnita.«

»Onkel Karl, weißt du…«

»Laß mich raten: du hast Hunger.«

»Ja, eigentlich schon…«

»Gehen wir zum Markt von San Lorenzo«, schlug Li-

sa vor. »Er ist in der Nähe, und es gibt da eine Menge Trattorien und Stände, wo man eine Kleinigkeit essen kann.«

»Was heißt hier Kleinigkeit: du kennst ihn nicht, er könnte ein ganzes Stockwerk der Markthalle vertilgen.«

»Ist das der Markt mit den vielen Ständen, von dem du gestern gesprochen hast?«

»Es gibt den zentralen Markt und außen herum den Markt von San Lorenzo. Gehen wir, und dann sehen wir uns die Kirche an, ein weiteres Meisterwerk von Brunelleschi.«

DIE KIRCHE SAN LORENZO

»Hier ist San Lorenzo, die Kirche der Medici, der Florentiner Familie, die das politische Leben der Stadt drei Jahrhunderte lang, vom 15. bis zum frühen 18. Jahrhundert, beherrscht hat.«

»Und das war die Fassade?«

»Tja, ihr fehlt eben die Marmorverkleidung. Wieder einmal war das Geld vor der Vollendung der Fassade ausgegangen: schade, denn der Entwurf war von Michelangelo. Das Gebäude, das du heute siehst, wurde am Anfang des 15. Jahrhunderts begonnen: zuerst stand hier eine viel kleinere Kirche, eine der ältesten von Florenz. Der Urgroßvater von Lorenz, Giovanni di Bicci, der als Bankier zu Reichtum gekommen war, beschloß, diese kleine mittelalterliche Kirche für seine Familie umzuwandeln, und beauftragte Brunelleschi mit der Erneuerung. Wie du siehst, ist das in Weiß und Grau gehaltene Innere sehr schlicht; seine Ausstrahlung liegt nicht im erhaben Emporstrebenden oder in der schwindelnden Höhe – die das Schöne an der Gotik sind – sondern in der bewußten und eleganten Einfachheit der Raumaufteilung: ein Raum, „der dem Menschen entspricht". Auch Cosimo der Ältere, der von seinem Vater die Finanzierung der Arbeiten übernommen hatte, war sehr geschickt, in seinen Geschäften wie in der Politik, aber er war ein Mensch der neuen Zeit. Das religiöse Empfinden war verändert und so auch der Geschmack. Die Raumaufteilung sollte klar, nachvollziehbar und geordnet sein, wie in der Malerei Masaccios: der Triumph der Perspektive...«

»Wo wir schon dabei sind, was ist Perspektive eigentlich genau?«

»Es ist eine Technik, dank der man auf eine flache Oberfläche die Wirklichkeit überträgt, wie wir sie wahrnehmen: dreidimensional wird übertragen auf nur zweidimensional. Zum Beispiel: wenn du dich mit dem Rücken zum Portal stellst und auf den Hauptaltar blickst, erscheinen dir die entfernteren Säulen kleiner als die näheren, und sie wirken umso kleiner, je größer der Abstand ist; und die Linien auf dem Fußboden scheinen zusammenzulaufen. Für unser Auge wirken sie so: natürlich sind die Säulen in Wirklichkeit alle gleich groß, und die Linien laufen pa-

rallel. Aber wenn du das Innere der Kirche auf Papier oder Leinwand realistisch darstellen willst, mußt du die optische Täuschung reproduzieren und Säulen von verschiedener Höhe und konvergierende Linien zeichnen. Die Perspektive beschäftigt sich mit den Gesetzen, die diese optische Täuschung bedingen; und in der Renaissancezeit hatte sie den Vorrang!«

»Ich verstehe. Lisa, wo ist denn die Medici-Kapelle?«

DER KREUZGANG DES KLOSTERS VON SAN LORENZO WURDE VON MICHELOZZO ERNEUERT UND ERWEITERT. VON HIER AUS GEHT MAN HINAUF ZUR BIBLIOTECA MEDICEA LAURENZIANA, IN DER SICH EINE DER WERTVOLLSTEN HANDSCHRIFTENSAMMLUNGEN DER WELT BEFINDET. DIE SAMMLUNG HAT EINE BEWEGTE GESCHICHTE: VON COSIMO D. Ä. WAR SIE ZUSAMMENGETRAGEN WORDEN, UND LORENZ DER PRÄCHTIGE HATTE SIE VERGRÖSSERT (AUF DER HANDSCHRIFT IST SEIN PORTRÄT: UND VERDIENTERMASSEN, DENN ER HATTE RIESIGE SUMMEN AUSGEGEBEN, UM SELTENE EXEMPLARE AUFZUSTÖBERN UND SIE KOPIEREN ZU LASSEN), ABER ALS MAN 1494 DIE MEDICI AUS FLORENZ VERTRIEB, WURDE DIE SAMMLUNG BESCHLAGNAHMT. UM SIE WIEDERZUBEKOMMEN, MUSSTE DER KARDINAL GIOVANNI (DER SPÄTERE PAPST LEO X.) SIE ZURÜCKKAUFEN UND LIESS SIE VORSICHTSHALBER NACH ROM BRINGEN. NACH FLORENZ KEHRTE SIE DANK SEINEM COUSIN GIULIO, ALIAS PAPST CLEMENS VII., ZURÜCK. ZU IHREN SCHÄTZEN (DIE »AMIATINISCHE« HANDSCHRIFT DER BIBEL WURDE ALS »DAS SCHÖNSTE BUCH DER WELT« BEZEICHNET) GEHÖREN ANTIKE HANDSCHRIFTEN, OHNE DIE DIE REKONSTRUKTION DER WERKE BERÜHMTER GRIECHISCHER UND RÖMISCHER AUTOREN NICHT MÖGLICH WÄRE: DAS GILT FÜR DIE TRAGIKER ÄSCHYLUS UND SOPHOKLES, VERGIL, DEN DICHTER DER »ÄNEIS«, UND DEN GROSSEN GESCHICHTSSCHREIBER TACITUS.

Q
Societatem appe
tunt: Tum Homo
inprimis: Qui
et rationis est
particeps et ad
iuvendu per se manchus atque
infirmus. Altero n. fit ut innu
merabiles societatis fructus uo
luptatesq; cognoscat. Altero ut
aliena semper ope auxilioq; indi
geat. Ac cetera quidem animalia
aquo interse uite agunt. neq;

DIE VORHALLE DER BIBLIOTECA LAURENZIANA (MIT IHRER BERÜHMTEN TREPPE) WURDE VON MICHELANGELO ENTWORFEN.

DIE ALTE SAKRISTEI

MEDICI-WAPPEN IN „PFERDEKOPF“ MIT SIEBEN

»Cosimo dachte in großen Dimensionen und gab sich nicht mit einer einfachen Familienkapelle zufrieden. Er hatte Brunelleschi und Donatello damit beauftragt, einen abgeteilten Raum links vom Hauptaltar zu erbauen und zu auszuschmücken, das war die Alte Sakristei. Es ist ein vollkommen geometrischer Raum: ein Würfel, den eine halbrunde Kuppel krönt, er ist ganz in Weiß mit einer Einfassung aus grauem Stein. Alles ist einfach, meßbar: der Raum erdrückt dich nicht und löst keinen Schwindel aus,

Die Verzierung in Form von Engelsköpfen, Cherubinen (blau) und Seraphen (rot), ist ein Werk von Donatello (Alte Sakristei).

sondern er entwickelt sich rationell um dich herum und weckt dadurch die Empfindung, im Mittelpunkt der Welt zu stehen. Das war damals etwas ganz Neues, so daß die Leute kamen, um es sich ansehen.«

»Und wo benfinden sich die Grabmäler von Cosimos Eltern?«

»Sie sind unter dem Marmortisch. Das war vielleicht nicht schön, aber praktisch: jeden Tag, mehrmals am Tag – vor und nach der Messe – stellten die Priester den Kelch auf den Altar und knieten zum Gebet nieder; so gedachte man immer der Toten. In der Sakristei befindet sich auch das Grabmal von Cosimos Söhnen Giovanni und Piero dem Gichtigen.«

»Und Cosimo?« fragte Philipp, als sie wieder im Kirchenschiff standen.

»Er ist hier unten begraben«, sagte Onkel Karl. »Er wollte sein Grabmal unter dem Fußboden, in der Mitte der Kirche, genau vor dem Altar haben. Passend zu seiner Persönlichkeit: sein ganzes Leben lang hatte er die Florentiner Politik wesentlich beeinflußt, aber immer aus dem Hintergrund.«

»Eine Art graue Eminenz.«

»Mit falscher Bescheidenheit, die ihm sehr nützlich war. Ganz anders sahen dagegen die Grabmäler der nachfolgenden Medici aus…«

Die Medici-Kapelle

Die Medici-Kapelle war wirklich ganz anders: nachdem sie um die Kirche herumgelaufen waren, kamen sie zum Eingang der Fürstenkapelle.

»Diese Kapelle und die Neue Sakristei gehören auch zum Kirchenkomplex, sind aber heute ein Museum.«

Unter der riesigen Kuppel der Kapelle verstand Philipp, was Onkel Karl hatte sagen wollen. Beim Grabmal der hl. Reparata und dem von Cosimo in der Kirche San Lorenzo konnte man nicht ahnen, was einen hier erwartete: ein in der Form kom-

plexer Raum, der ganz mit buntem Marmor unterschiedlicher Herkunft verkleidet war und so reich an Farben und Formen, daß man nicht sah, wo der Fußboden anfing und wo die Wände aufhörten.

»Hier ist von Einfachheit wenig zu spüren!«

»Der bunte Marmor war bei den römischen Kaisern und bei Lorenz dem Prächtigen sehr beliebt, und die Großherzöge wollten da nicht zurückstehen. Im 17. Jahrhundert beschloß Ferdinando I. den Bau des großen Familienmausoleums, von dem sein Vater Cosimo, der erste Großherzog, immer geträumt hatte: und das war das Ergebnis. Die Medici – die inzwischen zu absoluten Herrschern geworden waren – verblüfften nicht nur die Herrscher anderer Staaten, sondern auch die eigenen Untertanen: damals wurde die Kapelle als eines der Weltwunder betrachtet. Die sechzehn Wappenzeichen aus Schmuck-

DAS GRABMAL VON GIULIANO, HERZOG VON NEMOURS

DER »TAG«

steinen sind diejenigen der vom Großherzogtum eroberten und angegliederten toskanischen Städte.«

»Es scheint ihnen recht gutgegangen zu sein…«

»Die ringförmige Dekoration mit Diamant ist eins der Embleme der Familie: es bedeutet, daß die Medici nicht nur mächtig, sondern auch widerstandsfähig und von strahlendem Glanz sind wie ein Diamant.«

»Bescheiden wie immer.«

»Bescheiden? Der ursprüngliche Entwurf war sogar noch großartiger: die Kuppel der Kapelle sollte mit Lapislazuli und eingelegten vergoldeten Bronzeplättchen verkleidet werden! Leider starb die Dynastie aus, bevor er verwirklicht werden konnte.«

EPIGRAMM VON GIOVANNI STROZZI AUF DIE »NACHT« VON MICHELANGELO

»DIE NACHT, DIE DU SO SANFT SCHLUMMERN SIEHST, WURDE VON EINEM ENGEL IN DIESEN STEIN GEMEISSELT, UND SIE LEBT, WEIL SIE SCHLÄFT, ERWECKE SIE, GLAUBST DU ES NICHT, UND SIE WIRD ZU DIR SPRECHEN.«

MICHELANGELOS ANTWORT DURCH DIE »NACHT«

»WILLKOMMEN IST MIR DER SCHLAF UND DASS ER ZU STEIN GEWORDEN, WÄHREND UNGLÜCK UND SCHWERE SCHMACH HERRSCHEN; NICHT ZU SEHEN, NICHT ZU HÖREN, IST MIR EIN GROSSES GLÜCK; ALSO WECKE MICH NICHT, ACH, SPRICH LEISE.«

Ein kurzer Gang hatte sie zur Neuen Sakristei geführt.

»Sie erinnert etwas an die andere, die von Brunelleschi«, bemerkte Philipp. »Auch wenn sie viel reicher an Skulpturen und Dekorationen ist. Nur der obere Teil ist einfacher gehalten…«

»Weil das den Übergang der menschlichen Seele vom irdischen zum spirituellen Reichtum ausdrücken soll. Der Entwurf und die Skulpturen sind von Michelangelo. Auf den Grabmälern sind Giuliano und Lorenzo dargestellt…«

»Die beiden Brüder.«

»Nein: dieser Giuliano war der Sohn Lorenz' des Prächtigen, und er war Herzog von Nemours; während Lorenzo, der Herzog von Urbino, sein Enkel war. Michelangelo hat sie als Allegorien der Tat und des Gedankens dargestellt. Anscheinend wies die Statue Giulianos keine große Ähnlichkeit mit ihm auf: man machte ihn darauf aufmerksam und…«

DAS GRABMAL VON LORENZO, HERZOG VON URBINO

»Na und… wer merkt das denn noch nach soviel Jahrhunderten?«

»Genau das hat Michelangelo auch gesagt! Schau, das Grabmal der beiden Brüder ist hier rechts, aber es ist unvollendet geblieben. Die vier anderen Statuen, zwei Männer und zwei Frauen, verkörpern den Morgen, den Tag, den Abend und die Nacht.«

Sie waren genug herumgelaufen. Lisa schlug als angemessenen Abschluß den Blick auf einen malerischen Sonnenuntergang vor: ratet mal, wo.

DIE »NACHT«

Die Perspektive

Was macht ihr, wenn ihr etwas zeichnen wollt – oder müsst? Lasst mich raten: ihr geht in die Küche und schenkt euch ein grosses Glas von eurem Lieblingsgetränk ein, schaltet die Stereoanlage, das Radio, den Fernseher an – nicht alles auf einmal, hoffe ich – und setzt euch vor ein Blatt Papier, eine weisse Leinwand oder gar einen Computer; dann nehmt ihr den Stift, den Pinsel oder das Grafikprogramm und lasst euren schöpferischen Impulsen freien Lauf. Aber... zeichnet ihr dabei perspektivisch oder nicht? Es gibt zwei Möglichkeiten, bzw. vier: (a) ihr zeichnet nicht perspektivisch und habt auch keine Ahnung, was das ist; (b) ihr wisst, worum es sich handelt, habt aber keine Lust, euch damit zu befassen; (c) ihr zeichnet perspektivisch, ohne es zu wissen; (d) euch kann man nichts erzählen: ihr wisst Bescheid und zeichnet bewusst perspektivisch.

Die Glücklichen, die der zweiten und vierten Kategorie angehören, können die folgenden Zeilen überspringen. Was die andern betrifft, keine Sorge, ihr seid in guter Gesellschaft: die sogenannten „Primitiven" und auch viele hochentwickelte Kulturen wie die der alten Ägypter und der Kreter, die indische Kunst, die islamische Kunst und die europäische vor der Renaissance (nicht zu vergessen: auch kleine Kinder) haben sich, abgesehen von einigen wenigen Ausnahmen, nie mit der Perspektive befasst. Ein klassisches Beispiel: in den Gemälden der Ägypter sind Kopf und Beine der Figuren im Profil dargestellt, während die Augen und der Oberkörper von vorn gesehen sind. Und bei den modernen Künstlern? Viele gehören zur zweiten Kategorie, das heisst sie wissen, worum es sich bei der Perspektive handelt, lassen sie aber aus bestimmten Gründen ausser Acht. Und dann gibt es noch solche, die sie überhaupt nicht brauchen, weil sie abstrakte Figuren malen.

Aber was ist das eigentlich, die Perspektive? Es ist eine Methode, mit der wir dreidimensionale Gegenstände und räumliche Zusammenhänge (Länge, Breite und Tiefe) auf einer zweidimensionalen Fläche (nur Länge und Breite) wiedergeben können oder, wie beim Basrelief, auf einer sehr geringfügig dreidimensionalen Fläche. Anders ausgedrückt, man kann Raum und Volumen optisch vortäuschen, indem man sie von einem bestimmten Punkt aus gesehen darstellt.

Es gibt verschiedene Arten der Perspektive, aber alle basieren auf der Kenntnis des „Fluchtpunkts“. Wenn ihr euch umschaut, werdet ihr feststellen, dass uns Gegenstände um so kleiner erscheinen, je weiter sie entfernt sind, und die Linien und parallelen Ebenen streben auf einen weit (besser gesagt, auf einen unendlich weit) entfernten Punkt zu: das ist der Fluchtpunkt. Wenn die parallelen Geraden als konvergierend dargestellt werden, spricht man von Linearperspektive: dabei kann es sich, je nach Anzahl der Fluchtpunkte, um eine Zentralperspektive handeln oder um eine im schiefen Winkel (im ersten Fall mit einem Fluchtpunkt, mit zwei oder mehr im zweiten), und sie ist charakteristisch für die abendländische Malerei seit der Renaissance. Von einer Parallelperspektive spricht man dagegen, wenn die parallelen Geraden parallel bleiben; bei dieser Art von Perspektive erscheint die Darstellung wie von oben gesehen; sie ist typisch für die chinesische Malerei.

Die von den Griechen und Römern aufgestellten mathematischen Gesetze der Perspektive waren im Mittelalter vergessen. Sie wurden zu Anfang des 15. Jahrhunderts von Filippo Brunelleschi wiederentdeckt, der begriffen hatte, was ein Fluchtpunkt war und dass die Grösse eines Gegenstands und sein Abstand zum Betrachter umgekehrt proportional sind. Brunelleschi wendete diese Prinzipien bei zwei Schautafeln an, die Strassen und Häuser von Florenz darstellten und leider verlorengegangen sind. Die gleichen Prinzipien wurden von Masaccio angewandt (s. seine »Dreifaltigkeit« in der Kirche Santa Maria Novella) und fanden dann innerhalb kurzer Zeit eine grosse Verbreitung: es gibt unzählige Bilder, bei denen im Hintergrund das Innere oder Äussere von Gebäuden perspektivisch dargestellt ist.

Was Brunelleschi entdeckt hatte, wurde von Leon Battista Alberti (der in der Kirche Santa Maria Novella ebenfalls als Architekt gearbeitet hatte) als Gesetzmässigkeiten „kodifiziert“, und in seiner Abhandlung »Über die Malerei« (1436), die bezeichnenderweise Brunelleschi gewidmet ist, zum ersten Mal als Thema systematisch behandelt.

Die Linearperspektive war bis zum Ende des 19. Jahrhunderts in der Malerei vorherrschend. Dann kamen Paul Cézanne und die Kubisten... aber das ist eine andere Geschichte.

Handwerk und Renaissance

Die Werkstätte für Einlegearbeiten in Stein

»Faszinierend, die Fürstenkapelle. Es ist doch bestimmt nicht einfach, Steine zu schneiden.«

»Deswegen heißen die Schmucksteine auf italienisch ja auch *pietre dure* (harte Steine).«

»Aber Steine sind doch nie weich…«

»Schon, aber diese glatten, bunten Steine kannst du nicht mal mit Hammer und Meißel aufschürfen: man benötigt spezielle Techniken zu ihrer Bearbeitung. Das wird dir alles mein Freund Franco erklären.«

Franco war ein hagerer, großer Mann mit Glatze, der immer eine erloschene Toscano–Zigarre im Mund hatte. Er sagte, daß das Wort Opificio Werkstätte bedeute und daß dort die unvollendeten oder zwecks Weiterverwendung zerlegten Einlegearbeiten in Stein aufbewahrt seien.

»Unsre Geschichte beginnt zur Zeit von Francesco de' Medici, das ist der mit dem Arbeitszimmer. Von seiner Familie hatte er die Leidenschaft für Schmucksteine geerbt, und daher war er bemüht, dem Geheimnis ihrer Verarbeitung wieder auf die Spur zu kommen: die von den Ägyptern, Griechen und Römern angewandten Techniken waren im Mittelalter verlorengegangen. Er berief deshalb die besten Steinschneider und Goldschmiede nach Florenz und stellte ihnen

Van Gogh, Öl auf Leinwand? Falsch! Intarsienarbeit
Schmuckstein von Gerolamo della Va

Die Werkstätte für Einlegearbeiten in Stein

„Intarsien“ sind Einlegearbeiten in Holz oder, wie hier, in Stein. Für diese Intarsien werden die verschiedensten Arten von Schmucksteinen verwendet: viele Sorten von Quarz (Bergkristall, Amethyst, Rosenquarz, blauer Quarz), von Chalzedon (Onyx, Achat) und von Jaspis. Einige Schmucksteine kamen von weit her, sogar aus dem Fernen Osten oder aus Amerika. Bei der im Florenz des 16. Jhs. verbreiteten Intarsientechnik wurden die Schmucksteine nach einer vom Künstler vorbereiteten Zeichnung aneinandergefügt. Der Handwerker bemühte sich dann, eine bis in die kleinsten Feinheiten genaue Kopie der Zeichnung auszuführen. Die obige Einlegearbeit in Schmuckstein (sie befindet sich heute in den Uffizien) wurde von Cristofano Gaffuri nach einer Zeichnung von Jacopo Ligozzi ausgeführt und stellt den Hafen von Livorno dar, den ein sorgenvoller Cosimo I. gegründet hatte: der Hafen von Pisa versandete nämlich mehr und mehr, und sein Abstand zum Meer vergrösserte sich; man brauchte daher eine geeignete Alternative. In wenigen Jahren wurde die Stadt des „Cacciucco“ (die berühmte Fischsuppe) zu einem bedeutenden Handelszentrum. Der Grossherzog Ferdinando I. gewährte der Stadt den Status eines Freihafens und führte die Religionsfreiheit ein; dadurch zog er nicht nur die englischen und französischen Schiffe sondern auch die sehr rührigen jüdischen Händler an.

ein Atelier zur Verfügung: jeder hatte seine besondere Fertigkeit, aber alle arbeiteten zusammen und hatten so einen entscheidenden Anteil am Wiederaufleben dieser besonderen Kunst. Francesco scheute keine Ausgaben: er ließ Minerale – darunter sehr seltene und teure – nicht nur aus dem Gebiet des Großherzogtums, zum Beispiel von der Insel Elba, kommen, sondern auch aus weit entfernten Ländern, wie Persien oder Indien. Die Kunsthandwerker machten sich daran, kostbare Becher und Vasen in den unterschiedlichsten Formen und aus verschiedenem Material herzustellen: sie schnitten Steine, schmolzen Metalle, machten alchimistische Experimente… Sie schufen außerordentliche Werke, brauchten aber eine Menge Zeit dazu, zum einen, weil die Arbeit äußerst kompliziert war, und außerdem, weil in der Werkstätte kein übermäßiger Arbeitseifer herrschte. Diese Künstler waren ganz schöne Spaßvögel: sie spielten sich gegenseitig Streiche, vertrödelten die Zeit miteinander… Aber nach dem Tod Francescos führte sein Bruder Ferdinando andere Verhältnisse ein: sein Hauptgedanke war Leistung, und so verlegte er die Werkstätte in die Uffizien, in die Nähe seiner Wohnung, um alle Phasen der Herstellung persönlich überwachen zu können. Seit-

DON GIOVANNI DE' MEDICI UND MATTEO NIGETTI,
ENTWURF FÜR DEN ALTAR DER FÜRSTENKAPELLE

dem produzierte die Werkstätte vor allem Einrichtungsgegenstände: Truhen, kleine Schränke oder Tische, die bei Hof landeten oder als Geschenke für Ehrengäste Verwendung fanden. Auch die Fürstenkapelle wurde von den Künstlern der Werkstätte für Einlegearbeiten in Stein verziert. Die Notwendigkeit, seltene Steine zu beschaffen, belebte den Handel mit Spanien und Portugal, die kostbare Minerale aus den Minen ihrer amerikanischen Kolonien gewannen. Bei der ganzen Suche wurden ab und zu sogar unbekannte Gebiete entdeckt.«

»Sie suchten Steine und fanden...«

»Genau aus diesem Grund unterstützte Ferdinando die Expeditionen verschiedener Forscher. Aber das ist noch nicht alles. Ein großherzoglicher Erlaß verbot es den Untertanen, mit Schmucksteinen zu handeln oder sie ohne Wissen des Herrschers zu verkaufen, weil er sie alle für sich haben wollte: als Strafe drohten zehn Jahre Rudern auf einem großherzoglichen Galeerenschiff.«

Im Museum des Opificio gab es die verschiedensten Gegenstände: Tischplatten, Paneele mit „Intarsien“, die wie riesige Puzzles aussehen... Philipp war natürlich besonders vom Modell der Fürstenkapelle beeindruckt; außerdem waren da für das Mausoleum hergestellte und nicht verwendete Schmuckpaneele.

»Sieh mal, was für ein Unterschied: die auf Holz oder Leinwand gemalten Entwürfe sind verblichen oder beschädigt, während der in Schmuckstein angefertigte noch perfekt erhalten ist.«

Im oberen Stockwerk sind die Arbeitsinstrumente und Werkbänke der Steinschneider. Beim Betrachten der zerlegten und in den verschiedenen Phasen des Zusammenfügens gezeigten Gegenstände konnte Philipp sehen, wie die Achate, Karneole, Diaspore bearbeitet wurden... Eine große Vitrine enthält eine vielfältige Sammlung bunter Steine, alle... scheibchenförmig: mit ihrer Hilfe wählten die Künstler der Werkstätte die geeigneten Farben für die Einlegearbeiten.

»Sie haben komische Namen, die oft auch auf ihre Herkunft hinweisen: Jaspis aus Flandern, orientalischer Chalzedon, *Lineato* aus dem Arno, antiker schwarzer Stein aus Aquitanien… Aber die Steine dienten nicht nur zur Dekoration: man hielt sie auch für zauberkräftig.«

»Zum Beispiel?«

»Der Smaragd half dem Gedächtnis, der Rubin hielt gesund und schützte vor Gift, der Saphir beruhigte…«

»Wie die Maschine von *Blade Runner*, die die Stimmungen beeinflußt«, ließ sich der Archäologe vernehmen. »Hier genügte ein Stein in der Hand!«

»Und wenn man einen Diamanten in den Mund nahm, verging der Hunger.«

»Das würde die Ausgaben für Restaurants vermindern«, sagte Onkel Karl und betrachtete seinen Neffen bekümmert.

Die Piazza Santissima Annunziata

Die beiden waren auf dem Weg zur Piazza Santissima Annunziata. Onkel Karl erklärte gerade, daß bereits im Mittelalter Krankenhäuser für Kinder gebaut worden waren. »Neben dem Dom ist eines, das sich Ospedale del Bigallo nennt. Erinnerst du dich an die kleine Loggia aus weißem Marmor mit den beiden Bogen… Es waren aber keine Krankenhäuser im modernen Sinn. Sicher, sie pflegten auch Kranke: die Kindersterblichkeit war sehr hoch. Aber sie nahmen vor allem Waisen auf. Das hier auf der Piazza Santissima Annunziata ist das berühmteste: es heißt Spedale degli Innocenti.«

»Schön, dieser Platz, alles ist so… ordentlich!«

»Das Krankenhaus und der Platz sind von ein und demselben Architekten entworfen worden: eine alte Bekanntschaft von uns…«

Giambologna und Pietro Tacca
Reiterstatue von Ferdinando I. de' Medici

DIE RUNDBILDER DER »FINDELKINDER« SIND VON ANDREA DELLA ROBBIA, EINEM NEFFEN LUCA DELLA ROBBIAS, DER DIE „GLASIERTE TERRAKOTTA“ ERFUNDEN HAT.

»Arnol… Nein, warte…der geniale Filippo!«

»Bravo! Bei diesem Projekt verwertete Brunelleschi seine Studien der antiken römischen Bauten und „erfand“ praktisch die Architektur der Renaissance. Schau, normalerweise wurden Plätze nicht entworfen, sondern entstanden spontan: an einer Kreuzung, um einen Brunnen, vor einer Kirche… Dieser hier wurde dagegen am Schreibtisch konzipiert: weg mit Gemüsegärten und willkürlich aneinandergereihten Häuschen und an ihrer Stelle ein breiter, geordneter Platz. Von Brunelleschi selbst sind jedoch nur die Bogengänge erbaut worden.«

DAS SPEDALE DEGLI INNOCENTI

»Oben zwischen den Bogen aus grauem Stein befinden sich Rundbilder mit Wickelkindern auf blauem Hintergrund. Man nannte sie damals *innocenti*, Unschuldige…«

»Wie bei dem berühmten Kindermord…«

»Wie bei Herodes, genau. Der Bogengang ist revolutionär, weil jeder Teil eine feste und im voraus bestimmte Größe hat, die in einem exakten Verhältnis zu der Größe aller andern Teile steht. Über viele Jahrhunderte hatte man nichts Vergleichbares geschaffen.«

»Was ist denn so bemerkenswert daran?«

»Nimm zum Beispiel die Bogengänge, die die Kirchenschiffe der großen gotischen Kirchen von Florenz unterteilen: sie sind alle unterschiedlich; der erste ist vielleicht dreizehn Meter breit, der zweite sechzehn und der dritte fünfzehn. Das kommt daher, daß der Mensch im Mittelalter kein besonderes Interesse an Einheitlichkeit hatte. Die Bogengänge Brunelleschis sind dagegen alle gleich: Und nicht nur: die Breite jedes Bogengangs entspricht der Höhe der Säulen und der Tiefe der Loggia, so daß die einzelnen Bauelemente – sowohl al-

lein als auch als Ganzes – exakte geometrische Figuren im Raum bilden. Die förmlich spürbare Raumordnung entsteht aus diesem Zusammenspiel der Proportionen. Unser Auge kann einen einzelnen Gegenstand nicht in Metern und noch weniger in Zentimetern messen, aber es erfaßt die Größenverhältnisse und das daraus resultierende Gleichgewicht. Das war die Lehre der klassischen Architektur des Altertums, und Brunelleschi hatte sie so meisterhaft gelernt, daß er das Hauptgericht, das heißt die Symmetrie, mit antiken Zutaten garnierte: Pfeiler, Tondi, korinthische Kapitelle…«

»Und wozu diente das viereckige Fenster am Ende des Bogengangs?«

»Wenn ein Kind zur Welt kam und seine Mutter es nicht behalten konnte, weil sie arm war oder aus anderen Gründen, brachte sie es in den Bogengang. In dem Fenster befand sich eine aus der Wand herausragende Scheibe: man legte das Baby drauf und drehte sie, und ein Glöckchen meldete dem Personal den Neuankömmling. Es war eine Art Drehtür.«

»Und was wurde aus diesen kleinen Waisen?«

»Damals gab es keine gemischten Klassen. Brunelleschi hatte für die Jungen einen viereckigen Kreuzgang entworfen, der die Bezeichnung „für Männer“ trug, und für die Mädchen einen weiteren, der länger und „für Frauen“ war. Die Kleinkinder wurden der Obhut von Ammen übergeben, die sie wickelten und stillten. Für diese Aufgaben wählte man gesunde, wohlgenährte Frauen, die möglichst blond waren, wer weiß, aus welchem Grund…«

»Ist doch klar: Säuglinge stehen auf Blondinen.«

»Noch so eine dumme Bemerkung, und ich bring dich nach Hause!«

»Ich sag nichts mehr, versprochen.«

»Ihre Zähne durften keine Karies haben, um Infektionen zu vermeiden.

Auch Kuhmilch wurde verwendet, die in den Vorläufer des heutigen Fläschchens gefüllt wurde, nämlich eine Glasflasche mit Sauger aus Tierdarm. Die Zunft der Seidenweber, die die Kosten für das Waisenhaus übernommen hatte, kümmerte sich auch um den Unterricht der Kinder: die Jungen lernten das Züchten der Seidenraupen und das Weben von Stoffen, die Mädchen das Sticken.«

»Sie zogen sie sich von klein auf heran.«

»So erlernten sie wenigstens einen Beruf. Bei den Zeitläuften…«

GIOVANNI STRADANO, »DAS SARAZENEN-TURNIER IN DER VIA LARGA«: DER GROSSE UND HOHE PAL
RECHTS IST DER PALAZZO MEDICI (UND IM HINTERGRUND SIEHT MAN DAS BAPTISTERIU

DER PALAZZO MEDICI RICCARDI

DIE GESCHICHTE DES PALASTES

Onkel Karl hob den Blick von den auf dem Bett verstreuten Reisenführern in mehreren Sprachen und sah Philipp, der mit einem Comic-Heft in der Hand dastand.

»Onkel Karl, ich dachte mir grade… Halt, jetzt hab ich dich erwischt: deshalb weißt du immer alles! Und, wiederholst du ein bißchen vor der Prüfung?«

»Ach was, ich habe nur… eine Jahreszahl nachgesehen.«

»In fünf verschiedenen Büchern?«

»Ich wollte mir nur etwas herauspicken.«

»Aber wir haben doch gerade erst zu Abend gegessen… Na, lassen wir's gut sein. Aber wo ist denn der Geldbunker der Medici?«

»Was meinst du denn damit?«

»Wie der von Onkel Dagobert… Das Haus, das Büro, das Versteck von ihrem vielleicht ersten Florin.«

»Ihr Palast! Wenn du dich bis morgen gedulden kannst…«

Am nächsten Tag standen die beiden in der Via Cavour – der ehemaligen Via Larga – vor dem Hauptquartier Cosimos des Älteren.

»Er heißt Palazzo Medici Riccardi. Die Familie Riccardi erwarb und erweiterte ihn im Jahr 1670 und verkaufte ihn dann zu Beginn des 19. Jahrhunderts an die großherzogliche Regierung. Aber kehren wir zum Anfang zurück.«

»Natürlich wieder Brunelleschi, oder?«

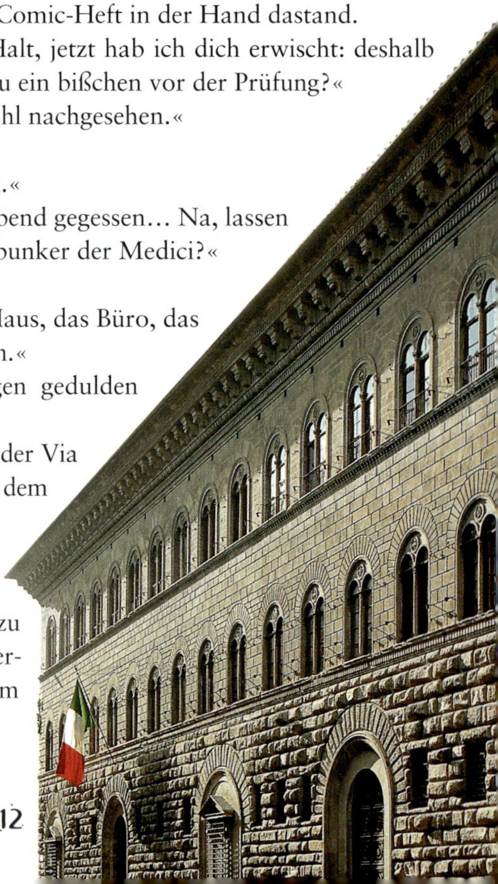

1670 WURDE ER AN DIE RICCARDI VERKAUFT,
E IHN DURCH EINEN ANBAU ERWEITERTEN.

»Fast. Brunelleschi hatte Cosimo einen großartigen Entwurf vorgelegt: er sah darin einen imposanten Bau vor und dazu sogar einen Platz, der diesen mit der Kirche San Lorenzo verband.«

»Er mußte ja auch nicht für die Kosten aufkommen.«

»Aber Cosimo war ein kluger Mann: um bei den andern Kaufleuten keinen Neid aufkommen zu lassen, entschied er sich für eine weniger auffällige Lösung.«

»Kein Hauptquartier auf einem Hügel.«

»Nein, Cosimo war ein erfolgreicher Unternehmer, aber er war noch nicht der Herrscher von Florenz; deshalb nahm er den nicht ganz so grandiosen Entwurf von Michelozzo, einem Schüler Brunelleschis.«

»Er ist nicht wie die Turmhäuser und auch nicht wie der Palazzo Davanzati... Er ist massiv, hat aber wenig von einer Festung.«

»Die Florentiner der damaligen Zeit fanden ihn wohl recht merkwürdig: er dehnt sich mehr in der Breite als in der Höhe aus, anstelle von Zinnen hat er ein elegantes Dach, und die mit Pietra forte-Stein verkleideten Außenwände sind in drei waagrechte Felder, eins pro Stockwerk, unterteilt. Schau, die Steine des Bossenwerks ragen im Erdgeschoß am weitesten heraus, im ersten Stock weniger, und im letzten Stock werden sie fast flach...«

»Dadurch wirkt die Fassade leichter und gestreckter.«

»Bald kannst du mich durch Florenz führen. Die beiden großen Eckfenster wurden später von Michelangelo hinzugefügt, um die etwas zu offene Loggia zu schließen, die im Fall von Aufständen gegen die Medici ein Gefahrenpunkt war. Die übrigen Fenster im Erdgeschoß sind eng und hoch wie bei den Turmhäusern, während die der oberen Stockwerke sehr groß sind.«

»Vielleicht wirkt der Palast deshalb nicht so düster wie die mittelalterlichen...«

»Bestimmt; und nach seinem Modell wurden weitere erbaut. Wie immer wetteiferten die reichen Familien miteinander; aber jetzt ging es nicht mehr um die Höhe der Häuser, sondern um ihren Komfort und die prunkvollen Feste, die in ihnen gefeiert wurden: und darin waren die Medici unübertroffen. Komm, wir sehen uns den Garten an!«

Lorenz und Clarice

»Siehst du, hier wurden prachtvolle Feste... und üppige Gastmähler veranstaltet«, fuhr Onkel Karl augenzwinkernd fort. »Eines der berühmtesten war die Hochzeitsfeier von Lorenz dem Prächtigen, dem Enkel Cosimos des Älteren. Stell dir vor: reichgedeckte Tische voller Köstlichkeiten, endlos viele Gänge... In den Pausen zwischen den Tänzen tauschen die juwelengeschmückten Damen geistvolle Bemerkungen aus. Die Diener laufen aufgeregt hin und her, und manchmal stolpert einer über eine der zur Dekoration aufgestellten Pflanzen... Die Herren – Adlige, Kaufleute, häufig beides – sprechen von Geschäften. Das Licht spielt auf den Damaststoffen, im Hof ein Summen aus Melodien und Sonetten, ein Labyrinth aus Blicken und Worten... Ich habe mich fortreißen lassen.«

»Das scheint mir auch so.«

»Jedenfalls steht auf der einen Seite sie, Clarice Orsini, eine reiche und hochmütige Adlige aus Rom: rotes Haar, helle Haut, etwas rundlich...«

»In weißem Kleid?«

»Das war damals nicht üblich. Nein, es waren starke Farben: leuchtendes Grün oder das kostbare Rot.«

»Und Lorenz?« fragte Philipp amüsiert weiter.

»Da drüben, auf der andern Hofseite, nachdenklich.«

»Gutaussehend?«

»Er hatte wohl eine gewisse Ausstrahlung. Er trägt ein orientalisches Gewand „nach türkischer Art", was damals sehr in Mode war. Er sieht seine Zukünftige zum ersten Mal – so war das damals – aber seine Blicke suchen eine andere…«

»Die Seifenoper aus der Renaissance hat uns noch gefehlt.«

»Die Männer *haben und hatten immer dieselben Leidenschaften*, hat Machiavelli gesagt.«

»Das ist richtiger Klatsch! Wer war denn die andere?«

»Sie hieß Lucrezia Donati. Ihre heimliche Verbindung dauerte bis zum Tod von Lorenz: eine romantische Geschichte… Laß uns hochgehen, ich will dir etwas besonders Sehenswertes zeigen.«

»Liebesromane hättest du schreiben sollen, statt Archäologe zu werden.«

»Dazu ist es noch nicht zu spät. Und ich würde auch mehr dabei verdienen.«

DIE KAPELLE DER HEILIGEN DREI KÖNIGE

Eine breite Treppe führte sie zu dem „besonders Sehenswerten", von dem Onkel Karl gesprochen hatte: die Privatkapelle des Palastes. Das Besondere an ihr ließ sich unschwer erkennen: an den Wänden entlang bewegte sich ein prunkvoller Reiterzug durch eine Landschaft voller Pflanzen und Tiere.

»Das Freskengemälde stellt den Ritt der Heiligen Drei Könige dar. Der Reiter mit der Krone auf dem Kopf ist vermutlich Lorenz.«

DER JUNGE WEISE AUS DEM MORGENLAND (LORENZ DER PRÄCHTIGE?)

»Er ist ja gar nicht so häßlich.«

»Aber es ist nicht ganz sicher, daß er es ist. Teilweise wird die Figur als Allegorie der Jugend oder Europas gedeutet oder als die abstrakte Verkörperung eines Fürsten. Aber nach der Beschreibung in einem alten Buch war der junge Lorenz mit genauso einem Gewand bekleidet: es ist ein ziemlich einfaches Modell, eine Strumpfhose und ein Wams mit doppelten Ärmeln. Aber der Stoff ist über und über mit Zweigen und verflochtenen Motiven bestickt: auf dem Bauch mit Fischschuppen, auf der Brust mit Fledermausflügeln und Pfauenaugen.«

»Und wer ist der Maler?«

»Benozzo Gozzoli, er hat sich übrigens auch selbst porträtiert und auf dem Hut seinen Namen mit gol-

AS DRITTE SELBSTPORTRÄT! AUF DEM
RESKO TUMMELN SICH SO VIELE LEUTE,
AS ER OFFENBAR NICHT MEHR WUSSTE,
EN ER NOCH PORTRÄTIEREN SOLLTE...

dener Schrift angebracht. Der Ärmste: es gibt hier keine Fenster, so daß er bei dem Licht einer Fackel malen mußte. Bei der Restaurierung entdeckte man, daß er unterschiedliche Techniken angewandt hatte: Freskenmalerei bei den Gesichtern, mit Ei vermischte Farben (die dadurch dickflüssiger wurden) bei den Gewändern, damit sie Leuchtkraft bekamen...«

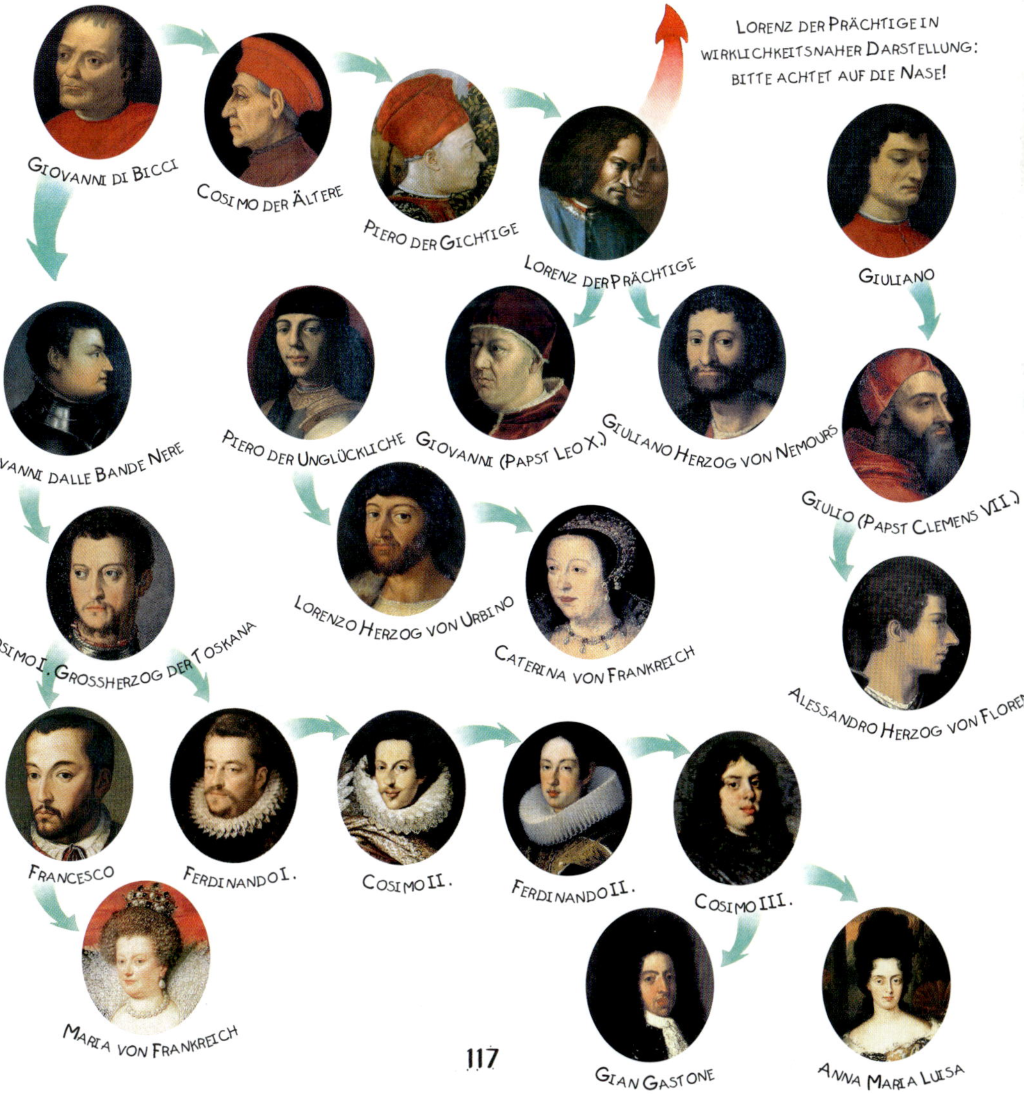

Bargello und Stibbert-Museum

Die Geschichte des Bargello

Die Entscheidung fiel im römischen Theater von Fiesole: auf dem großen Bildschirm sah man eine Schar mittelalterlicher Gestalten, die sich mit Schwerthieben gegenseitig die Köpfe einschlugen.

»In Florenz ist so gut wie alles vorhanden«, begann Philipp während der Pause. »Aber eine schöne Burg, so wie die im Film, gibt es hier nicht. Auch der Palazzo Vecchio wirkt zwar von außen so, aber wenn du in den Innenhof kommst, siehst du die Säulen, den kleinen Springbrunnen… Es fehlt die finstere Atmosphäre.«

»Das einzige, was wir dir bieten können…« begann Lisa. Am nächsten Morgen standen sie alle drei vor dem Bargello, einer schlichten Burg, die über Jahrhunderte eng mit den wechselvollen politischen Ereignissen von Florenz verknüpft war.

»Heute befindet sich in diesem Gebäude eine der bedeutendsten Skulpturensammlungen der Welt: hier sind Statuen aus dem Mittelalter und aus der Renaissance, Sammlungen von Objekten aus Gold, Keramik, Email, Elfenbein und Bronze, Rüstungen und Schmuck… Früher war hier jedoch ein Gefängnis.«

»Ich erinnere mich: wir sind daran vorbeigekommen, als wir die Turmhäuser besichtigt haben. Schauen wir mal rein.«

Der Innenhof, der von einer hohen, teilweise mit Zinnen versehenen Mauer

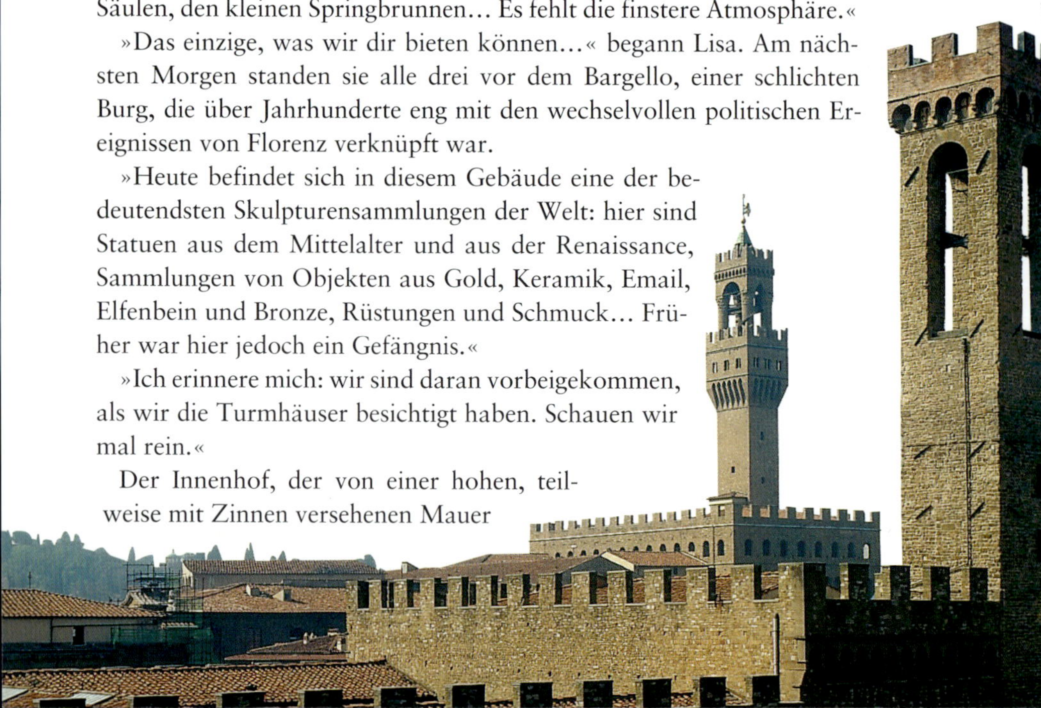

umschlossen war, entsprach den Erwartungen. An den Wänden sah man die ehemals bunten Wappen der Stadtvögte und Richter, die von diesem Palast aus fast zweihundert Jahre lang die Stadt regiert hatten.

»Der ganze Palast samt Innenhof war im 19. Jahrhundert nach dem damaligen neugotischen Geschmack restauriert worden. Die Statuen im Bogengang stammen aus verschiedenen Gebäuden der Stadt.«

Der »Heilige Georg« von Donatello

Im ersten Saal des Museums, der ursprünglich der Sitzungssaal des Allgemeinen Rats war, gab es die erste Überraschung: an der hinteren Wand befand sich in seiner erhöhten Nische der *Heilige Georg*, das Original aus der Kirche Orsanmichele, und um ihn herum stand eine stattliche Anzahl von Statuen aus der Renaissance.

»Aber der *Heilige Georg*«, sagte Lisa, »übertrifft sie alle. Er ist die wahre Hauptfigur im Raum, nicht nur aufgrund seines privilegierten Standorts im für ihn entworfenen

Tabernakel, sondern weil er eine starke körperliche und geistige Energie ausstrahlt, Kraft gepaart mit Konzentration.«

»Ja, er ist der wahre Held«, fing Philipp an, der sich in der Rolle des Kunstkritikers zu gefallen begann. »Die gerunzelte Stirn, der ruhige aber bestimmte Blick, die leicht gespreizten Beine… Er ist selbstsicher, er rührt sich nicht vom Fleck und stellt sich dem Feind: wie Clint Eastwood in den Filmen von Sergio Leone.«

Lisa und Onkel Karl lachten herzlich. »Er ist ein echter Mann der Renaissance«, fügte der Archäologe hinzu, »er weiß, was er will, und tut alles, um es zu bekommen. Aber du hast ja schon alles gesagt… Erinnerst du dich an Clarice Orsini, die Frau von Lorenz? Auch sie hatte bestimmt eine Hochzeitstruhe wie die unter dem *Heiligen Georg*.«

»Was?«

»In solchen Truhen bewahrte die Braut ihre Aussteuer auf. Diese hier ist mit Szenen bemalt, die das Fest Johannes des Täufers darstellen. Die meisten Hochzeiten wurden um diese Zeit gefeiert, so daß die Gäste die Annehmlichkeiten der schönen Jahreszeit und die zum Fest veranstalteten Schauspiele genießen konnten. Zwischen den Wappen der beiden Eheleute ist in dem reliefartigen Rahmen aus vergoldeten Lilien der Umzug der *gonfaloni*, der Banner, dargestellt, der immer während des Festes des Schutzpatrons veranstaltet wurde. Sieh mal: hinter der festlichen Menge erhebt sich unverwechselbar der Umriß des Baptisteriums, dessen offene Portale den Reiterzug empfangen.«

»Und warum ist nicht auch der Deckel bemalt?«

»Vielleicht war er beschädigt und ist ersetzt worden; oder er war mit Stoff bezogen.«

»Auch dieser *David* aus Bronze ist von Donatello«, teilte Lisa mit. »Er steht mit einem Fuß auf dem abgeschnittenen Kopf Goliaths, aber man kann nicht recht glau-

AUF DER TRUHE SIEHT MAN AM PORTAL DES BAPTISTERIUMS DIE »TAUFE CHRISTI« VON TINO DI CAMAINO ZU, HEUTE IM DOMMUSEUM.

DER »HL. JOHANNES« WIRD DESIDERIO DA SETTIGNANO ZUGESCHRIEBEN

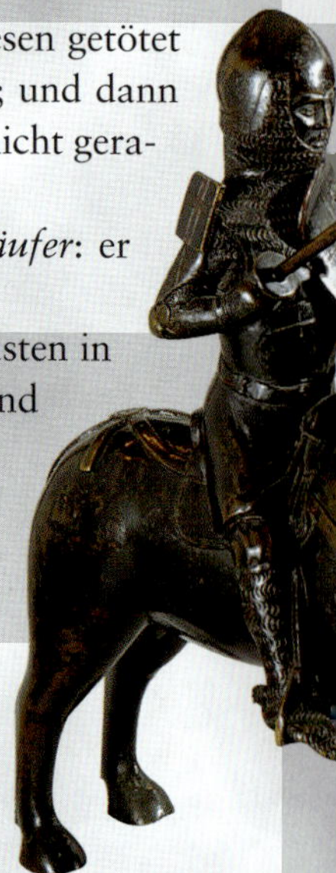

ben, daß es dieser junge Mann war, der den Riesen getötet hat. Das Schwert ist eine Spur zu groß für ihn; und dann dieser nachdenkliche, abwesende Ausdruck… nicht gerade, was man von einem Sieger erwartet!«

»Und dieser hier? Moment… *Johannes der Täufer*: er sieht übel aus, nur noch Haut und Knochen!«

»Ich möchte dich sehen nach jahrelangem Fasten in der Wüste: er hat sich nur von Heuschrecken und wildem Honig ernährt.«

»Also nein, das könnte ich mir mit meinem plötzlich absinkenden Zuckerspiegel nicht erlauben. Und da wir gerade davon reden…«

»Langsam, erst beenden wir unsere Museumsbesichtigung.«

ANDERE SÄLE

»Übrigens, was Haut und Knochen betrifft, weißt du, daß Florenz auch einen bedeutenden Beitrag zu den Studien der Anatomie geleistet hat? Ärztliche Spezialisten zerlegten Leichen im Beisein von Künstlern, die das Verfahren verfolgten und die einzelnen Phasen zeichneten. So lernten sie den menschlichen Körper bis auf den kleinsten Muskel kennen; deshalb konnten sie ihn dann in Gemälden und Skulpturen so meisterhaft gestalten.«

»Bei dieser Geschichte mit den Leichen vergeht mir der Appetit.«

»Unmöglich!«

»Wenn wir von wirklichkeitsgetreuer Darstellung sprechen«, schaltete sich Lisa ein, »sieh dir die Büste von Niccolò da Uzzano an. Er war ein Florentiner Literat und, ehrlich gesagt, nicht gerade eine Schönheit. Schau, wie ihn Donatello porträtiert hat: die Falten um den Mund, die tief in den Höhlen liegenden Augen, sogar den Adamsapfel und den auf den Wangen sprießenden Bart! Er hat ihn in drei Teilen ausgeführt und dabei Abdrücke direkt vom Gesicht des Porträtierten gemacht.«

»Onkel Karl, ein Schachbrett!« rief Philipp, als sie in den Carrand-Saal traten. »Und dahinter ist ein Backgammon!«

»Es ist ein mittelalterliches Reiseschachbrett«, sagte Onkel Karl gerührt, »und man kann es zusammenklappen. Die Originalschachfiguren

WEGEN SEINER WEITEN VERBREITUNG UND KAUFKRAFT IST DER FLORIN ALS DER „DOLLAR DES MITTELALTERS" BEZEICHNET WORDEN.

sind nicht mehr da, aber in der Vitrine hier gegenüber stehen einige wunderschöne: einige sind aus Elfenbein geschnitzt, nicht etwa aus Elefanten- sondern aus Walroßzahn!«

»Den Rand zieren Damen, die spitze Hüte tragen wie Gandalf oder der Zauberer Merlin. Herrlich: Ritter, Duelle... und Festmähler.«

»Du denkst an nichts anderes! Dann mußt du dir jetzt dieses alte Besteck ansehen; als man andernorts noch mit den Fingern aß, wurden in Florenz schon Messer und Gabel benutzt. Aber nicht überall. Siehst du die „Aquamanilen“? Aus ihnen schüttete man parfümiertes Wasser über die Hände der Tischgäste; und in diesen Becken wurde es aufgefangen.«

»Und in welchem Saal ist die mittelalterliche *Trattoria*?«

»Das war ein Wink mit dem Zaunpfahl: gehen wir.«

Während sie den Bargello verließen, begann Onkel Karl zu erklären: »Weißt du, damals waren die Regeln des Schachspiels ein bißchen anders: die Dame und der Läufer bewegten sich jeweils ein oder zwei Felder in der Diagonale weiter, die Rochade existierte nicht, und der Bauer durfte bei seinem ersten Zug nur ein und nicht zwei Felder vorrücken. Aber man konnte auch gewinnen, wenn der Gegner im Patt war oder nur noch den König hatte. Im Jahr 1497 in Salamanca...«

Während sie von der Veröffentlichung eines fundamentalen Werks über die Eröffnungsmöglichkeiten unterrichtet wurden, tauschten Lisa und Philipp einen Blick, der – leider muß es gesagt werden – nicht die geringste Ähnlichkeit mit dem des heiligen Georg hatte.

Das Stibbert-Museum und der Park

Der Bus fuhr aus dem Stadtzentrum, über den Alleenring, und ließ die drei schließlich am Fuß eines Hügels. Mit einer Eigentümlichkeit von Florenz wird man schnell vertraut, wenn man sich auf der Nord-Süd-Achse, das heißt am Arno entlang, bewegt: gerade war man noch in der Stadt und ist einen Augenblick später schon mitten auf dem Land. Nach nur fünf Minuten Fußmarsch – drei davon bergan und eine zum Verschnaufen und Betrachten der Kuppel – gelangten sie von der Haltestelle zum Stibbert-Museum.

»Wer ist Stibbert?«

»Der Hausbesitzer: Frederick Stibbert. Auch die Straße ist nach ihm benannt. Er wurde in Florenz geboren, sein Vater war Engländer und die Mutter Florentinerin. Die Familie des Vaters hatte ein paar Territorien in Ostindien verwaltet – du weißt ja, die Kolonien – und nach dem Tod der Eltern verfügte Frederick über ein beträchtliches Vermögen.«

»Toll!«

»Und was, meinst du, hat er damit gemacht?«

»Er hat es in einen Supersafe gesteckt.«

»Von wegen! Er konnte jetzt seinem Hobby nachgehen: dem Sammeln von alten Rüstungen. Bei seinem Tod vermachte er das Haus und den Park sowie seine großartige Sammlung dem englischen Staat, der dieses Erbe später – freundlicherweise – der Stadt Florenz überließ. Gehen wir!«

»Wie du siehst«, sagte Lisa, »sind die Rüstungen nicht einfach „ausgestellt". Um eine realistischere Wirkung zu erzielen, ließ Stibbert Gliederpuppen und Pferde aus Gips anfertigen. Wenn er Gäste zum Abendessen eingeladen hatte, führte er sie durchs Haus und weidete sich an ihrem Staunen!«

»Manchmal hat vielleicht jemand der Schlag getroffen: er öffnet eine Tür, um ins Bad zu gehen, und heraus kommt ein Ritter!«

»Genau: wenn sie uns beeindrucken, obwohl wir doch an Spezialeffekte gewöhnt sind, kannst du dir vorstellen, welche Wirkung sie damals haben mußten.«

Lisa wies Philipp auf den Unterschied zwischen den Rüstungen der Fußsoldaten

und der Reiter hin: die einen sind leicht und beweglich, die andern schwer und starr. Die Paraderüstungen waren auf dem Brustpanzer mit goldenen Zeichnungen verziert.

»Sieh mal, auf dieser Rüstung ist ein Bild von Jesus eingraviert, um den Träger zu beschützen: wer weiß, ob es funktioniert hat. Und nun, Freund des Mittelalters, bereite dich vor!«

Sie betraten einen großen Saal. Vor ihnen befand sich ein eindrucksvoller Ritterzug – zu Pferd natürlich – in voller Rüstung.

»Es sind italienische, deutsche und türkische Ritter. Bei den Rüstungen der Deutschen ist das Visier des Helms in Bären- oder Löwenform; die Türken haben dagegen spitz zulaufende Helme und Schuhe und anstelle des Brustpanzers ein „leichtes“ Kettenhemd. Was hälst du davon? Man fühlt sich wirklich in andere Zeiten zurückversetzt.«

»Oder bei den Dreharbeiten zu einem Film!«

»In diesem Saal befindet sich auch die Rüstung, die der große Söldnerführer Giovanni dalle Bande Nere, der Vater des Großherzogs Cosimo I., trug, als er begraben wurde. An den Wänden hat man die Qual der Wahl: Schwerter, Armbruste, Bogen, Büchsen, Hellebarden, Gewehre…«

Die Besichtigung wurde im Tanzsaal fortgesetzt, wo früher die Feste veranstaltet wurden. In einem der Räume des oberen Stockwerks ist die Kleidung aufbewahrt, die Napoleon bei seiner Krönung zum König von Italien trug.

»Wenn jemand einen Abenteuerroman schreiben will, ist das der ideale Ort zum Recherchieren«, bemerkte Philipp, der vor einer japanischen Rüstung stand. Die Maske starrte ihn mit fürchterlichem Ausdruck an.

»Ja, vor allem für Schriftsteller wie Salgari…«

»Der Sandokan und den Schwarzen Korsaren geschrieben hat!«

»Du kennst ihn! Aber du weißt vielleicht nicht, daß er,

obwohl all seine Romane in fernen und exotischen Ländern spielen und mit ausführlichen Beschreibungen von Orten, Bräuchen, Waffen und Gewändern ausgeschmückt sind, nie einen Fuß aus Italien gesetzt hat!«

»Auch zu ausführlich«, schaltete sich Onkel Karl ein. Ich erinnere mich an eine Szene, wo der von den Bösen verfolgte Held in den Dschungel flieht und über eine Wurzel stolpert. Salgari kennt kein Erbarmen und beschreibt die Pflanze: wie hoch sie ist, daß sie nur an bestimmten Stellen wächst, was man alles daraus macht...«

Nach der unweigerlichen Pause im Café des Museums hielt der herrliche Park der Villa eine weitere Überraschung für Philipp bereit: am Ende einer Allee befand sich ein Teich mit Enten und Schwänen... und an seinem Ufer stand ein kleiner ägyptischer Tempel.

»Ich muß zugeben: diese Stadt ist voller Überraschungen.«

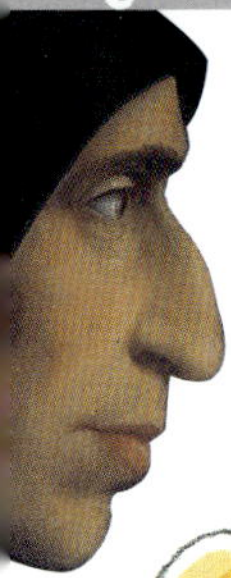

Der Dominikanermönch Girolamo Savonarola (Ferrara 1452-Florenz 1498) in einem Porträt von Fra Bartolomeo im Museum San Marco

San Marco und die Accademia

Das Kloster San Marco

Nach all den Rittern und Mantel-und-Degen-Geschichten wäre ein friedliches Kloster jetzt wohl genau das richtige.«

»Mir ist's recht. Wir haben Paläste, Kirchen, Museen gesehen, aber noch kein Kloster.«

»Es ist ein ganz besonderes Gebäude«, begann Onkel Karl. »Erwarte bitte keine weißen Wände und bescheidene Räumlichkeiten: es war ein bedeutendes Dominikanerkloster, dessen Bau Cosimo de' Medici höchstpersönlich finanziert hatte. Das eigentliche Gebäude stammte vom Ende des 13. Jahrhunderts, aber Cosimo beauftragte Michelozzo mit der Neugestaltung der Räume, die ihren praktischen Funktionen, aber auch dem neuen Geist und Geschmack der Zeit besser entsprechen sollten.«

»Michelozzo ist der vom Palazzo Medici, stimmt's?«

»Richtig. Cosimo trug alle Kosten: Entwurf, Maurerarbeiten, Einrichtung... Und betraute mit der Dekoration der wichtigsten Räume einen Mönch, der malte und der außerdem auch dort wohnte: das war bequem, nicht?«

»Ein Mönch, der Maler war?«

»Er hieß Giovanni da Fiesole, aber da seine Malerei so anmutig war und er ein so gütiger Mensch, falls es stimmt, daß die Kirche ihn seliggesprochen hat, wurde er Angelico (der Engelhafte) genannt. Der Dominikanerorden hatte geistigen und politischen Einfluß, es war daher ein Akt politischer Klugheit, seine Freundschaft zu erwerben: die Arbeiten wirkten sich, wie man heute sagen würde günstig auf Cosimos „Image" aus; es ist kein Zufall, daß man die „Kugeln" der Medici im Kloster überall findet. Klöster sind immer Gebäudekomplexe mit verschiedenen Teilen: jeder Teil ist eng mit der Ordensregel oder dem Klosteralltag verknüpft, und nichts bleibt dem Zufall überlassen. Der Kreuzgang ist zum Beispiel ein offener Raum in der Mitte des Klosters, durch den man dank des Bogengangs auch bei Regenwetter gehen konnte. An den verschiedenen Seiten des

DAS KLOSTER SAN MARCO

TEILANSICHT DER VON MICHELOZZO ENTWORFENEN BIBLIOTHEK

Kreuzgangs sind die für das Klosterleben notwendigen Räumlichkeiten angeordnet: die Kirche, das Hospiz, wo die Pilger beherbergt wurden; auf der andern Seite das Refektorium, in dem die Mahlzeiten eingenommen wurden; vor dem Eingang ist der Kapitelsaal, dort wurden die auf der Tagesordnung stehenden Fragen diskutiert; und dann ist da noch die Treppe, die zu den Zellen führt, wo die Mönche schliefen und meditierten, und zur Bibliothek…«
»Wo sie lasen…«

BEATO ANGELICO

»Wo sie lasen, lernten und schrieben. Im Hospiz befinden sich einige Werke von Beato Angelico: es sind alles Gemälde auf Holz, natürlich mit religiösen Motiven, aber von sehr unterschiedlicher Art. Das geht von einem noch sehr gotischen Triptychon mit Goldhintergrund bis zu den mehr von der Renaissance beeinflußten viereckigen Tafelgemälden mit Landschaften im Hintergrund und einer weniger feierlichen, natürlicheren Anordnung der Figuren… Die Heiligen, die um Maria gruppiert sind, scheinen zum Beispiel miteinander zu sprechen. Einige davon waren die Lieblingsheiligen der Medici: der hl. Dominikus mit seiner schwarzweißen Kutte und einer Lilie in der Hand; der hl. Petrus, ein dominikanischer Märtyrer, mit blutigem Kopf; der hl. Laurentius, in feierlichem roten Gewand mit Goldrand, trägt den Rost, sein Marterinstrument; und dann sind da noch die Heiligen Kosmas – das heißt Cosimo – und Damian, zwei Brüder aus der Familie Medici, die Wunder vollbrachten und von den Medici als persönliche Schutzheilige betrachtet wurden.«

»Auch bei den Heiligen gab es also eine Mode: Frühling-Sommer 1520…«

»So weit ging es nicht: aber es stimmt, ein zunächst wich-

KUS
NES
TIUS

KOSMAS UND DAMIAN

DOMINIKUS

FRANZISKUS

PETRUS D. M.

tiger Heiliger konnte seine Vorzugsstellung verlieren und ein anderer an seine Stelle treten. Aber sag uns einmal deine fachmännische Meinung über dieses *Jüngste Gericht.*«

»Es ist ein farbenfrohes Paradies, in dem ein paar selige Mönche mit den Guten und den Engeln Ringelreihen tanzen, während sich in der Hölle die Verdammten befinden, darunter... auch Päpste und Könige?«

»Der äußere Schein trügt eben; gerade einigen Päpsten der damaligen Zeit konnte man nicht über den Weg trauen. Schau mal, wie Beato Angelico auf diesen kleinen Tafeln, die eigentlich die Türen eines kostbaren, heute abgebauten Schranks waren, Episoden aus dem Leben Jesu dargestellt hat.«

»Wie beim Baptisterium und der Kirche Santa Croce waren die Bilder sehr wichtig für diejenigen, die nicht lesen konnten.«

»Obwohl das Format ziemlich klein ist, kann man die perspektivisch gemalten Gebäude, die Einzelheiten der Figuren und sogar ihren Gesichtsausdruck deutlich erkennen! Kein Zweifel, er konnte wirklich malen: sowohl im kleinen – einige Kodexe mit Miniaturen, die von ihm stammen, befinden sich in der Bibliothek im ersten Stock – wie auch im großen, siehe die *Kreuzigung* im Kapitelsaal.«

An der obersten Treppenstufe machten sie eine angemessene Pause (vor einer lieblichen *Verkündigung*, die sich in einem Kreuzgang abspielte, der dem des Klosters sehr ähnlich war) und begaben sich dann geradewegs zu den Zellen der Mönche, die alle mit Wandmalereien geschmückt waren.

IM KLOSTER SAN MARCO FÜHLTE SICH COSIMO DER ÄLTERE FAST WIE ZU HAUSE IN DER VIA LARGA. UND DAS NICHT OHNE GRUND: MIT EINVERSTÄNDNIS DES PAPSTES HATTE ER MICHELOZZO MIT DER ERNEUERUNG DER KIRCHE UND DES KLOSTERS DER DOMINIKANER BEAUFTRAGT, OHNE DABEI AN KOSTEN ZU SPAREN. DAZU NOCH HATTE ER DIE BIBLIOTHEK DER MÖNCHE MIT SELTENEN BÜCHERN AUSGESTATTET, DIE DER GELEHRTE NICCOLÒ NICCOLI IN SEINEM AUFTRAG ZUSAMMENGETRAGEN UND KOPIERT HATTE (SIE WURDEN SPÄTER ZUM BESTANDTEIL DER BIBLIOTECA LAURENZIANA). DAFÜR STANDEN DEM FREIGEBIGEN BANKIER ZWEI EIGENE ZELLEN ZUR VERFÜGUNG, IN DIE ER SICH ZU MEDITATION UND GEBET ZURÜCKZIEHEN KONNTE.

»Der Stil ist hier einfacher, und die verwendeten Farben sind weniger teuer: es fehlen das Blau, das Rot und vor allem das Gold... Kein Firlefanz, was ja auch nicht zum einfachen Leben der Mönche gepaßt hätte. Die Älteren konnten das Motiv selbst auswählen, während bei den Jüngeren meistens die Kreuzigung oder Episoden aus der Passionsgeschichte dargestellt wurden, um ihre religiöse Eingebung und Belehrung zu fördern. Und Beato Angelico malte sie ihnen im Handumdrehen: denk dir, er brauchte noch keine Woche, um eine Zelle mit Fresken zu bemalen?«

DIE GESCHICHTE EINES MARMORBLOCKS

Nachdem sie San Marco verlassen hatten, gingen Philipp und Onkel Karl zum nahen Museum der Accademia. Lisa, die von der langen Schlange am Eingang abgeschreckt wurde, beschloß, daß sie zu tun habe, und verabschiedete sich.

»Ich kann sie verstehen«, sagte Onkel Karl und strich seinen Bart glatt, »aber der Gigant kann nicht länger warten.«

BEATO ANGELICO, »VERKÜNDIGUNG«,

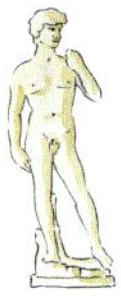

»Der Gigant?«

»Der *David* von Michelangelo! In den Chroniken wird er so genannt, und bald wirst du verstehen, warum. Inzwischen erzähle ich dir seine Geschichte. Es begann mit einem Marmorblock, der aus den Apuanischen Alpen, den Arno aufwärts, nach Florenz gebracht wurde. Ein Bildhauer wollte daraus einen Giganten formen; aber aus irgendeinem Grund gab er auf halbem Weg sein Vorhaben auf. Der übel zugehauene Marmorblock lag über Jahrzehnte im Hof des Dombauamtes herum, bis er in die Hände eines andern Bildhauers geriet, der es sich, jung und eigenwillig wie er war, in den Kopf setzte, ihn zu bearbeiten. Die Leute schüttelten den Kopf: »Es ist sinnlos«, sagten sie, »der andere hat ihn so übel zugerichtet, daß man nichts mehr damit anfangen kann«. Um dem Gerede aus dem Weg zu gehen – und vielleicht auch ein bißchen aus Aberglauben – ließ der junge Bildhauer eine Art kleine Holzfestung um den Marmorblock bauen und schloß sich darin zum Arbeiten ein. Die von Natur aus neugierigen Florentiner hielten es nicht aus: zwei Jahre lang spähten sie zwischen den Latten hindurch, um sich zu vergewissern, ob er vorankam, aber ehe die Statue nicht vollendet war, bekam niemand etwas zu sehen.«

»Das hat Michelangelo gutgemacht!«

»Vasari berichtet, daß, während er gerade die letzten kleinen Korrekturen vornahm, ein hohes Tier zur Begutachtung erschien, die Statue von unten anschaute und sagte, daß die Nase zu groß sei. Das war Unsinn, denn aus seinem Blickwinkel war sie nicht richtig zu sehen: zur Vermeidung von Verstimmungen stellte sich Michelangelo vor den *David* und, indem er nach und nach etwas Marmorstaub fallenließ, den er in der Hand hatte, tat er so, als feilte er die angeblich zu große Nase ab. »Ist es jetzt besser, Euer Gnaden?« fragte er schließlich. Und das hohe Tier sagte: »Jetzt ja! Ihr habt ihn zum Leben erweckt.« Er war der Meinung, seinen Beitrag zu dem Meisterwerk geleistet zu haben; dabei hatte ihn Michelangelo, der Sinn für Humor besaß, an der… Nase herumgeführt.«

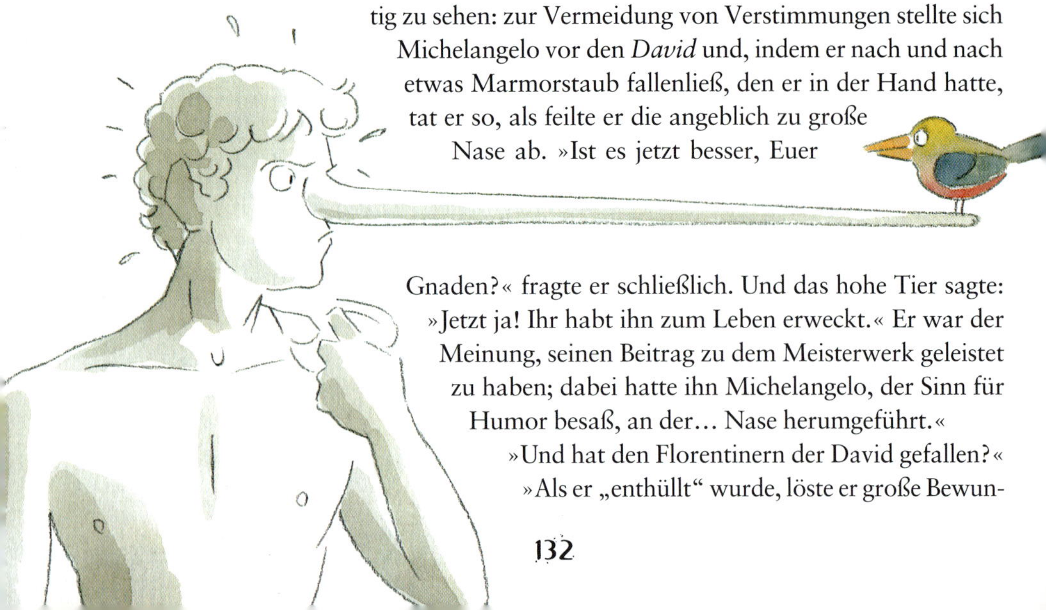

»Und hat den Florentinern der David gefallen?«

»Als er „enthüllt“ wurde, löste er große Bewun-

Weitere Abenteuer des »David«! 1527 flog eine Bank aus dem Fenster des Palazzo Vecchio (das politische Klima war ziemlich hitzig...) und fiel auf seinen linken Arm, der an drei Stellen zerbrach; die Bruchstücke wurden eingesammelt und von Vasari restauriert. 1544 fiel ihm eine Schulter ab und traf einen unglücklichen Passanten, der in Florenz gekommen war, um Cosimo I. zuzujubeln, und auf diese Art sein Leben verlor. 1873 übersiedelte der David in die Accademia: während er dort darauf wartete, den Platz auf seinem Podest einzunehmen, liess man ihn dermassen lange in seiner Verpackung, dass er die Masern bekam (durch die luftdichte Verpackung bekam der Marmor kleine Schimmelflecken). 1992 versetzte ihm ein Verrückter einen Hammerhiess auf den Fuss.

derung aus, sowohl bei den Künstlern als auch bei den gewöhnlichen Bürgern, aber er rief auch Neid und etliche Kritiken hervor. Man könnte sagen, er war von Anfang an Objekt der Liebe und des Hasses. Auch die Entscheidung über seinen Standort fiel erst nach längeren Diskussionen; am Ende wurde die Piazza Signoria, das bürgerliche Herz der Stadt, dafür auserkoren, wie Michelangelo es wollte. Die Statue wurde neben dem Eingangsportal des Palastes aufgestellt, dessen Fassade aus Hartstein das Weiß des Marmors gut zur Geltung brachte. Aber ihr Transport dorthin war kein leichtes Unterfangen: sie war über vier Meter hoch und sehr schwer. Mit der Hilfe von Freunden baute Michelangelo ein „Rädergerüst", das heißt eine Art Eisenbahnwagen, der auf für ihn konstruierten Schienen lief und von Ochsen gezogen wurde: die „Reise" dauerte eine Woche! Die Statue, die vollkommen verhüllt war, um sie den Blicken zu entziehen, wurde Tag und Nacht von Wachen beaufsichtigt. Ein paar Schwachköpfe bewarfen sie trotzdem mit Steinen und landeten zur Strafe für eine Woche hinter Gittern.«

»Die üblichen Vandalen.«

Jetzt waren sie an der Reihe, und dann betraten sie voll Ungeduld den Saal des *David*.

Der »David« von Michelangelo

»Am 8. September 1504...«

»Dem Tag der Jungfrau Maria. wenn ich mich nicht irre.«

»Richtig: am 8. September wurde die Statue dem großen Publikum vorgeführt. Die dichtgedrängt auf dem Platz stehende Menge war tief beeindruckt von der Schönheit der nackten

Statue. Auch als David war sie eine Neuheit. Erinnerst du dich an den David von Donatello, den wir im Bargello gesehen haben? Sehr jung, das große Schwert, der Kopf des Goliath unter seinem Fuß… Nimm dagegen den David Michelangelos: ein kräftiger Mann, stark, nackt wie die Helden und Athleten der Antike, in seinem Blick spiegeln sich Intelligenz und Selbstvertrauen, große körperliche und moralische Stärke… Aufgrund dieser Eigenschaften und seiner engen Nachbarschaft zum Regierungspalast wurde er für die Florentiner schnell zum Symbol der bürgerlichen Tugenden: ein Bollwerk gegen die Feinde der Freiheit.«

»Aber… was ist mit dem Kopf Goliaths?«

»Der ist nicht da, denn dieser David ist im A genblick *vor* dem Steinwurf dargestellt, mit dem er den Riesen niederstreckt. Oder, warte… versuch einmal, dich so hinzustellen wie er.«

»Lieber nicht, Onkel Karl… es sind Leute da!«

»Komm schon, die sind doch alle mit Fotografieren beschäftigt… Wenn du dich etwas breitbeinig hinstellst und das Körpergewicht auf das rechte Bein verlagerst, dann beugt sich das linke Knie nach vorn: ein prekäres Gleichgewicht, bei dem auch die Schulter hochgezogen wird…«

»Mal sehen…«

»Jetzt hebst du die linke Hand zur Schulter, als wolltest du eine Schleuder packen.«

»Wie waren die damals?«

»Der Stein wurde in ein Lederband gelegt, das man dann kreisen ließ, damit es Schwung bekam. Stell dir vor, du hälst einen Stein in der rechten Hand, dreh das Handgelenk, wie es der David macht, und stell den linken Fuß vor… Genau so.«

Aus der Gruppe von Amerikanern, die um die Statue standen, kam heftiger Beifall, und einige Kameras blitzten.

»Wie peinlich…« murmelte Philipp mit schwacher Stimme.

»Im Gegenteil«, sagte sein Onkel. »Es war eine perfekte Vorstellung. Stehst du bequem?«

»Diese Stellung ist unerträglich: das Handgelenk tut mir weh, und ich habe Mühe mit dem Gleichgewicht.«

»Aber wenn du dein ganzes Gewicht auf die linke Fußspitze verlagerst, bekommt der Rumpf eine

Drehung, und dann schleuderst du automatisch den Stein auf den Ärmsten, der dir gegenübersteht: ganz wie David! Komm, wir gehen um die Statue herum, damit wir ihre Bewegung und ihren Ausdruck... vielmehr ihre verschiedenen Arten des Ausdrucks besser sehen.«

»Seltsam: je nach Blickwinkel scheint er seine Haltung zu ändern, wie bei den Sequenzen eines Films. Aber die Proportionen sind etwas merkwürdig: er hat ja einen Riesenkopf... und auch die Hände scheinen zu groß zu sein.«

»Das ist alles Absicht, die Proportionen sollen diejenigen Körperteile betonen, die mit dem Gedanken und der Handlung verknüpft sind: durch diesen Trick weiß man sofort, es handelt sich um David, ganz abgesehen von der Schleuder, dem Stein und der gerunzelten Stirn.«

»Wie bei den Comics: das Spinnennetz von Spider Man, der Anzug...«

»Dann versteht man gleich, wer er ist und was er tut.«

»Nicht schlecht«, sagte Philipp mit einem letzten Blick auf das Meisterwerk, »trotz all der Ansichtskarten und Gipsfigürchen, die einen an jedem Andenkenstand verfolgen.«

DER „ATLAS" GENANNTE »GEFANGENE« (WEIL ER EINE SCHWERE LAST ZU TRAGEN SCHEINT, WIE DIE MYTHOLOGISCHE GESTALT, DIE DIE GANZE ERDE AUF DEN SCHULTERN TRUG) IST VON MICHELANGELO. DIESER WAR DER MEINUNG, DASS DIE STATUEN SCHON IM INNERN DES MARMORS, „EINGEFANGEN" IM STEIN, LEBTEN UND DASS DER KÜNSTLER SICH DARAUF BESCHRÄNKTE, SIE ZU BEFREIEN, INDEM ER MIT SEINEM MEISSEL DAS ÜBERFLÜSSIGE MATERIAL ENTFERNTE. SO SIND DIE »GEFANGENEN« DER IDEALE AUSGANGSPUNKT, UM SEINER KUNST NÄHERZUKOMMEN; SEINE ZEITGENOSSEN KONNTEN VIEL WENIGER MIT IHNEN ANFANGEN ALS WIR HEUTE, DIE IN SEINEN UNVOLLENDETEN WERKEN (UND DAS SIND VIELE) EINE BESONDERE SPANNUNG SPÜREN, EIN EMPFINDEN FÜR DEN UNAUFHÖRLICHEN KAMPF DES MENSCHEN MIT SICH SELBST UND MIT DEM DASEIN. DIESER »GEFANGENE« WAR EIGENTLICH FÜR DAS GRABMAL VON JULIUS II. BESTIMMT, DEM PAPST, DER IHM DEN AUFTRAG FÜR DIE SIXTINISCHE KAPELLE ERTEILT HATTE (REX HARRISON IN DEM BERÜHMTEN FILM »INFERNO UND EKSTASE«, IN DEM CHARLTON HESTON MICHELANGELO VERKÖRPERT).

Das Museum für Geschichte der Wissenschaft

Die Astrolabien und die Armillarsphäre

»Beinah hätte ich's vergessen: vor unsrer Abreise hat Papa… du weißt ja, er ist ein Technologienarr. Also er hat gesagt, daß ich auf keinen Fall das Museum für Naturwissenschaften versäumen darf, in dem eine riesige Armadillarsphäre steht.«

»Ein Armadill, ein Gürteltier, vielleicht nicht, aber eine noch dazu sehr schöne Armillarsphäre ist wirklich dort.«

Es wurde also beschlossen, das Museum für Geschichte der Wissenschaft auf der Piazza dei Giudici zu besichtigen. Im ersten Stock bestaunte Philipp eine reiche Sammlung von Astrolabien.

»Mit diesen Instrumenten konnten die Seefahrer ihren Kurs nach der Höhe der am Horizont stehenden Sterne bestimmen; Astrolabium heißt auf griechisch „Sternfänger". Mit einem solchen Instrument hätte Kolumbus Indien erreicht… wenn Amerika nicht dazwischen gewesen wäre. In diesem Saal sind Zirkel, Kompasse, alte Uhren und die ganzen wissenschaftlichen Instrumente aus den Sammlungen der Medici zu sehen. Und das hier ist die berühmte Armillarsphäre, die vom Ende des 16. Jahrhunderts stammt.«

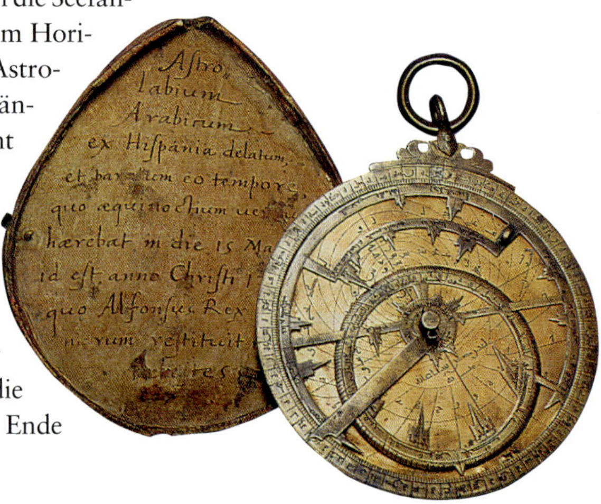

JUSTUS SUSTERMANS, DAS »BILDNIS GALILEO GALILEIS«

»Wie funktioniert sie denn?«

»Es ist eine Kugel, die von einer Reihe von Armbändern umgeben ist, welche in der Antike *armillae* genannt wurden. Die Armbänder überkreuzen sich und symbolisieren die Himmelsbereiche, die sich um die Erde bewegen: diese alte Theorie erkläre ich dir später. Die Armbänder stellen die Bewegung des Himmels, der Planeten und der Sterne dar: man konnte diese Bewegung nachvollziehen, indem man diese Hebel betätigte.«

GALILEO

»In dieser Abteilung befinden sich die Fernrohre Galileos, des großen Wissenschaftlers, Philosophen, Astronomen, Mathematikers, Schriftstellers...«

»Noch mehr?«

»Nein, das reicht. Sein Verdienst ist es, Ptolemäus widerlegt und bewiesen zu haben, daß sich die Erde um die Sonne dreht und nicht umgekehrt.»»

»Komm, erzähl mir etwas über Galileo.«

»An der Universität hatte er zunächst Medizin studiert, aber dann begeisterte er sich für die Mathematik und die Philosophie; und damals bedeutete Philosophie das Studium der Lehre des Aristoteles.«

»Das ist der große römische Philosoph.«

»Grieche war er, Philipp, Grieche! Seine Theorien hatten einen unglaublichen Einfluß auf die Weltanschauung der nachfolgenden Epochen: stell dir vor, mehr als tausendfünfhundert Jahre dachte niemand daran, ihm zu widersprechen.«

»Wie schön für ihn!«

»Jedenfalls hat Galileo nach einer Weile genug von der Universität und beginnt, Privatstun-

GRIECHISCHE PHILOSOPH ARISTOTELES MIT EINEM SCHÜLER...

den in Mathematik zu geben. Inzwischen erfindet er eine Wasserwaage, mit der man sogar Federn wiegen konnte. Er war ein Genie... aber ein unverstandenes; er nahm zum Beispiel an einer Ausschreibung für eine Mathematikprofessur in Bologna teil und wurde nicht genommen. Aber dafür wurde er in Florenz gebeten, einen Vortrag über Dante zu halten.«

»Aber entschuldige, was hat er denn damit zu tun: Dante war doch ein Dichter, oder?«

»Sicher, aber in der *Göttlichen Komödie* hatte er das ganze Universum beschrieben, von der Hölle bis zum Paradies. Galileo sollte diese Weltsicht kommentieren. Schließlich erhält er einen Lehrstuhl für Mathematik in Pisa und führt inzwischen seine Experimente fort.«

»Welche Experimente?«

»Er stieg zum Beispiel auf den Schiefen Turm von Pisa und warf Gegenstände mit unterschiedlichem Gewicht hinunter.«

»So zum Zeitvertreib.«

»Auf diese Art konnte er nachweisen, daß die Fallgeschwindigkeit nicht proportional zum Gewicht eines Körpers ist, wie Aristoteles behauptet hatte. Aber seine Kollegen wollten keine Widerlegung Aristoteles' dulden und erneuerten seinen Vertrag nicht. Daraufhin zog er nach Padua.«

»Hatte er denn kein Privatleben? Ich meine, wenn er nicht gerade am Experimentieren war...«

»An Heiraten dachte er nicht, denn er hatte zuwenig Geld, um eine Familie zu ernähren. Aber dann begegnete er einer Venezianerin, von der er drei Kinder bekam, zwei Mädchen und einen Jungen.«

»Der Ärmste: immer zwei Schwestern um sich zu haben und dazu noch Galileo in nächster Nähe!«

»Der dachte nur an seine Studien. Er hatte entdeckt, daß die zurückgelegte Fallstrecke proportional im Quadrat zur Fallgeschwindigkeit ist, und daß die Bahn eines Geschosses immer eine Parabel ist: und, unnötig zu betonen, beide Theorien...«

»Widersprachen Aristoteles.«

PLANETEN UND STREITFRAGEN

»Aber das beste kommt erst. Im Frühjahr 1609 kommt aus Holland die Nachricht von einer Erfindung, mit der man weit entfernte Dinge nah sehen kann.«

»Schon damals das Fernsehen…«

»Was für Fernsehen; das Fernrohr! Galileo lernt es, sich selbst welche zu konstruieren, und baut unaufhörlich neue, immer stärkere. Im Herbst richtet er ein Fernrohr mit zwanzigfacher Vergrößerung in den Himmel. Er beobachtet die Mondphasen und entdeckt, daß die Oberfläche des Mondes nicht glatt ist, wie man damals annahm, sondern voller Krater und Erhebungen. Er entdeckt auch, daß Jupiter vier Monde hat und daß man mit dem Fernrohr viel mehr Sterne sieht als mit bloßem Auge. Freudig erregt schreibt er ein Buch und widmet es Cosimo II. de' Medici, dem er im Sommer Nachhilfestunden in Mathematik gegeben hatte; und zu Ehren der Medici nennt er die Monde Jupiters „mediceische Planeten".«

»So ein Schmeichler!«

»Der Großherzog bietet ihm eine Stelle bei Hof an, und Galileo kehrt nach Florenz zurück, wo er entdeckt, daß auch die Venus Phasen durchläuft, genau wie der Mond.«

»Und?«

»Damals glaubte man, daß der Himmel, die Sterne und die Planeten vollkommen und unveränderlich seien: die unebene Mondoberfläche bewies das Gegenteil. Außerdem glaubte man, daß alle Himmelskörper sich um die Erde drehten; und diese Annahme wurde von den Monden Jupiters zunichte gemacht…«

»Die sich natürlich um Jupiter drehen.«

»Und die Phasen der Venus bewiesen, daß sich Venus und Merkur um die Sonne drehten. Kopernikus hatte recht: alle Planeten – auch die Erde – drehen sich um die Sonne. Also war die Theorie von Ptolemäus falsch.«

»Warte mal…«

»Ptolemäus war einer der größten Astronomen der Antike. Die nach ihm benannte Theorie – nach der die Erde der Mittelpunkt des Universums ist, um den sich alles übrige dreht – war unangefochtenes Gesetz bis zum

…NISCHES „PLANETARIUM" AUS DEM 18. JAHRHUNDERT: MERKUR, VENUS …E ERDE (MIT DEM NAHEN MOND) DREHEN SICH UM DIE SONNE.

CLAUDIUS PTOLEMÄUS, GRIECHISCHER ASTRONOM UND MATHEMATIKER, DER IM 2. JAHRHUNDERT N. CHR. IN ALEXANDRIA IN ÄGYPTEN LEBTE. SEINE »MATHEMATISCHE SAMMLUNG« WAR UNTER DEM NAMEN MEGISTE BEKANNT, „DIE GANZ GROSSE“: DIE ARABISCHEN ASTRONOMEN, DIE SIE GRÜNDLICH STUDIERTEN, HÄNGTEN IHR DEN ARTIKEL AN (AL-MEGISTE), DAHER DER NAME UNTER DEM SIE NOCH HEUTE BEKANNT IST »ALMAGEST«

NIKOLAUS KOPERNIKUS (1473-1543), POLNISCHER ASTRONOM. SEINE THEORIEN, DIE ER IN SEINEM WERK »DE REVOLUTIONIBUS ORBIUM COELESTIUM« AUSFÜHRTE, HATTEN EINEN STARKEN EINFLUSS AUF WISSENSCHAFTLER WIE GALILEO, CARTESIUS UND NEWTON.

16. Jahrhundert, als nämlich ein polnischer Astronom namens Kopernikus die These aufstellte, daß sich die Erde drehe, und zwar nicht nur um die Sonne, sondern auch um ihre eigene Achse. Die neue Theorie – die man nach *helios*, dem griechischen Wort für Sonne, auch heliozentrisch nannte – hat sich bis heute behauptet.«

»Schön. Und Galileo?«

»Er läßt sich mit einem deutschen Jesuiten auf eine Kontroverse über die Sonnenflecken ein. Der Jesuit behauptete, daß diese Flecken in Wahrheit kleine Sonnentrabanten seien, aber Galileo widerlegte ihn mit Hilfe seines Fernrohrs. So entstand ein Problem: Alle Entdeckungen Galileos gaben Kopernikus recht, aber die Theorie, daß die Erde um die Sonne kreise, vertrug sich schlecht mit einigen Bibelstellen, in denen steht, daß es die Sonne ist, die sich bewegt.«

»Konnte man denn nicht die Bibel unter dem Aspekt der neuen Entdeckungen anders auslegen?«

»So einfach war das nicht! Die Bibel konnte doch nicht jeder x-beliebige auslegen: das stand allein den Theologen zu.«

»Und warum?«

»Es war ein schwieriges Problem, bei dem keine Einigkeit zwischen Protestanten und Katholiken herrschte. Galileo schneidet das Thema in einem Brief an einen seiner Studenten an, aber leider fällt der Brief seinen Feinden in die Hände, die eine abgeänderte und korrigierte Fassung davon der Inquisition übergeben.«

»Das ist ja allerhand.«

»Während er sich in Rom gegen die Anklagen verteidigt, verurteilt die Inquisition die kopernikanische Theorie als ketzerisch und verbietet eine Menge Bücher. Der Name Galileos war nicht in dem Erlaß aufge-

führt, aber ein Kardinal hatte ihm einen Drohbrief geschrieben, in dem er ihm verbot, die kopernikanischen Theorien zu vertreten oder zu verteidigen.«

»Eine gelbe Karte: noch ein Foul und du bist draußen.«

»So ähnlich: Aber läßt sich einer wie Galileo aufhalten? Er beginnt denn auch wenig später eine erneute Diskussion, wieder mit einem Jesuiten, diesmal über die Kometen, und schreibt ein neues Buch.«

»Da haben wir's.«

»In diesem genialen und sehr amüsanten Werk mit dem Titel *Prüfer mit der Goldwaage* beschreibt Galileo die Grundlagen der neuen wissenschaftlichen Methode. Und das Witzige ist, daß bei den Kometen der Jesuit recht hatte! Aber hör dir an, was Galileo sagt: *Die Philosophie steht in jenem großartigen Buch, das immer offen vor uns liegt (ich meine das Universum), aber man kann sie nicht begreifen, ehe man nicht seine Sprache erlernt und die Buchstaben kennt, mit denen es geschrieben wurde. Seine Sprache ist mathematisch, und die Buchstaben sind Dreiecke, Kreise und andere geometrische Figuren, ohne deren Hilfe der Mensch seine Worte nicht versteht; ohne sie würde er vergeblich in einem dunklen Labyrinth umherirren.*

EINE ARMILLARSPHÄRE AUS MESSING UND KRISTALL VON GIROLAMO DELLA VOLPAIA. DIE KUGEL IN IHREM GESTELL ZEIGT DEN ÄQUATOR, DIE WENDEKREISE, DIE POLARKREISE, VIER MERIDIANE UND DAS BREITE BAND DES TIERKREISES MIT DEN VERSCHIEDENEN STERNZEICHEN (IM VORDERGRUND STEINBOCK UND WASSERMANN).

EINE DEM GROSSHERZOG FRANCESCO GEWIDMETE SONNENUHR, DIE ÜBER ZWEI, JE NACH TAGESZEIT ZU GEBRAUCHENDE, SCHATTENSTÄBE VERFÜGT.

WAPPEN DER MEDICI

»Und wie haben sie darauf reagiert?«

»Als der *Prüfer* gerade im Druck war, wird der Kardinal Barberini, von jeher ein Bewunderer und Beschützer Galileos, zum Papst gewählt. Galileo widmet ihm sein Buch und eilt nach Rom, um mit ihm über seine Theorie der Gezeiten zu sprechen, die einen weiteren Beweis dafür lieferte, daß die Erde sich bewegte.«

Der »Dialog« und der Prozess

»Der Papst gestattet ihm, ein Buch mit seinen Theorien über das Universum zu schreiben, fordert ihn aber auf, die kopernikanische Theorie als reine Hypothese zu behandeln. Der *Dialog über die beiden hauptsächlichsten Weltsysteme, das ptolemäische und das kopernikanische* erscheint 1632 in Florenz mit einem Vorwort, in dem erklärt wird, daß die nachfolgend entwickelten Ideen hypothetischer Natur seien.«

»Also alles regulär.«

»Ganz im Gegenteil, Galileo hatte sich ein starkes Stück geleistet. Im *Dialog* gibt es drei Figuren, die miteinander diskutieren. Salviati vertritt Galileos Ansicht und ist natürlich kopernikanisch; Sagredo ist der Unwissende, der „ich habe von diesen Dingen keine Ahnung“, ist aber wie zufällig immer mit Salviati einverstanden; und dann ist da noch Simplicio, der eingefleischte Aristoteles-Anhänger.«

»Simplicio…«, wiederholte Philipp kichernd. »Das ist ja wirklich gemein.«

»Aber das ist noch gar nichts. Galileo führt zunächst alle Argumente zugunsten der kopernikanischen Theorie an und überläßt dann Simplicio das letzte Wort, dem er die Lieblingsthese des Papstes in den Mund legt, nach der Gott das Universum womöglich anders erscheinen lasse, als er es geschaffen habe.«

»Das finde ich korrekt.«

»Der Form nach vielleicht. Aber in Wirklichkeit ist Simplicio vom ersten bis zum letzten Satz der Dumme, weil Galileo sich bei jeder Gelegenheit über ihn lustig macht. Und dann begreifst du, daß auch das, was er zum Schluß sagt…«

»Von niemandem ernstgenommen wird.«

»Der Papst beauftragt eine Kommission mit der Begutachtung des Buches. Die Kommission bemerkt die List und ruft die Inquisition auf den Plan.«

»Hilfe!«

»Die Inquisition bestellt ihn nach Rom und hält ihm den Erlaß unter die Nase, der ihm untersagte, die kopernikanische Theorie zu er-

örtern. Galileo erwiderte, daß es ihm verboten worden war, die Theorie zu *verteidigen*, nicht sie zu diskutieren. Um es kurz zu machen: er wird der Ketzerei verdächtigt, zu lebenslänglichem Gefängnis verurteilt und muß in aller Form abschwören.«

»Abschwören?«

»Öffentlich widerrufen. Aber während er widerrief, soll er geflüstert haben: »Und sie dreht sich doch«, die Erde natürlich.«

»Wie schrecklich.«

»Es war bestimmt nicht angenehm. Aber wenigstens wurde er nicht gefoltert: man verbannte ihn in seine Villa in Arcetri, bei Florenz, und dort stand er bis an sein Lebensende unter Hausarrest.«

»Und was tat er da?«

»Er führte insgeheim seine Untersuchungen fort. Der Standort des Hauses, ganz oben auf einem Hügel, war günstig: es ist kein Zufall, daß sich heute dort in der Nähe eine Sternwarte befindet. Er schrieb ein weiteres Buch, daß heimlich aus Italien gebracht und in Holland veröffentlicht wurde. Er war inzwischen erblindet und arbeitete mit der Hilfe eines jungen Studenten.«

»Was für eine traurige Geschichte«, dachte Philipp. Er sah ihn förmlich vor sich, den großen alten Mann, eingesperrt im Haus und mit blinden Augen, jenen Augen, die weiter gesehen hatten als jemals ein Mensch zuvor...

»Ich glaube, ich schicke Papa eine Karte von dem Fernrohr«, sagte er.

»Und die Armillarsphäre?«

»Die ist veraltet: man muß auf dem neuesten Stand sein.«

Später, im Hotel, nahm er die für seine Eltern gedachte Ansichtskarte, und während er an die Diskussionen und familiären Auseinandersetzungen dachte, aus denen er „zu Unrecht“ als Verlierer hervorgegangen war, ergriff er den Kugelschreiber und schrieb: »Wenn einer recht hat, dann hat er recht.«

EIN AUSSCHNITT DER »ANBETUNG DER HL. DREI KÖNIGE« (NACH DEM NAMEN DES AUFTRAGGEBERS TOMMASO PORTINARI AUCH PORTINARI-TRIPTYCHON GENANNT) VON HUGO VAN DER GOES

DIE UFFIZIEN

DIE GESCHICHTE DES MUSEUMS

SANDRO BOTTICE

Der Augenblick ist gekommen: mögen Kraft und Ausdauer mit dir sein, junger Skywalker.«

»Welcher Augenblick?«

»Die Uffizien zu besichtigen! Da du nun eine ungefähre Vorstellung von den wichtigsten Stilrichtungen und den bedeutendsten Malern hast, bist du reif für einige Hundert Meisterwerke… und für die schönsten Frauen der abendländischen Malerei. Zum Beispiel, die Madonnen von Filippo Lippi und Botticelli.«

»Und das wenig bekleidete Mädchen, das aus der Muschel steigt?«

»Sicher, das auch. Die Uffizien sind etwas…«

»Ich habe auch schon davon gehört, es muß also wirklich ein berühmtes Museum sein.«

»Mehr noch. Es enthält eine der bedeutendsten Bildersammlungen der Welt. Nur wenige sind damit vergleichbar: der Louvre in Paris, die National Gallery in London, der Prado in Madrid… Allein schon das Gebäude, in dem sich das Museum befindet, hat einen besonderen Reiz: es liegt zwischen dem Palazzo Vecchio und dem Arno und wirkt wie eine Theaterkulisse. Cosimo I. ließ es von seinem Lieblingsarchitekten Giorgio Vasari erbauen, um darin die Verwaltungsbüros des Großherzogtums unterzubringen: auf italienisch bedeutet Uffizi Büros.«

»Gut zu wissen!«

»Später verwandelte sein Sohn Francesco, wieder der mit dem Arbeitszimmer, den ersten Stock in eine herrliche Galerie, in der er antike Statuen aufstellen ließ und Werke aus seinen Sammlungen unterbrachte: so entstand das erste Museum der Welt. Auch ein Theater war darin, das mit prächtigen Bühnenbildern und bizarren und komplizierten Bühnenmaschinerien ausgestattet war… Es gab sogar ein paar Läden, die edle Waren wie Parfüm aber auch Süßigkeiten verkauften.«

»Interessant…«

Über eine breite Steintreppe waren sie zu einem langen Korridor gelangt.

»Da sind wir, das ist die berühmte Galerie mit der herrlichen Decke mit Groteskmalereien und vielen antiken Statuen. Aber gehen wir weiter…«

Die Madonnen auf dem Thron

Im ersten Saal trafen sie auf drei große Madonnen mit Goldhintergrund.

»Auf den ersten Blick erscheinen sie sehr ähnlich: alle sitzen auf einem Thron und heißen deshalb auch *Maestà*; alle halten das Kind auf dem Arm und sind von Engeln oder Heiligen umgeben; außerdem wurden sie um ungefähr dieselbe Zeit gemalt. Aber gerade weil das Motiv das gleiche ist, treten die Unterschiede deutlicher hervor. Die Madonna in der Mitte des Raums ist von Giotto. Was sagt unser Sachverständiger dazu?«

»Im Vergleich zu den beiden andern… wirkt sie gelöster: der Thron hat mehr Tiefe und ist breiter.«

»Weil Giotto mehr Gewicht auf die Anatomie und den Raum legt. Das Helldunkel hebt Brust und Knie hervor, es zeichnet sie fast nach. Und auch Jesus ist, abgesehen von der kleinen Hand, die segnend erhoben ist, ein Kind aus Fleisch und Blut. Die noch ganz nach religiösen

Filippo Lippi, »Madonna mit Kind und Engeln«

Filippo Lippi führte ein abenteuerliches Leben. Er war noch sehr jung, als er beide Eltern verlor. Er lebte eine Zeitlang bei einer Tante, bis er 1421 als Karmelitermönch in das Kloster Santa Maria del Carmine eintrat. Genau in jenen Jahren schmückten Masaccio und Masolino die Brancacci-Kapelle mit Fresken aus; sie begeisterten den jungen Mönch so sehr, dass er beschloss, ebenfalls Maler zu werden. Aber damit ging es los: wenn man Vasari glauben darf, wurde Filippo Lippi, während er mit einigen Freunden an der Adriaküste umherzog, von sarazenischen Piraten gefangengenommen: so etwas war damals keine Seltenheit. Er lebte ein und ein halbes Jahr als Sklave und musste seinen Herrn erst porträtieren, um wieder freigelassen zu werden! Als er endlich nach Florenz zurückkehrte, erhielt er bald gute Aufträge (Klöster und Kirchen) von der Familie Medici. Aber zu einem ruhigen Leben kam er einfach nicht, daran war auch seine Vorliebe für die Frauen schuld… 1456, als er das Kloster Santa Margherita a Prato mit Fresken bemalte, verliebte er sich in eine junge Nonne namens Lucrezia und brachte sie dazu, mit ihm zu fliehen. Das Ereignis erregte grosses Aufsehen, aber am Ende gab der Papst persönlich den beiden die Erlaubnis zur Heirat: dem Ehepaar wurde der Sohn Filippino geboren, der ebenfalls ein berühmter Maler werden sollte. Die kleine Familie liess sich in Prato nieder, aber Lippi ist in Spoleto begraben, wo er zusammen mit seinem vertrauten Mitarbeiter Fra Diamante den Chorraum der Kathedrale mit Fresken ausgeschmückt hatte.

Cimabue
»Madonna di Santa Trinita«

Duccio
»Madonna Rucellai«

Giotto
»Madonna di Ognissanti«

Kriterien gemalte *Maestà* von Cimabue ist sicher den Figuren des Baptisteriums am ähnlichsten; die Madonna von Duccio, einem Künstler aus Siena, zeichnet sich durch ihre Farben und die besonders raffinierten Stoffe aus. Geh mal einen Augenblick hinter das Bild von Giotto und schau dir an, wie so eine Bildtafel des 14. Jahrhunderts aussah…«

Im nächsten Saal mit Bildern des 14. Jahrhunderts aus Siena war Philipp fasziniert von der *Verkündigung* von Simone Martini.

»Siena: die reiche und raffinierte Stadt der Toskana, die mit Florenz rivalisierte, und ebenfalls auf eine Geschichte zurückblickt... aber lassen wir das. Dieses Bild hier ist wirklich ein Meisterwerk: die prachtvollen Stoffe, die vielen Goldverzierungen, die blassen und eleganten Figuren... Mit seiner weichen Linienführung hat Simone Martini eine mystische und irreale Atmosphäre geschaffen, in der man jede Menge Details und Feinheiten entdeckt. Nicht umsonst fand dieses Bild großen Anklang bei den Kunstliebhabern vom Ende des 19. Jahrhunderts, die sich für persische Miniaturen und japanische Drucke begeisterten. Ja, er war wirklich ein Maler ersten Ranges... Nur wenige wissen, daß er irgendwann nach Avignon in Frankreich ging, wo er den großen Dichter Francesco Petrarca kennenlernte, der dort in der Nähe wohnte. Sie wurden Freunde: Petrarca besaß eine Handschrift mit den Werken Vergils, und Simone Martini malte ihm ein Miniaturbild für die Titelseite. Außerdem porträtierte er die berühmte Laura, die Frau, in die Petrarca unsterblich verliebt war und der er zahlreiche Gedichte gewidmet hat.«

»Und wie war diese Laura?«

»Nach Petrarca war sie wunderschön. Leider ist das Porträt nicht erhalten geblieben: wir müssen ihm aufs Wort glauben.«

»Und dieses Bild hier, das aussieht wie ein Comic?«

»Das ist das *Polyptychon der Umiltà,* der Demut, von Pietro Lorenzetti, es stellt das Leben der Nonnen im Kloster dar. Die kleine Figur zu Füßen der Heiligen ist die Nonne, die das Gemälde in Auftrag gegeben hat: sie hat sich absichtlich so klein darstellen lassen.«

»Ein schönes Zeugnis von Demut.«

«»Diese Eigenschaft hielt sich nicht lange: mit der Zeit ließen die Auftraggeber die Bescheidenheit beiseite. Man braucht nur die *Pietà* von Giottino im Saal mit Florentiner Gemälden des 14. Jahrhunderts anzusehen: die beiden Frauen – ein reiches Mädchen mit kostbarem Gürtel und eine Nonne – sind zwar immer noch kleiner als die religiösen Figuren, reichen den Heiligen, die den Leib Jesu umringen, aber bereits bis zur Schulter!«

GENTILE DA FABRIANO

Einige Minuten später befanden sie sich im Saal der „internationalen Gotik“ vor der *Anbetung der Hl. Drei Könige* von Gentile da Fabriano.

»Die internationale Gotik«, begann Onkel Karl, »ist ein Stil, den ich sehr liebe, ein eleganter und raffinierter Stil, der zwischen dem 14. und 15. Jahrhundert so ziemlich an allen Höfen Europas verbreitet war.« Und mit einer gewissen Bewegtheit in der Stimme fügte er hinzu: »Das Gemälde, das du vor dir siehst, ist ein wahres Meisterwerk: in Auftrag gegeben wurde es von Palla Strozzi für die Familienkapelle in der Kirche Santa Trinita.«

»Wer weiß, wieviel das diesen Palla gekostet hat…«

»Bestimmt nicht wenig: Gentile da Fabriano war sehr gefragt und ließ sich entsprechend bezahlen. Aber Palla hatte damit keine Probleme: er war der reichste Mann von Florenz, hatte Geld wie Heu und kaufte sich, was er wollte. Dieses Altarbild sollte natürlich mal wieder das schönste werden, das man je gesehen hatte; deshalb rief er den besten Künstler, den er kriegen konnte.«

»Und das war Gentile da Fabriano.«

»Genau. Er stammte aus Fabriano, war aber viel gereist: nach Orvieto, Venedig, Brescia, Florenz und Rom, wo er starb. Leider sind viele seiner bedeutendsten Werke verlorengegangen: mal bei einem Brand, mal durch einen Steinwurf… Jedenfalls kam er 1422 nach Florenz, ließ sich im Viertel Santa Trinita nieder, trug sich in die Zunft der Ärzte und Apotheker ein und machte sich ans Werk; nach einem Jahr war das Gemälde fertig. Auch Michelangelo – der doch einen ganz andern Stil hatte – bewunderte seine Kunst und sagte, daß beim Malen *seine Hand wie sein Name* sei: du mußt wissen, *gentile* bedeutet zart…« Onkel Karl schien belustigt. »Die Hand wie sein Name!« sagte er immer wieder. »Hübsch, nicht?«

»Sehen wir uns dieses Meisterwerk doch mal an.«

»Fangen wir oben an. die Rundbilder in den Spitzen zeigen – von links nach rechts – den Engel, Jesus als Richter und Maria. Die eigentliche Geschichte beginnt links oben mit den Heiligen Drei Königen, denen der Komet erscheint. Dann sieht man sie auf der Reise nach Bethlehem; rechts oben sind sie vor den Toren der Stadt; und schließlich – im Vordergrund – vor der Hütte.«

Beispiel für die raffinierten Blumenmotive (am Gewand des jüngsten der drei Weisen im Vordergrund)

»Je näher sie kommen, desto stärker leuchtet der Komet.«

»So ist es. Gentile da Fabriano hatte eine Schwäche für Lichteffekte: darin war er seiner Zeit voraus.«

»Aber was haben die vielen Leute mit der Anbetung zu tun?«

»Überhaupt nichts. Aber weißt du, mehr als ein religiöses Gemälde ist dieses Bild, wie soll ich sagen… ein Ritterzug, ein Luxusmärchen. Ihr wolltet Schafe und Hirten, wie bei der Krippe? Und ich male euch einen spätmittelalterlichen Zug, eine prunkvolle Gesellschaft eleganter Herren, die von der Jagd zurückkehren und einer Edelfrau ihre Aufwartung machen. Und wie du sehen kannst, besteht zwischen den Szenen im Vordergrund und denen im Hintergrund praktisch keinerlei räumliche Verbindung.«

»Was meinst du damit?«

»Ich meine damit, daß es kein „vorn“ und „hinten“, sondern nur ein „unten“ und „oben“ gibt. Das ist bedeutsam, denn es bringt etwas Grundsätzliches zum Ausdruck.«

»Ich höre.«

Gentile da Fabriano kümmerte sich wenig um Raum und Rauminhalt. Ihn reizte die „Oberfläche“ der Dinge und ihre detailgetreue Wiedergabe. Anders ausgedrückt, bei einem Pfirsich interessierte ihn mehr die Schale als die Frucht. Wenn du näher herantrittst, bemerkst du, daß jedes Ding wie unter dem Mikroskop betrachtet und in tausend Einzelheiten zerlegt wirkt: die prachtvollen, samtigen Stoffe, die kostbaren Verzierungen… Und sieh mal hier! Zu den Höflingen gesellen sich Affen, Falken, Windhunde, Kamele, Geparde und was Gentile da Fabriano sonst noch mit großzügiger Hand verteilt hat. Um die Einzelheiten hat er sich mit viel Liebe und seinem erlesenen Geschmack gekümmert.«

»Die Faszination der Schale… Das schreibe ich mir auf.«

»Warte, er hatte noch mehr grandiose Einfälle.! Die Pfeiler haben sich in durchbrochene und hohle gotische Spitztürmchen verwandelt, an denen sich nicht mehr wie sonst Heiligenfiguren befinden, sondern Pflanzen jeder Art: Klee, Veilchen, Lilien, Ginster, Kichererbsen, Mohn, Jasmin… was das ist, weiß ich nicht… Enzian, Erdbeeren, Kirschen, Margeriten, Nelken usw. Er war einer der ersten Maler von Stilleben! Und sieh mal hier, an bestimmten Stellen ist die Goldfarbe getrieben: bei den Gürteln, dem Zaumzeug der Pferde, den Sporen, dem Heft der Schwerter, den Hundehalsbändern… Nicht zu vergessen, daß diese prächtigen Stoffe reine Werbung waren: solch kostbare Stoffe wurden damals von den Florentiner Webern hergestellt.«

»Ich glaube, ich habe verstanden. Vor allem ist klar, daß dieses Bild dir wahnsinnig gut gefällt.«

»Das stimmt. Weißt du, es ist wirklich der Spiegel einer ganzen Epoche, der eleganten und raffinierten Epoche, die man als Spätmittelalter bezeichnet. Da schaut uns unser Freund Palla entgegen. Der dachte gar nicht daran, sich klein darstellen zu lassen: es ist der in der Mitte mit dem dunkelroten Turban und dem schwarzen Gewand mit Goldrand.«

»Er sieht aus, als wollte er sagen: »Seht her, Leute: das habe ich bezahlt«.«

»Jedenfalls… hat sich die Ausgabe gelohnt.«

Masaccio und Paolo Uccello

»Und nun«, verkündete Onkel Karl feierlich, »herzlich willkommen in der Renaissance. Diese Säle enthalten die berühmtesten Werke des neuen Stils, der, wie wir wissen, „erfunden“ wurde von…«

»Brunelleschi, Donatello und Masaccio!«

»Sehr gut. Brunelleschi hatte die Perspektive wiederentdeckt, und Donatello entwickelte nach gründlichen Anatomiestudien seinen realistischen Stil, mit dem er Gesten und Gefühle ausdrückte. Masaccio, der beiden viel verdankt, hat sich diese Neuheiten zu eigen ge-

DASS DER OBERE TEIL DES GEMÄLDES MASOLINO UND DER UNTERE MASACCIO ZUGESCHRIEBEN WIRD, IST DEM BERÜHMTEN HISTORIKER UND KUNSTKRITIKER ROBERTO LONGHI ZU VERDANKEN.

MASOLINO

MASACCIO

macht und sie in der Malerei angewandt. Das Werk, das du hier siehst, *Madonna mit Kind und hl. Anna*, hat er zusammen mit Masolino gemalt. Masolino ist noch an die Gotik gebunden, während Masaccio, wie wir in der Kirche Santa Maria Novella ge-

sehen haben, als braver Renaissancebürger die Dinge in einem präzisen Raum sieht und anordnet, und außerdem verwendet er die Farbe nicht nur als dekoratives Mittel, sondern um seinen Figuren Körperlichkeit zu verleihen. Jetzt ist die Frage: wer hat was gemalt?«

»Und wenn ich richtig rate, gewinne ich…?«

»Das Genie ist sich selbst genug.«

»Sehr witzig. Also… Die Gestalt der Madonna ist besser herausgearbeitet und räumlich angeordnet… ebenso das Kind, das auf ihrem Schoß steht. Die hl. Anna, ich weiß nicht… die Figur kommt mir flacher vor, auch das Gesicht, eine Art Maske… es wirkt fast, als wäre sie dahinter gemalt, und so ist es auch, aber…«

»Du hast vollkommen recht! Die Madonna und das Kind sind von Masaccio, während Masolino die hl. Anna und die Engel gemalt hat.«

»Ja, auch die Engel mit diesen ein bißchen… wie ausgerenkten Händen.«

»Das heißt nicht, daß Masolino ein schlechter Maler war, nur hatte sein Geschmack noch nichts von den neuen Tendenzen der Renaissance.«

»Kam denn dieser Vorkämpfer Masaccio einfach so aus dem Nichts?«

»Mehr oder weniger… Sein richtiger Name war Tommaso di Giovanni di Simone Guidi, aber alle nannten ihn Masaccio. In seiner Familie gab es keine Künstler: sein Vater war Notar und die Mutter die Tochter eines Wirts. Aber der Großvater väterlicherseits baute Truhen, die dann bemalt wurden: vielleicht hat er, als er klein war, den Malern bei der Arbeit zugesehen und beschlossen, selbst Maler zu werden. Das Problem ist, daß man nicht weiß, wo, wann und bei wem er gelernt hat.«

»Inwiefern?«

»Wer damals Künstler werden wollte, ging zu einem Maler oder Bildhauer in die Lehre und verbrachte viele Jahre in seiner Werkstatt. Wenn er dann die Kunst erlernt hatte, konnte er selbst eine Werkstatt aufmachen. Und natürlich neigten die Schüler dazu, den Stil ihres Meisters nachzuahmen. Aber von Masaccio ist vom Tag seiner Geburt bis zu seinem Eintritt in die Zunft der Ärzte und Apotheker leider gar nichts bekannt… also auch nicht, wer ihn beeinflußt hat.«

»Dabei wäre das sehr interessant, weil seine Art zu malen so neu ist.«

»Genau. Und wer weiß, was er noch gemacht hätte, wenn er länger gelebt hätte: er war noch keine siebenundzwanzig Jahre, als er starb.«

»Was?«

»Es ist unglaublich, besonders, wenn man an den Einfluß denkt, den er auf andere ausgeübt hat… Er war eine Art Mozart der Malerei.«

»Moment mal: und dieses… Ding, von wem ist das?«

»Ich wußte, das es dir gefallen würde; von wem soll es wohl sein, wenn nicht von Paolo Uccello, von dem die Uhr im Dom stammt? Es handelt sich um eine Szene der Schlacht von San Romano, in der die Florentiner einen knappen Sieg gegen die Sienesen errangen. Paolo Uccello widmete diesem Ereignis weitere zwei Gemälde, die sich heute jeweils in der National Gallery und im Louvre befinden; obwohl einige Kunsthistoriker der Ansicht sind, daß sich das Gemälde im Louvre auf eine andere Schlacht bezieht. Jedenfalls hingen alle drei Gemälde gut sichtbar im Erdgeschoß des Palazzo Medici. In Auftrag gegeben hatte sie wahrscheinlich Cosimo der Ältere, der ein enger Freund des Söldnerführers Niccolò da Tolentino war, welcher die Florentiner Truppen befehligt hatte. Die Gemälde waren zunächst in Lünettenform, wurden aber später rechteckig geschnitten. Was hälst du von diesem hier?«

»Als Schlacht ist es sehr merkwürdig. Erstens ist es eine Szene fast ohne Blutvergießen. Und außerdem wirkt es wie... eine in Zeitlupe ablaufende Aufnahme. Die grünlichen und orangefarbigen Pferde gehen grade noch, aber die Krieger... in diesen glatten Rüstungen mit Gelenken sehen sie gar nicht aus wie Menschen: eher wie die Bösen von *Star Wars*!«

»Paolo Uccellos Farben haben auch Giorgio Vasari verblüfft, er schrieb, er mache *die Felder blau, die Städte rot und die Gebäude, wie es ihm beliebte.* Im übrigen... hast du fast wortwörtlich einen großen Kritiker zitiert; obwohl der wahrscheinlich *Star Wars* nicht gesehen hat. Es wirkt wirklich nicht wie eine Schlacht, in der Menschen kämpfen, sondern mehr wie das Aufeinanderstoßen von geometrischen Figuren und perspektivischen Ausschnitten. Das Spalier aus Lanzen, die Fahnen, die Wappen... das alles schafft eine Atmosphäre längst vergangener Zeiten, die an die mittelalterlichen Ritterturniere erinnert. Und schau, wie raffiniert und neuartig die Raumaufteilung ist.«

»Und die Rüstungen?«

»Die waren mit Blattsilber und Blattgold überzogen und blitzten wie die echten. Einen solchen Materialaufwand – mit verschwenderischem Gebrauch von Lacken und Harzen (einer davon hieß „Drachenblut“) – hatte es in der Florentiner Malerei noch nie gegeben: das war ein Erbe der Gotik, aber auch der Einfluß Ghibertis und Paolo Uccellos Aufenthalt in Venedig dürften eine Rolle gespielt haben. Und dazu hat Paolo Uccello eine sehr persönliche Raumauffassung: streng, unbeweglich, fremd. Die Anordnung der Figuren gestaltet er perspektivisch, aber die Größenverhältnisse bestimmt er auf seine eigene Art. Und so siehst du hier im Hintergrund: Lanzen, die über die Hügel ragen, Soldaten im Gebüsch, Männer mit Armbrust und erschreckt flüchtende Tiere.«

»Und einen Hasen, der über eine Pinie springt!«

»Genau. Paolo Uccello war eine originelle Persönlichkeit. An der gotischen Kunst liebte er die kleinen Details, die leuchtenden Farben und den linienförmigen und dekorativen Stil. An den Werken Donatellos und Masaccios schätzte er das Feierliche, den Realismus und die perspektivische Klarheit. Was tat er also?«

»Was tat er?«

LONDON

FLORENZ

PARIS

»Er experimentierte: Er nahm die neuen realistischen Figuren und vereinfachte sie zu abstrakten geometrischen Formen. Er nahm die Perspektive und erforschte sie in ihren seltsamsten und extremsten Aspekten. Auf der andern Seite konnte er dem Reiz der alten gotischen Welt mit ihrem märchenhaften Zauber nicht widerstehen. Deshalb gibt es in seiner Malerei so viele Gegensätze: Klares und Verwickeltes, Einfaches und Komplexes, exakte Berechnung und Phantasie... In jedem seiner Bilder lauern neue, überraschende Einfälle. Und auf ironische und märchenhafte Akzente verzichtet er nie.«

DIE »GEBURT DER VENUS« UND DIE »PRIMAVERA«

»Und jetzt kommen wir zu Botticelli!« rief Onkel Karl, und zwei bejahrte englische Touristinnen fuhren zusammen. Eine ließ vor Schreck ihre Sonnenbrille fallen, und der Archäologe beeilte sich sie aufzuheben und lächelte beschämt. Die alte Dame machte eine spitze Bemerkung über die „Jugend von heute“, aber Onkel Karl sprach schon weiter und hörte es nicht.

»Hier wird es kompliziert. Diese Gemälde wurden für die Medici ausgeführt, die sehr gebildet waren, und so berühmte Werke mit mythologischen Motiven wie die *Geburt der Venus* oder die *Primavera* sind in Wirklichkeit komplexe Allegorien: neben Göttern aus der Welt der Antike stehen rätselhafte Figuren, über deren Bedeutung die Gelehrten sich erst nach langen Untersuchungen klarwurden.«

»Ich dagegen habe nach langem Überlegen gar nichts begriffen.«

»Ich gebe dir ein Beispiel. Nehmen wir dieses Bild der *Minerva mit dem Zentauren.* Athene, die Göttin der Weisheit, hält einen Zentauren an den Haaren gepackt; dieses Geschöpf, halb Mensch und halb Pferd, ist ein Wesen, bei dem die instinktive, animalische Seite dominiert. Die Szene will deutlich machen, daß die Vernunft den Instinkt im Zaum halten kann, und die beiden Figuren sind in Wirklichkeit eine Verkörperung von Begriffen. Aber das ist noch nicht alles: Athene trägt ein weißes Gewand, das mit den berühmten Ringen der Medici bestickt ist...«

»Die wir in der Medici-Kapelle gesehen haben.«

»Richtig. Sie trägt einen Lorbeerkranz, diese Pflanze liebte Lorenz der Prächtige, dessen Wappenzeichen sie war.«

»Also steht Minerva für die Medici.«

»Ja. Die eigentliche Aussage ist, daß Lorenz die Gewalt des Krieges durch seine diplomatischen Bemühungen im Zaum hielt. Das ist doch einfach, oder?«

»Und wie! Aber was war eigentlich mit diesem neunmalklugen Maler?«

»Er war der Sohn eines Gerbers, hatte aber studiert. Als er dann beschloß, Maler zu werden, ging er als Schüler zu Filippo Lippi.«

»Von dem wir vorhin die Madonna gesehen haben.«

»Ja: das war ein großer Künstler, der einen starken Einfluß auf ihn ausübte. Dann kam er in den Kreis der Medici, zu dem auch Dichter und Philosophen gehörten, und wurde dort zum Lieblingsmaler. Warte, das habe ich vergessen: nach der Verschwörung der Pazzi bekam er den Auftrag, die Erhängten im Bargello zu malen.«

»Welche Ehre!«

»Ab und zu mußte auch eine etwas „schmutzige“ Arbeit getan werden. Aber er war hochgeachtet: seine Glanzzeit hatte er in den letzten Jahrzehnten des Jahrhunderts. Dann bekam er eine Krise.«

»Wieso das?«

»Lorenz war tot, mit dem politischen Klima stand es nicht zum besten… und außerdem predigte inzwischen Girolamo Savonarola, der Dominikanermönch, vehement gegen den Sittenverfall. Botticelli geriet in Zweifel, denn viele seiner Bilder zeigten

Motive, die für die damalige Zeit ziemlich gewagt waren. Dann wurde Savonarola verurteilt und als Ketzer verbrannt. In dieser Zeit der Unruhe verstand Botticelli die Welt nicht mehr: er geriet in eine spirituelle Krise, die Welt, die er liebte und die ihn bewunderte, existierte nicht mehr. Von da an malte er nur noch religiöse Motive und Allegorien zur religiösen Erbauung. Inzwischen – wir sind in den ersten Jahren des 16. Jahrhunderts – war eine neue Generation bedeutender Künstler herangewachsen: Leonardo da Vinci, Raffael, Michelangelo… Der alte Botticelli galt als überholt und erhielt immer weniger Aufträge. Bei seinem Tod war er bereits vergessen.«

»Aber heute ist er doch weltberühmt.«

»Kaum zu glauben, aber über Jahrhunderte hinweg war er vollkommen unbekannt. Wiederentdeckt haben ihn im 19. Jahrhundert die Engländer: Kunsthistoriker wie Ruskin und Pater und vor allem die Präraffaeliten, das waren Künstler, die sich für die italienische Malerei vor dem 16. Jahrhundert begeisterten und deren Vorbild er war; von da an wird er von Tag zu Tag berühmter. Aber betrachten wir jetzt sein Werk. Das ist die Frau in der Muschel, die auch *Geburt der Venus* genannt wird: in der Mitte entsteigt die nackte Göttin der Schönheit auf einer riesigen Muschel dem Meer; um sie herum sind die Götter der Winde, und an Land erwartet sie das Mädchen Hora, um sie mit einem blumengeschmückten Umhang zu bedecken. Die Farben sind zart, fast transparent; und, wie du siehst, gibt es keine dunklen Schatten sondern nur flimmerndes Licht auf der sehr hellen Haut und den Falten der Gewänder…«

»Soweit vorhanden.«

»Natürlich. Und die Gestaltung ist symmetrisch und harmonisch: es ist eine Verherrlichung der „natürlichen" Schönheit, die einfach und rein ist.«

Philipp kicherte und der Onkel kam ihm zuvor: »Ich weiß, es hört sich an wie Wer-

Die Uffizien

Den Auftrag für die »Primavera« erhielt Sandro Botticelli von Lorenzo de' Medici: nicht dem Prächtigen, sondern seinem Cousin zweiten Grades, genannt „Popolano" (der Volkstümliche), einem Sohn von Pierfrancesco und Enkel von Lorenzo d. Ä., der ein Bruder von Cosimo d. Ä., dem Grossvater Lorenz des Prächtigen, war. Also eine Seitenlinie der Familie, aber nicht mehr für lange: der Sohn des Bruders dieses Lorenzos ist nämlich der grosse Söldnerführer Giovanni dalle Bande Nere, der Vater des zukünftigen Grossherzogs Cosimo I. Alles klar? Na ja, egal: die lange Einleitung diente nur dazu, euch auf dieses berühmte Bild einzustimmen, von dem man eigentlich... nicht weiss, was es wirklich darstellt. Bekannt ist nur, dass Botticelli Anregungen bei einigen Autoren der Antike (den römischen Dichtern Lukrez und Ovid, z. B.) und bei Zeitgenossen (dem Philosophen Ficino und dem Dichter Poliziano) fand. Was soll man sagen? Wir beschränken uns nachfolgend auf die Wiedergabe einer Deutung, die zutreffen könnte und nach der es bei der Darstellung um die Liebe (ja, genau darum) in ihren beiden Formen geht: der physischen und der „geistigen", um den Impuls zum Schönen und Guten (nicht zum Essen, das habt ihr verstanden...), der den Menschen zur spirituellen Erhebung beflügelt. Also, von der rechten Seite ausgehend: (a) Zephir und die Nymphe Chloris versinnbildlichen die physische Liebe, aus der das Leben entsteht; ihnen wird Flora, die Göttin des Frühlings (Primavera) geboren; (b) Flora bestreut die Erde mit Blumen und macht sie fruchtbar; (c) in der Mitte ist Venus, die die beiden Arten der Liebe gleichzeitig vereint und trennt; (d) von oben schiesst die blinde Liebe Cupido einen Pfeil auf die drei Grazien; (e) die Grazien, Symbol der Harmonie und der reinen Liebe, tanzen mit... Grazie, aber (f) eine von ihnen, die Reinheit, blickt zu Merkur hin (der die Vernunft symbolisiert); er (g) erwidert den Blick jedoch nicht, sondern sieht nach oben und vertreibt die Wolken, das heisst die Zweifel, und bewegt die menschliche Liebe zum klaren Himmel empor.

bung für Mineralwasser. Aber was verlangst du, ich bin doch kein Kunstkritiker...«

»Du bist sehr gut, mach weiter.«

»Da du dich auf meine Kosten amüsierst«, begann der Archäologe wieder, »gehen wir jetzt zu etwas Schwierigerem über... Hier ist die *Primavera*: sie gehört zu denjenigen seiner Bilder, die am meisten bewundert werden; die darauf dargestellten Figuren sind zahlreicher. und es ist eine Art Liebeserklärung an die Linien. Ja, du hast richtig gehört: bei unserem Maler hier sind die Linien unablässig verflochten

und wieder gelöst und verleihen so dem ganzen Bild einen sanften, langsamen und graziösen Rhythmus. Man sollte das Gemälde von rechts nach links betrachten. Hier, lies mal, was im Reiseführer steht.«

Philipp nahm das Buch und begann zu lesen: das war sehr lästig, denn alle drei Sekunden mußte er den Blick heben und auf das Bild schauen. Nach einigen Minuten sagte er zweifelnd: »Hier steht, daß am Ende Merkur die Wolken verjagt und die Liebe auf den Himmel zutreibt.«

»Und am Anfang ist der dem Himmel entsteigende Zephir… Verstehst du? Es ist ein fortlaufender Zyklus, eine kreisförmige Geschichte.«

»Ganz klar«, sagte Philipp ohne Überzeugung. Aber ich finde es nicht schlecht: es ist wie ein Rätsel, das man lösen muß.«

»Und die Lösung, das heißt das eigentliche Thema des Bildes, ist die Liebe in all ihren Schattierungen, wobei die physische und die spirituelle Seite in perfektem Gleichgewicht stehen. Aber noch interessanter ist etwas anderes. Die „Väter" der Renaissance hatten antike Skulpturen und Monumente ausgegraben und sie gemessen, um hinter das Geheimnis ihrer Harmonie zu kommen. Nicht so Botticelli: er macht viele Anleihen bei Mythen und Symbolen der Antike, aber er studiert die Vergangenheit nicht, er beschränkt sich darauf, diese Welt, die wunderbar aber unerreichbar ist, nostalgisch heraufzubeschwören.«

»Hör mal… gibt's hier auch etwas Leichteres, einfach so zum Angucken?«

»Was hälst du von dieser *Anbetung der Hl. Drei Könige*? Sie ist auch von Botticelli, der sich rechts, in orangefarbigem Gewand und mit einer Hand unter dem Mantel, selbst porträtiert hat. Der Auftraggeber ist der ältere Herr mit blauem Umhang, der mit dem Finger auf sich selbst zeigt. Einige bekannte Mitglieder der Familie Medici sind als Heilige Drei Könige dargestellt…«

»Schon wieder! Sie haben wohl wirklich daran geglaubt!«

»Und der Mann links mit der hochmütigen Miene ist der junge Lorenz.«

LEONARDO UND MICHELANGELO

»Auch das hier ist eine Anbetung«, bemerkte Philipp und zeigte auf ein anderes Bild.

»Ja, es ist von Leonardo da Vinci, der das Thema auf sehr originelle Weise behandelt: darüber braucht man sich allerdings nicht zu wundern. Hier ist der Mittelpunkt des Bildes das Kind auf dem Arm der Madonna: alle andern, meisterlich dargestellten Figuren, auch die Drei Könige, umringen es mit den unterschiedlichsten Mienen. Jeder „reagiert" anders auf die Geburt Jesu: mit Erstaunen, Bewunderung, Gleichgültigkeit, Hoffnung… die verstörten Pferde sogar mit Furcht. Das Bild ist nur als Zeichnung in Helldunkel vorhanden, weil Leonardo da Vinci es nicht zu Ende geführt hatte, womit er seinen Auftraggeber erzürnte. Dennoch können wir die Schönheit und Originalität dieses Werks erfassen.«

»Wie die *Gefangenen* von Michelangelo, die auch unvollendet geblieben sind. Sieh mal, Onkel Karl, auch diese *Verkündigung* hier ist von Leonardo.«

»Hast du gesehen? Die Flügel des Engels sind richtige Vogelflügel, und das ist kein Zufall: Leonardo war vom Fliegen fasziniert, er erforschte die Dynamik des Flugs und entwarf Flügel, Hubschrauber und Gleitflieger. Die Szene spielt sich auf der blühenden Wiese einer Villa ab. Der Engel kniet vor Maria; im Hintergrund stehen aufgereiht Bäume, die alle verschieden voneinander sind, eine richtige Stilübung… und in der Ferne sieht man eine verschwommene, wie im Nebel liegende Landschaft. Was meinst du, schaffst du es, dir noch ein letztes Bild anzusehen?«

»Wenn es nicht von Botticelli ist…«

Onkel Karl führte Philipp in den dritten Korridor der Galerie, wo sich die *Heilige Familie* von Michelangelo befindet, die man – wegen ihres besonderen Formats und nach dem Namen der Auftraggeber – *Doni-Rundbild* genannt hat.

»Das künstlerische Ideal Michelangelos war im wesentlichen bildhauerisch und plastisch. Nicht umsonst hat er geschrieben: *Ich meine, daß die Malerei dann für gut gehalten wird, wenn sie sich der Skulptur annähert, und die Skulptur für umso schlechter, je mehr sie sich der Malerei annähert.* Es ist das einzige Tafelgemälde, das man ihm mit Sicherheit zuschreiben kann. Maria, die vor Joseph sitzt, hält das Kind, in einer wirklich originellen Stellung, fast auf den Schultern. Und siehst du dahinter die nackten Figuren: das sind die Menschen, bevor Moses von Gott die Tafel mit den 10 Geboten erhält. In der Nähe des Mäuerchens ist Johannes der Täufer als Kind dargestellt, er symbolisiert die Vermittlung zwischen dem Alten und dem Neuen Testament. Die Figuren sind, wie immer bei Michelangelo, üppig, kräftig und muskulös und drücken physische Stärke und Spannung aus.«

»Die gleiche Spannung, die ich in diesem Moment in den Beinen spüre.«

»Gehen wir, du hast dir ein Supersandwich mit Kutteln verdient!«

Agnolo Bronzino malte dieses Bildnis von Bia, der unehelichen Tochter Cosimos I., im Jahr 1542 (Uffizien, Tribüne).

Der Geheimweg des Fürsten

Der Start

Nach der intensiven Uffizienbesichtigung, entschied Onkel Karl, daß sie den folgenden Tag mit „Frischetanken“ auf den Hügeln um Florenz verbringen würden: ruhige kleine Straßen, Wälder, vereinzelte Häuser zwischen Rebstöcken und natürlich, wie D’Annunzio sagte, *die Brüder Olivenbäume, deren Heiligkeit die Hänge blaß tönt…*

»Hör mal, Onkel Karl«, sagte Philipp auf einem ihrer Spaziergänge im Grünen, »gibt es in Florenz noch andere Parks außer dem des Stibbert-Museums? Einen richtigen Park, keinen Platz mit ein paar Bäumen und einer Schaukel.«

»Natürlich! Es gibt einen herrlichen Park, der von Göttern, Grotten, Brunnen und Ungeheuern wimmelt!«

»Und wo ist er?«

»Wir müssen den Arno überqueren. Wie machen wir das, auf dem Boden oder in der Luft?«

»Meinst du… mit dem Hubschrauber?«

»Noch besser.«

Philipp fing an, sich ernstliche Sorgen um die geistige Verfassung seines Onkels zu machen, beschränkte sich aber darauf zu sagen: »Wenn ich's mir aussuchen kann, lieber in der Luft.«

Am nächsten Morgen befanden sie sich im Grünen Saal des Palazzo Vecchio. »Das ist unser Mann«, sagte Onkel Karl und zeigte auf einen kräftigen Mann, der mit einem großen Schlüsselbund herankam. Der Pförtner öffnete eine Tür und bedeutete ihnen, ihm zu folgen.

»Wohin gehen wir denn?«

Rosso Fiorentino, »Musizierender Engel«

DER START

»Unsere Reise durch die Luft beginnt; diese Straßenüberführung bringt uns zu den Uffizien.«

»Und der Arno?«

»Alles zu seiner Zeit, du ungläubiger Neffe!«

Der Pförtner verabschiedete sich mit den rätselhaften Worten: »In zehn Minuten hinter dem Michelangelo-Saal.«

»Wir werden da sein. Schön, sehen wir uns bei der Gelegenheit die *Tribuna* an.«

Immer erstaunter folgte Philipp seinem Onkel in einen prunkvollen, achteckigen Saal, den eine Kuppel krönte, die ganz mit Perlmutt verkleidet war, die Wände waren mit rotem Samt bespannt, und der Fußboden war mit Schmucksteinen in vielen Farben dekoriert.

»Nicht schlecht, stimmt's? Hier wurden die Meisterwerke der Galerie ausgestellt. Und an den Wänden standen spezielle Regale aus Ebenholz, in denen seltene Gegenstände, Edelsteine, Medaillen und kleine Bronzefiguren aufbewahrt wurden. Es war das „Zimmer der Wunderwerke", der Mittelpunkt der Galerie."

»Die beiden Herrschaften da sind mir nicht neu.«

»Das sind Cosimo I. und die Herzogin Eleonora mit ihrem prächtigen Hochzeitskleid. Und das ist ihr ältester Sohn Francesco als Knabe, mit einem Brief in der Hand. Er hat die Tribuna erbauen lassen: der Entwurf stammte von seinem Freund und Komplizen seiner „Schrullen" Bernardo Buontalenti. Die Tribuna ist nicht nur ein Raum der Wunderwerke, sie wurde nach einer genauen symbolischen Ordnung erbaut.«

»Und zwar?«

»Sie stellt den Kosmos mit den vier Elementen Luft, Wasser, Erde und Feuer dar.«

»Laß mich raten: das Feuer ist das Rot der Wände, das Wasser ist das Perlmutt der Kuppel, die Erde ist der Fußboden aus Schmucksteinen und die Luft...«

»Ist diese Wetterfahne, die noch immer funktioniert. Komm, es ist Zeit für unsre Verabredung.«

JACOPO PONTORMO, »JOHANNES DER EVANGELIST«
KIRCHE SANTA FELICITA,
KAPELLE BARBADORI CAPPONI

DER VASARI-KORRIDOR

Der Pförtner erwartete sie vor einer großen Tür. Ein metallisches Geräusch von Schlüsseln, ein dumpfes Nachgeben des Schlosses, ein unheimliches Knarren... und die Tür schloß sich wieder hinter ihnen. »Wo sind wir denn jetzt? fragte Philipp, dem ein kühler Lufthauch entgegenkam.

Sie befanden sich vor einer langen Treppe, deren Wände voll Bilder hingen. Am Ende der Treppe begann ein endlos langer Korridor; und auch hier waren überall Bilder. »Bald werden wir über dem Ponte Vecchio sein. Das ist der ganz private „Korridor", den Cosimo I. zur Hochzeit seines Sohnes Francesco von Vasari erbauen ließ, der dafür nur fünf Monate brauchte.«

»Ein schönes Geschenk.«

»Es ist ein richtiger „Geheimweg des Fürsten": er ist einen Kilometer lang und ermöglichte es, sich rasch vom Palazzo Vecchio, dem Regierungssitz, zum Palazzo Pitti, der Privatresidenz, zu begeben, ohne sich unters Volk zu mischen. Du weißt, es bestand immer die Gefahr eines Anschlags.«

»Er ist über dem Ponte Vecchio?«

»Ganz genau: der Korridor ist auf dem Wasser und in der Luft, wie Vasari sagte. In Wirklichkeit verläuft er über den Läden der Goldschmiede, außer im letzten Abschnitt, wo das Turmhaus der Mannelli steht, das im Mittelalter zur Verteidigung der Brücke erbaut worden war. Der Korridor sollte auch durch den Turm gehen, aber – Fürst oder nicht Fürst – das wollten die Mannelli nicht, so daß man zu einer Umgehung gezwungen war.«

»Diesen Korridor... ich meine, den habe ich schon mal gesehen, vielleicht in einem alten Film...«

Der Vasari-Korridor

»Was für ein Gedächtnis! Es ist der Rossellinis Film *Paisà*, er erzählt in sechs Episoden von der Befreiung Italiens im Zweiten Weltkrieg. In einer Szene benutzen die Partisanen den Korridor, um den Arno zu überqueren, ohne von den Deutschen gesehen zu werden.«

»Und was ist mit den vielen Bildern an den Wänden?«

»Das sind wertvolle Gemälde. In dem Abschnitt über der Brücke, wo wir uns jetzt befinden, ist eine Sammlung von Selbstbildnissen: über siebenhundert Bilder!«

Jacopo Pontormo, »Die Kreuzabnahme«

»So viele nebeneinander, das sieht komisch aus: der eine hat sich von vorn porträtiert, der andere im Profil, noch einer vor dem Spiegel, einige sind als Künstler gekleidet oder in Abendgarderobe, ein paar sind von Blumen umgeben... Und was sie alles in der Hand halten: einen Pinsel, ein Buch, sogar einen Totenschädel!«

»Und schau mal, welch eine Aussicht dieses Bullaugenfenster bietet: Straßen, Häuser... Man kann sogar in die Kirche Santa Felicita blicken.«

»Ich verstehe ihn, diesen Cosimo: von hier aus fühlt man sich als Herr über die Stadt, hoch oben und versteckt... man hat alles unter Kontrolle.«

»Und jetzt paß auf«, sagte Onkel Karl, als sie am Ende des Korridors waren. »Nach dem Zimmer der Wunderwerke, der Garten der Wunderwerke: Boboli!«

Der Boboli-Garten

»Ich hatte dir Grotten versprochen, und hier ist eine großartige, findest du nicht?«

Sie standen vor der Grotte des Buontalenti: zwischen den Felsen sah man Statuen von Hirten und Schafen und Fresken von exotischen Tieren; in den Ecken waren Kopien der *Gefangenen* von Michelangelo, die halb unter Stalaktiten verschwanden, wie in einer echten Grotte.

Durch eine Öffnung in der Decke warf ein großes, mit Wasser gefülltes Glasbecken die Sonnenstrahlen zurück auf die Stalaktiten darunter und erzeugte bizarre Lichteffekte.

Jacopo Pontormo, der Engel der »Verkündigung«

»Ein außergewöhnliches Werk: Buontalenti hat zehn Jahre daran gearbeitet! Nach seiner Vorstellung sollte aus der rohen Materie – den Stalaktiten eben – die Harmonie der Schöpfung an die Oberfläche treten. Die Skulpturen wirken wie auf halbem Weg zwischen Stein und Leben.«

»Toll. Wie der Hintergrund eines Science-fiction-Films.«

»Natürlich gab es auch die damals so beliebten Wasserspiele.«

»Und wer ist der Dicke da auf der Schildkröte?«

»Das ist der Brunnen des Bacchino, und der Dicke ist der Zwerg Morgante, ein Hofnarr, der Cosimos Gunst genoß.«

»Du hattest recht, es ist wunderschön hier.«

»Das ist erst der Anfang! Komm, du hast dir eine Ruhepause verdient.«

Eine ansteigende Allee führte sie zu einem hohen, roten Pavillon. der von einer kleinen Kuppel gekrönt war.

»Das ist das Kaffeehaus, wo der Großherzog Peter Leopold gern seine heiße Schokolade trank und die Aussicht genoß.«

»Mir hat die Erfahrung im Café Rivoire gereicht, ich nehme eine Limo.«

Sie setzten sich an einen der kleinen Tische, die nebeneinander auf dem schmalen Weg standen. Onkel Karl nutzte die Ruhepause, um Philipp die Geschichte des Boboli-Gartens zu erzählen.

»Früher standen auf diesem Hügel, hinter einem Palast der Familie Pitti, nur Oliven- und Obstbäume. Eleonora von Toledo, die Frau Cosimos, kaufte den Palast und bezog ihn mit ihrer Familie. Das Ergebnis war, daß der ganze Hügel hinter dem Palast in einen riesigen Freizeitpark für die Zerstreuungen und Vergnügungen des Hofs verwandelt wurde. Zum ersten Mal wurde ein so großer und abwechslungsreicher Park geschaffen: es gab einen „geheimen“ Garten mit Heilkräutern, giftigen Pflanzen und Irrgärten.«

DER BOBOLI-GARTEN

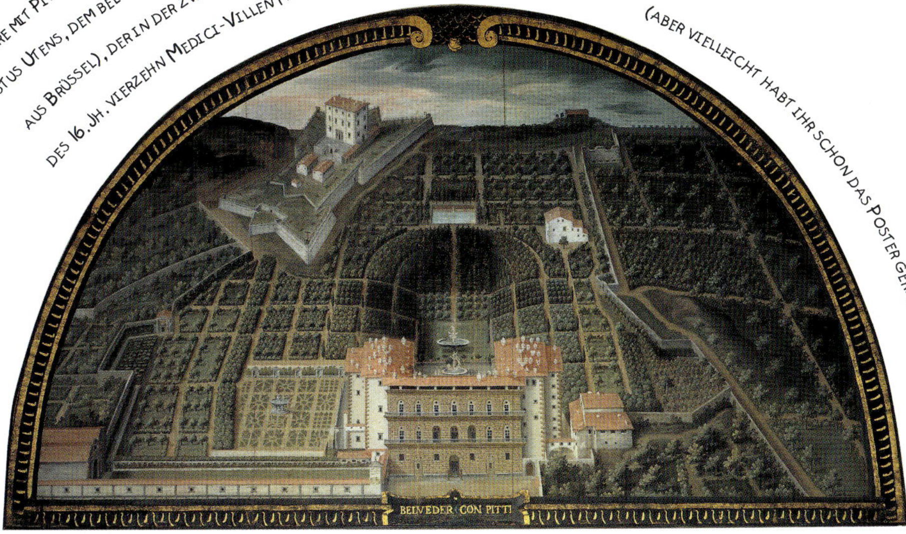

Belvedere mit Pitti«: eine der berühmten Lünetten von Justus Utens, dem belgischen Maler (er kam aus Brüssel), der in der zweiten Hälfte des 16. Jh. vierzehn Medici-Villen malte

(aber vielleicht habt ihr schon das Poster gekauft!)

»Wo man sich womöglich verirrte!«

»Sicher, und auch absichtlich, damit man gesucht wurde. Erfahrene Gärtner – nicht ganz so perfekt wie Edward mit den Scherenhänden, aber fast – stutzten die Pflanzen zu Tierformen, Heldenfiguren oder schrecklichen Ungeheuern zurecht. Das Wasser plätscherte angenehm und beruhigend, wurde in Steinrinnen weitergeleitet und sprudelte schließlich aus Brunnen und den Mündern von in Stein gehauenen Masken. Die Wasserspiele versprühten Tropfen in die Luft, und diese glitzerten, wie du dir vorstellen kannst, in allen Regenbogenfarben.«

»Nicht schlecht.«

»Da wir jetzt ausgeruht sind, setzen wir unsren Erkundungsgang fort.«

Ein weiterer, aufwärts führender Weg brachte sie zur Statue des Überflusses.

»Wir befinden uns direkt unterhalb des Bollwerks der Festung Forte Belvedere. Die Medici ließen sie so hoch oben erbauen, um sich besser verteidigen zu können: im Fall eines Volksaufstandes konnten sie sich im Nu vom Palazzo Pitti über den Boboli-Garten in die Festung retten.«

»Ein besonders gutes Gewissen hatten sie anscheinend nicht, wenn sie dauernd nur an Flucht dachten!«

»Nicht so sehr an Flucht als an Verteidigung. Denk dir, um den Florentinern die Lust am Revoltieren zu nehmen, waren die Kanonen der Festung immer auf die Stadt gerichtet.«

© Giambologna & Pietro Tacca

Eine kurze Strecke abwärts hatte sie zum Fischteich des Neptun geführt, einem großen Brunnen, in dessen Mitte der Gott des Meeres dem Wasser mit seinem Dreizack in der Hand entsteigt.

»In dem Wasserbecken wurden damals Fische gezüchtet, die für die Tafel des Großherzogs bestimmt waren, daher der Name.«

Sie gingen weiter nach unten und bogen dabei in die lange Zypressenallee ein, die *Viottolone* („großer Steg“) genannt wird.

»An den Seiten der Allee sind die *cerchiate*«, sagte Onkel Karl, »das sind dicht überwachsene Laubengänge. In diesem Teil des Parks verlaufen die Pfade in Kurven und Schneckenlinien und kreuzen sich an kleinen, runden Plätzen. Sie sehen alle gleich aus, so daß man den Eindruck hat, sich immer auf derselben Stelle zu bewegen. Auf den nicht überwachsenen Alleen, den *ragnaie* („Vogelherde“) ging man dagegen mit Netzen auf Jagd: die Fürsten gingen Singvögel jagen, indem sie Netze ausspannten wie Fischer.«

»Da ist ein schöner Brunnen mit einer Insel in der Mitte!«

»Sie heißt auch *Isolotto* („kleine Insel“). In der Mitte steht der unvermeidliche Neptun, und zu seinen Füßen befinden sich vier Statuen, die die damals bekannten Flüsse darstellen: Nil, Euphrat, Tiber und Ganges.

Und dazu kommt die kleine Insel mit ihrer üppigen Vegetation: bei der Wahl der Pflanzen wird darauf geachtet, daß eine gerade blühende Sorte immer dabei ist.«

Am Ende einer weiteren Allee kamen sie zum Amphitheater.

Hier wurden Theateraufführungen und prunkvolle Feste veranstaltet, und natürlich durfte auch Buontalenti mit seinem Feuerwerk nicht fehlen. Bei Gedenkfeiern, Empfängen und Besuchen ausländischer Herrscher wurden Umzüge mit allegorischen Wagen und militärische Turniere organisiert. Und halt dich fest: der Obelisk, den du da siehst, ist aus Ägypten! Er stammt aus dem Ammon-Tempel in Luxor: eine alte Bekanntschaft von mir... Er geht auf das Jahr Tausendfünfhundert vor Christus zurück. Aber das große steinerne Becken ist römischer Herkunft und kommt aus den Caracalla-Thermen.«.

»Wir sind ganz schön weit gelaufen«, sagte Philipp und zeigte auf die kleine grüne Kuppel des Kaffeehauses.

Der Hof des Ammannati

»Und, hat Boboli dir gefallen?«

»Ich hab schon Besseres gesehen... war nur Spaß. Und jetzt?«

»Eine letzte Anstrengung: ich zeige dir den Hof des Pitti-Palastes. Die Galleria Palatina sehen wir uns in den nächsten Tagen in Ruhe an.«

Ein überdachter, nach unten führender Durchgang brachte Philipp und Onkel Karl in den Hof des Palastes.

»Der Hof wurde von Bartolomeo Ammannati erbaut. In ihm veranstalteten die Fürsten Feste und Spiele.«

»Totgearbeitet haben sie sich nicht bei diesen vielen Festen!«

»Stell dir vor, einmal haben sie den Hof mit Holzlatten umzäunt, die mit Pech bestrichen waren – damit sie wasserdicht wurden – und ihn dann mit Wasser gefüllt, um eine Seeschlacht zu simulieren.«

»Wie die Römer im Kolosseum.«

1589 WURDE AUS ANLASS DER HOCHZEIT VON FERDINANDO DE' MEDICI UND CHRISTINE VON LOTHRINGEN DER HOF DES PALAZZO PITTI UNTER WASSER GESETZT, UM EINE NAUMACHIE – GRIECH. „NÀUS" (SCHIFF) UND „MÀKHE" (SCHLACHT) – ZU VERANSTALTEN, HIER UNTEN IN EINER RADIERUNG VON O. SCARABELLI (HEUTE IN DEN UFFIZIEN). DIE IDEE, SEESCHLACHTEN ZU SIMULIEREN, STAMMTE VON DEN ALTEN RÖMERN, DIE IM KOLOSSEUM DAFÜR EINE EIGENE WASSERANLAGE EINGEBAUT HATTEN: IN ROM KÄMPFTEN DIE GLADIATOREN ABER WIRKLICH!

»Genau. Und sieh dir mal die Herkulesstatue hinten im linken Bogengang an. Auf dem Sockel ist ein Basrelief, auf dem ein kleiner Esel dargestellt ist. Er wurde *Muletta*, „Mauleselchen", genannt: beim Transportieren von Steinen und Holzbrettern für den Bau des Hofs hatte er schwere Arbeit geleistet und war schließlich gestorben.«

»Der Arme. Andererseits haben nicht viele Esel ein eigenes Denkmal.«

»Meinst du? Da bin ich mir nicht so sicher…« sagte Onkel Karl und strich sich den Bart.

DIE FASSADE DES PALAZZO PITTI

Erst als er den Palast verlassen hatte, sah Philipp, wie riesig seine Steinfassade war: der davor liegende, nach unten abfallende Platz schien fast zu klein für sie.

»Nachdem ich die Fassade gesehen habe, begreife ich, warum seit den Medici alle Regierenden der Toskana sich diesen Palast zur Residenz gewählt haben.«

»Ursprünglich war er aber nicht so. Seine Geschichte beginnt um die Mitte des 15. Jahrhunderts mit einem reichen Bankier namens Luca Pitti. Dieser Mann – er

baute als einer der ersten auf der andern Arnoseite – beauftragte, wie gewöhnlich, Brunelleschi mit dem Bau, dieser starb jedoch kurze Zeit später und hinterließ die Leitung der Bauarbeiten seinem Lieblingsschüler Luca Fancelli, der den Entwurf seines Lehrers übernahm. Die Fassade ist aus großen, ziemlich grob belassenen Bossensteinen und daher mehr im „Rohbau“ als die anderer Paläste der gleichen Zeit.«

»Es ist beeindruckend: aus der Nähe sieht sie aus wie die Wand eines Steinbruchs!«

»Das von Brunelleschi entworfene Gebäude entsprach nur der Länge der sieben mittleren Fenster; die Verlängerungsmöglichkeit der Fassade war aber bereits vorgesehen.«

»Inwiefern?«

»An der Fassade wechseln in fester Reihenfolge zwei vertikale Felder. Wenn man von oben nach unten sieht, sind es Fenster-Fenster-kleines Fenster im ersten und Fenster-Fenster-großes Fenster im zweiten Feld. Wenn der Besitzer später das Gebäude verlängern wollte, brauchte er an den Seiten nur weitere Felder in derselben Reihenfolge anzufügen: abwechselnd ein Feld vom einen Typ und eins vom andern.«

»Für diesen Luca Pitti mußte doch so eine Fassade wie ein riesiges Aushängeschild sein.«

»Und als guter Bankier ging er kein Risiko ein. Deshalb ließ er alle Häuser an der Straße auf der unteren Seite des Platzes abreißen… aus Angst, sein Schmuckstück wäre nicht gut genug sichtbar!«

Die beiden Seiten des Arno

Der Arno

Lisa saß in einem Sessel und hatte mal wieder eine Modezeitung in der Hand.

»Philipp, du bist schon seit Tagen in Florenz, und wir haben noch überhaupt nicht vom Arno und seinen Brücken gesprochen. Warum beginnen wir den Tag nicht mit einem schönen Spaziergang am Fluß entlang?«

»Von mir aus gern.«

»Ausgezeichnet«, sagte Onkel Karl, der auf dem Bett lag und sein Laptop vor sich hatte. Ich will nur noch zu Ende spielen, ich spiele jetzt Dame…«

»Wir gehen den Lungarno della Zecca bis zum Ponte Vecchio entlang und dann auf die andere Arnoseite.«

»Einverstanden!« rief Onkel Karl und klappte den Computer zu: er war offensichtlich vom Spielausgang befriedigt. »Und dann führen wir Philipp ins Specola-Museum. Und du, Lisa«, fuhr er fort und warf einen tadelnden Blick auf die Zeitschrift, »anstatt solches Zeug zu lesen, solltest du Philipp lieber etwas über die Beziehung von Florenz zu seinem Fluß erzählen.«

»Wenn ich mich nicht irre, haben wir auf dich gewartet«, sagte sie mit einem leicht säuerlichen Lächeln. »Und außerdem ist die Zeitschrift für meine Mutter. Jedenfalls ist es so, daß die Florentiner heute ein eher distanziertes Verhältnis zum Arno haben. Früher war das anders. Mein Opa ist sogar im Fluß geschwommen: an Sommersonntagen ging er mit seinen Eltern am Flußufer picknicken und spielte mit den Kieselsteinen, wie man es heute am Meer tut.«

»*Und in der Dichtung wirst du ewig leben, Ufer, das der Arno grüßt in seinem Lauf...*« deklamierte Onkel Karl. »Ugo Foscolo, meine Lieben: er widmete dieses Sonett einer jungen Florentinerin, in die er sich verliebt hatte... Und wo wir gerade bei der Literatur sind: Mark Twain, der Autor von Tom Sawyer, hat über den Arno geschrieben, daß er, um als Fluß glaubwürdig zu erscheinen, ein bißchen mit Wasser vollgepumpt werden müßte. Er hätte am 4. November 1966 hier sein müssen«, fügte er grinsend hinzu. »Da wurde er kolossal widerlegt.«

»In der Nacht, als die Überschwemmung kam?«

»Genau dann«, schaltete sich Lisa ein und warf einen vorwurfsvollen Blick auf ihren Freund. »Ich dachte, ich soll reden, oder? Der Fluß überschwemmte die ganze Altstadt und verwüstete Bibliotheken, Museen, Archive von unschätzbarem Wert, Kirchen, Schulen und Geschäfte. Ganz zu schweigen von den Häusern: ganze Wohnhäuser standen unter Wasser, Familien wurden obdachlos… Und viele kamen ums Leben.«

»Warst du in der Schule?«

»Nein, ich war noch zu klein. Aber zum Glück war Feiertag, und die Kinder blieben zu Hause. Diejenigen, die außer Haus von der Überschwemmung überrascht worden waren, konnten tagelang keine Nachricht geben oder empfangen. Der Verlobte meiner Tante wollte mit dem Kanu zu ihr fahren! Zum Glück konnten sie ihn davon abbringen. Stell dir vor, in einigen Stadtvierteln erreichte das Wasser eine Höhe von über fünf Metern.«

»Geschah denn alles so plötzlich?«

»Eigentlich hatte es schon seit Tagen geregnet. Der Arno hatte einen hohen Wasserstand, zu dem auch seine Nebenflüsse beitrugen, die ebenfalls Hochwasser hatten. Aber das war auch früher schon geschehen, und niemand rechnete deshalb mit einer derartigen Katastrophe. In der Unglücksnacht kam zu dem Wasser des Flusses – das schon allein mehr als genug war – auch noch das der Dämme oberhalb von Florenz, im Valdarno: sie konnten den Wassermassen nicht mehr standhalten, und die Techniker sahen sich gezwungen, die Schleusen zu öffnen. Das war wie der Tropfen, der das Faß zum Überlaufen bringt: In den frühen Morgenstunden überflutete das Wasser die Stadt. Der Arno trat über die Ufer und strömte in die Straßen.«

»Eine Schlammflut!«

»Nicht nur: das Wasser hatte die Keller überschwemmt und dabei Heizanlagen und Heizöldepots zerstört. Ein glitschiger dunkler Strom

vermischte sich mit dem Schlamm und hinterließ überall einen schwarzen und klebrigen Streifen, wie eine Hochwassermarkierung. Noch etliche Jahre erinnerte uns diese Öllinie an den Wänden von Häusern und Monumenten an jene Nacht. Nichts funktionierte mehr: Wasser, Strom, Telefon... Viele Leute waren in ihren Häusern blockiert, und die ganze Stadt war von der Außenwelt abgeschnitten. Wer sich vor den reißenden Schlammfluten in Sicherheit gebracht hatte, konnte nur aus dem Fenster nach draußen sehen: auf die vorm Haus geparkten Autos, die von der Strömung von einer Seite zur andern getrieben wurden.«

»Es gab auch Heldentum«, schaltete sich Onkel Karl ein. »Die Häftlinge aus dem alten Gefängnis Le Murate, hinter der Kirche Santa Croce, halfen, die Familien der Wachleute in Sicherheit zu bringen. Und einige konnten anscheinend, durch den Fluß schwimmend, auch die Flucht ergreifen!«

»Nach dieser Beschreibung erscheint es mir unglaublich, daß außer dem Cimabue nicht noch viele andere Meisterwerke zerstört worden sind«, murmelte Philipp beeindruckt.

»Das Schlimmste wurde durch die Geistesgegenwart einiger Angestellter verhütet, denen es gelang, die bedeutendsten Werke in die oberen Stockwerke zu bringen. So wurde die *Krönung* von Filippo Lippi gerettet, die sich zur Restaurierung in den Uffizien befand, und ebenso die Fernrohre von Galileo. Die Tafeln der Portale des Baptisteriums wurden dagegen von den Stäben der Schutzgitter gerettet: sie waren von der Gewalt des Wassers abgerissen worden, konnten aber nicht fortgeschwemmt werden. Um die Schätze der Nationalbibliothek zu retten – die sich genau am Arno und zum Teil unterhalb des Flusses befindet – kamen viele Helfer aus der ganzen Welt. Erinnerst du dich, Karl, auch Richard Burton war dabei.«

FISCHWEHRE UND MÜHLEN

»Ab und zu hat uns der Arno aber auch schöne Überraschungen bereitet. Ich erinnere mich an einen besonders kalten Winter. Eines Morgens wachen wir auf und sehen, daß er ganz vereist ist: es gab sogar Leute, die Schlittschuh liefen! Siehst du diese Art Mauer, die an der Wasseroberfläche quer über den Fluß geht, und die

beiden Uferseiten verbindet? Das ist eins der beiden Fischwehre von Florenz, die sich am einen und andern Ende der mittelalterlichen Stadt befanden. Es sind Staudämme, die kleine künstliche Teiche bilden: auf diese Weise konnten die Bewohner auch im Sommer bei Trockenperioden Fische angeln und Wasser für den täglichen Bedarf holen. Auf der andern Flußseite ist eine Straße, die Via dei Renai heißt; dort wurde früher der Flußsand gesammelt, aus dem man Mörtel machte. Es gab auch viele Mühlen dort, deren Räder vom Fluß angetrieben wurden. Ihre Räder trieben die „Walkmaschinen" an, mit denen man die Stoffe wasserdicht machte; dabei wurden sie energisch in Wannen gewalkt, die mit Wasser... und Urin gefüllt waren: das ist eins der Geheimnisse der Verarbeitung von Florentiner Wolle, die in der ganzen Welt berühmt war.«

Als sie am Ponte Vecchio ankamen, bemerkte Philipp etwas Seltsames. »Lisa, warum stehen um die Einmündungen der Brücke herum fast nur moderne Häuser?«

Die Brücken von Florenz

»Gegen Ende des Zweiten Weltkriegs war Florenz, wie viele andere Städte Italiens, von deutschen Truppen besetzt, die sich beim Vorrücken der Alliierten nach Norden hin zurückzogen. Vor ihrem Rückzug beschlossen die Deutschen, alle Brücken zu sprengen, um den Feind aufzuhalten.«

»Denn der kam von dort drüben«, sagte Onkel Karl und zeigte auf die andere Arnoseite.

»Haben sie alle Brücken gesprengt?«

»So ist es: die Brücken von Florenz sind – außer dem Ponte Vecchio und der Santa Trinita-Brücke – alle modern. Um nicht auch den Ponte Vecchio zu zerstören, ließen die Deutschen die Straßen sprengen, die zu der Brücke führten. Meine

Mutter kann sich noch daran erinnern: die Via Por Santa Maria und die Via Guicciardini waren ein einziger Trümmerhaufen.«

»Der Ponte Vecchio ist also verschon worden, und was sagst du mir zur Santa Trinita-Brücke?«

»Ihre Steine sind Stück für Stück wieder zusammengetragen und aufgebaut worden. Auch die Statuen der Jahreszeiten, die sich an den Brückenenden befinden, wurden wiedergefunden und restauriert; nur der Kopf der Frühlingsstatue fehlte, aber auch dieser tauchte nach einigen Jahren wieder auf. Aber die Brücken von Florenz sind etliche Male zerstört und wieder aufgebaut worden. Bei verschiedenen Gelegenheiten hat der Ponte Vecchio dem Hochwasser nicht standgehalten, bis es dann gelang, ihn stabiler zu bauen. Früher waren auf der Brücke Gerber, Metzger, Schmiede... das war sehr malerisch, nur benutzten sie leider den Fluß als Müllkippe. Am Ende des 16. Jahrhunderts gestattete der Großherzog Ferdinando nur noch den Goldschmieden den Verbleib auf der Brücke, und diese haben ihre Läden noch heute hier.«

»Und wie heißt die Brücke hinter Santa Trinita?«

»Das ist die Carraia-Brücke: sie verdankt ihren Namen den Fuhrwerken (*carri*), die hier mit den im San Frediano-Viertel gefärbten Wolltüchern beladen den Fluß überquerten. In alten Zeiten waren die Brückenpfeiler aus Stein und der obere Teil der Brücke aus Holz, und für ihre Instandhaltung und Verteidigung bei etwaigen feindlichen Angriffen waren die Mönche des nahe gelegenen Klosters Ognissanti verantwortlich. Während des Mittelalters wurde hier einmal ein großes Schauspiel veranstaltet. Das Thema hieß: Die Hölle. Dabei wurde ein Floß ins Wasser gesetzt, auf dem sich als Teufel verkleidete Schauspieler befanden: Feuerwerk, Geschrei, Trommeln, Trompeten... Dieses Happening hatte so viele Schaulustige angezogen, daß die Brücke unter dem Gewicht einstürzte und viele dabei ertranken. Von diesem Tag an ließ die Stadt keine Holzbrücken mehr bauen.«

DIE ANDERE SEITE DES ARNO

»Entschuldigt, wenn ich meinen Vortrag unterbreche«, sagte Lisa, »aber wir sind schon über den Ponte Vecchio hinaus, und wenn wir hier weitergehen, kommen wir wieder zum Palazzo Pitti, ich muß aber unbedingt dieses Paket abgeben.«

»Welches Paket?«, fragten Onkel und Neffe einstimmig.

»Eine Keramikvase, die in meinem Rucksack ist. Meine Katze hat sie umgeworfen, und sie ist zerbrochen: nur Mario kann sie retten!«

»Auf der andern Arnoseite«, erläuterte Onkel Karl, »arbeiten Handwerker, die mit den verschiedensten Arten von Material wahre Wunder vollbringen: sie verarbeiten Leder, Silber, Bronze, Marmor, Holz, Papier... und natürlich Keramik. Du wirst hier weniger Pizzerias und Eisdielen finden, aber dafür mehr Werkstätten, in denen einzigartige Persönlichkeiten leben und arbeiten: Holzschnitzer, Kunsttischler, Goldschmiede, Restauratoren...«

»Und hier ist so eine«, sagte Lisa und zeigte auf die Werkstatt Marios, der ein bekannter Marmor- und Keramikrestaurator war.

Mario entpuppte sich als netter Mann, der Filippo viele interessante Dinge zeigte: die Pasten zum Zusammenkleben von Keramikstücken, die, mit denen man fehlende Teile ausfüllt, die Pinsel und die Farben, den Brennofen und sogar eine Auswahl von kleinen Wachsmodellen für die Neuanfertigung fehlender Hände, Beine und Füße bei beschädigten Keramikfiguren. Büsten von Statuen, Meißel und Marmorstücke in jeder Größe lagen in wüstem Durcheinander herum.

»Hier gefällt es mir«, sagte Philipp. »Es erinnert mich an mein Zimmer.«

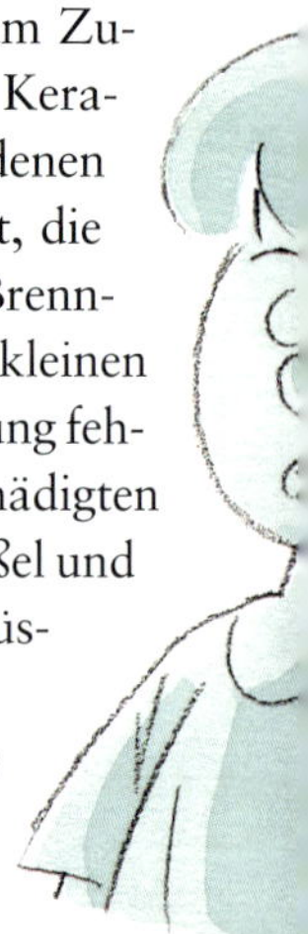

Lisa überließ die Vase den erfahrenen Händen Marios, und die drei gingen ohne weitere Verzögerung zum Specola-Museum.

DER JUNGE PETER LEOPOLD VON HABSBURG-LOTHRINGEN, PORTRÄT EINES UNBEKANNTEN MEISTERS... NATÜRLICH LINKS!

DAS SPECOLA-MUSEUM

»Was heißt denn *specola*?« fragte Philipp.

»Es ist von einem lateinischen Wort abgeleitet, das Beobachtungsstation bedeutet, und es bezieht sich ja auch auf ein Gebäude, in dem man die Sterne beobachtet.«

»Aber du hast doch gesagt, daß es ein Museum für Naturgeschichte ist...«

»Gewiß: im Jahr 1775 gründete der Großherzog Peter Leopold das Museum für Naturgeschichte; am Ende des Jahrhunderts kam dann auch eine Sternwarte dazu.«

»Als Museum wirkt es ziemlich alt.«

»Auch darin liegt sein Reiz.«

»Das Museum«, verkündete Lisa »hat eine reiche zoologische Sammlung und eine Sammlung von anatomischen Wachsplastiken, die weltweit zu den bedeutendsten zählt. In der zoologischen Abteilung sind Exemplare der unterschiedlichsten Tierarten zu sehen.«

Philipp betrachtete die in allen Formen und Größen vorhandenen Geschöpfe: exotische Schmetterlinge mit großen, bunten Flügeln und riesengroße Käfer, winzig kleine Kolibris und bedrohlich aussehende Haie. »Sieh mal hier, Lisa!« rief er plötzlich. »Diese Riesenwasserschildkröten ähneln denen, die Darwin für seine Evolutionstheorie erforscht hat! Das habe ich letztes Jahr gelernt, sie lebten auf den Inseln Gu... Go...«

»Galapagos.«

»Sag ich doch!«

»Komm mal mit: in diesen Sälen gibt es etwas, das dich interessieren dürfte.«

»Computer!«

»Wenn du die Taste für ein bestimmtes Tier drückst, bekommst du Informationen über seine Lebensgewohnheiten und die natürliche Umgebung, in der es lebt oder gelebt hat. Hörst du, sogar die Laute, die es ausstößt, kann man hören!«

»Und das ist die Abteilung der Wachsplastiken, wie aus einem alten Horrorfilm. Die Nachbildungen sind außerordentlich wirklichkeitsgetreu, und die Florentiner waren immer sehr stolz auf diese Plastiken. Sie sind oft kopiert worden, ohne daß auch nur annähernd ähnliche Ergebnisse erzielt wurden. In jeder Plastik steckt eine Menge Arbeit: geübte Maler fertigten Zeichnungen von Leichenteilen an, woraufhin ebenso gute Bildhauer die Wachsplastiken formten. Für die Haargefäße, die... Wieviel Haargefäße gibt es?«

»Die Haargefäße? Die genaue Anzahl? Ich würde sagen... eine ganze Menge.«

»Eins mehr eins weniger... Um sie exakt nachzubilden, hat man in Wachs getauchte Seiden- oder Metallfäden benutzt, die einzeln mit der Pinzette angebracht wurden.«

"Ich weiß genau, warum du mir solche Sachen zeigst und dich so sehr in Einzelheiten ergehst."

"Was meinst du damit?"

"Du hoffst immer, daß mir der Appetit vergeht!"

"Ich hatte schon immer eine Schwäche für aussichtslose Unternehmungen."

Die Kirche Santo Spirito

Als sie aus der unumgänglichen Trattoria kamen, war es Lisa, die das nächste Ziel bestimmte: »Gehen wir zur Kirche Santo Spirito; das ist eine meiner Lieblingskirchen.«

ADRIANA SILVESTRI, 1999

DIE KIRCHE SANTO SPIRITO

»Ich sage dir gleich«, begann Onkel Karl, als sie vor der Kirche standen, »daß auch diese Kirche von Filippo Brunelleschi entworfen wurde, aber im Gegensatz zur Kirche San Lorenzo wurde sie nicht nach seinen Vorstellungen ausgeführt. Nach seinem Entwurf sollte die Fassade dem Arno zugewandt sein, vor einem auf den Fluß gehenden Platz. Damals war der Arno noch schiffbar, und die Wirkung wäre sicher großartig gewesen!«

»Und warum haben sie es nicht so gemacht?«

»Weil der Entwurf einen Interessenkonflikt mit verschiedenen Familien auslöste, die in der Gegend Häuser und Lagerräume besaßen. Aber das ist noch nicht alles: die Außenwände der Kirche sollte den Wellenlinien der halbkreisförmigen kleinen Kapellen folgen, die sich an den Seitenschiffen befinden, und diese sollten sich, außer im Querschiff und im Chor, auch an der Innenseite der Fassade fortsetzen. Die Grundidee war, daß ein durchgehender Bogengang rund um ein hell erleuchtetes Mittelschiff laufen sollte. Leider hatte kein Architekt den Mut, Brunelleschis Angaben zu folgen: die Außenwände bekamen statt der runden eine gerade Form, und die beiden Kirchenschiffe trafen nicht zusammen.«

»Auch diese Kirche hat keine Fassade.«

»Das stimmt nur bis zu einem gewissen Grad: in einer Nacht hatte sie mindestens hundert, eine nach der andern«, schaltete sich Lisa ein. Und fügte erklärend hinzu: »Vor einigen Jahren schrieb ein Florentiner Künstler einen ziemlich ungewöhnlichen Wettbewerb aus: jeder Teilnehmer sollte einen Entwurf für die Fassade der Kirche zeichnen. Künstler aus der ganzen Welt beteiligten sich, und ihre Entwürfe wurden auf die jetzige Fassade projiziert. Die Wirkung war außerordentlich: die aufeinanderfolgenden Fassaden waren ernst, komisch, geheimnisvoll, provokatorisch... Im Café auf dem Platz findest du noch Karten von den gelungensten.«

»Ach übrigens«, sagte Onkel Karl, während sie den Platz verließen, »wußtest du, daß Brunelleschi außer verschiedenen Kirchen und Palästen auch Festungen in der ganzen Toskana, und sogar in Rimini und Pesaro, entworfen und erbaut hat? Irgendwann wollte man ihn anscheinend in ein Projekt verwickeln, das vorsah, die Stadt Lucca in eine Insel zu verwandeln. Er sollte einen Damm bauen und den Flußlauf des Arno umleiten...«

© MASOLINO DA PANICAL

DIE BRANCACCI-KAPELLE

»Und jetzt würde ich, wenn ihr einverstanden seid, einen Besuch bei Masaccio vorschlagen«, fuhr er fort.

»Masaccio...« sagte Philipp abwägend, während sie in die Kirche Santa Maria del Carmine traten. »Mal sehen, was er diesmal gemacht hat.«

»Hier hatte er wirklich beinahe den Mut verloren«, sagte Onkel Karl. Zusammen mit Masolino hat er eine ganze Kapelle mit Fresken bemalt.«

»Schon wieder mit Masolino!«

»Man weiß es nicht genau, ob Felice Brancacci Masaccio gerufen hat, damit er die Arbeit Masolinos zu Ende führt«, fing Lisa an, »oder ob sie Seite an Seite gearbeitet haben; und die übliche Frage, was von wem ist, hat Generationen von Kunstexperten um den Schlaf gebracht. Aber insgesamt ist es nicht schwer, sie zu unterscheiden: die Figuren Masolinos wirken graziös und verträumt, während Masaccios Malerei immer sehr realistisch ist und großes Gewicht auf die Anatomie, das Körpervolumen und den Gesichtsausdruck der Figuren legt. Die Stilunterschiede sieht man leicht schon bei Adam und Eva, einem Thema, das beide behandelt haben, auch wenn Masolino die *Versuchung* und Masaccio die *Vertreibung aus dem Paradies* darstellt. Schau, hier bei Masolino sind die Figuren Adams und Evas zart, elegant, fast engelhaft. Aber Masaccio stellt sie nach dem

© MASACCIO

Sündenfall dar und schlägt dramatische Töne an: unter dem Gewicht der Scham gebeugte Körper, schmerzverzerrte Gesichter... Durch die Bewegungen und Gesten macht er uns ihre Seelenqual deutlich: ein wirklich beeindruckender Realismus.«

»Masaccios Figuren sind nicht mit Linien gezeichnet«, schaltete sich Onkel Karl ein. »Er setzt sie aus Kontrasten von Licht und Schatten zusammen. Und beim Farbenauftragen ist er nicht pedantisch genau, sondern malt mit großzügigen, wenigen, aber gekonnten Pinselstrichen. Dadurch bekommt das Fresko eine dreidimensionale Wirkung.«

»Und auch hier«, erklärte jetzt wieder Lisa, »sind, wie bei den Fresken Ghirlandaios, die biblischen Episoden nicht an einem imaginären Ort der Vergangenheit angesiedelt, sondern mitten in der Toskana oder in den Straßen von Florenz, die perspektivisch dargestellt sind: die engen Straßen, die Häuser mit vorkragender Veranda, reiche Paläste mit aufgehängter Wäsche... Und beachte auch die Menschenmenge, die bei den Wundern zuschaut: es sind Kaufleute, Arme und Kranke, die von Petrus geheilt zu werden hoffen. Ich meine, die Aufmerksamkeit ist nicht auf die unglaubliche und wunderbare Begebenheit, sondern auf die Gesten der einzelnen Figuren gerichtet. Nimm zum Beispiel die *Tributzahlung*...«

»Halt«, unterbrach Philipp, »ich weiß nicht, wovon du sprichst.«

»Es ist eine Geschichte aus dem Evangelium: Jesus betritt die Stadt, und der Steuereinnehmer fordert ihn auf, die Tempelsteuer zu bezahlen. Jesus unterwirft sich den irdischen Gesetzen und zeigt Petrus den Weg zu dem See, wo er den Fisch mit der nötigen Silbermünze im Maul finden wird. Man erwartet, daß in der Szene der Wunderfisch die Hauptrolle spielt; statt dessen betont Masaccio die Rolle der Menschen, so daß sie bei dem Ereignis im Mittelpunkt stehen. Er schuf regelrechte Porträts, die an die Skulpturen Donatellos oder die Reliefs der römischen Antike erinnern: so feierliche und würdevolle Gestalten waren noch nie gemalt worden.«

© FILIPPINO LIPPI

»Erinnerst du dich an Gentile da Fabriano?« fragte Onkel Karl. »Vergiß ihn: hier ist der Körper nicht nur Oberfläche sondern so effektiv und realistisch vorhanden, daß er seinen Schatten auf den Boden wirft. Und was den Schatten betrifft: auf dem Fresko ist die Lichtquelle, die die Szene beleuchtet, oben rechts, das heißt genau da, wo das wirkliche Licht durch das Fenster in die Kapelle fällt. Und noch etwas: Masaccio hat die Berge im Hintergrund aus der Luftperspektive gemalt, wobei er den Farbton der Berge allmählich heller werden läßt, um den atmosphärischen Effekt vorzutäuschen, bei dem Farben in der Ferne für uns verblassen. Auch bei Leonardo da Vinci haben wir diese Technik gesehen«.

»Macht mal langsamer, sonst verstehe ich gar nichts mehr.«

»Dann faß uns doch inzwischen zusammen, was wir gesagt haben«, sagte Onkel Karl tückisch.

»Solide und anatomisch überzeugende Figuren sind in einem klaren und überschaubaren Raum angeordnet, den eine konsequente Lichtquelle erhellt.«

Lisa und Karl standen mit offenem Mund da. »Das war nur Spaß, ich habe es eben gerade im Reiseführer gelesen. Macht nur weiter.«

»Hier gilt dasselbe wie bei der *Dreifaltigkeit*«, nahm Lisa den Faden wieder auf. »Während die Figuren Masolinos phantastisch und außerhalb der gewöhnlichen Welt erscheinen, wird bei Masaccio das Gemälde zu einem Fenster, hinter dem die wirkliche Welt sich fortsetzt: in Raum, Licht und Perspektive. Auf diesem Weg wird die abendländische Malerei vierhundert Jahre lang fortschreiten. Masaccio verfolgt den von Giotto begonnenen Realismus konsequent weiter. Sein Werk beeinflußte mindestens zwei Generationen von Künstlern. Die bedeutendsten Maler der Mitte des 15. Jahrhunderts – Filippo Lippi, Beato Angelico, Andrea del Castagno und Piero della Francesca – sind alle von seinem Schaffen inspiriert. Aber zum eigentlichen Lehrmeister wurde er für die darauffolgende Generation: Leonardo da Vinci, Michelangelo, Raffael... Es ist kein Zufall, daß die ersten Zeichnungen von Michelangelo Studien zu den Figuren aus dem *Tribut* sind.«

Die Freskenmalerei

Bei der Wandmalerei spricht man von „Fresken“, wenn der Maler die Farben auf den noch frischen Verputz aufgetragen hat. Mit blossem Auge sind sie nicht leicht als solche zu erkennen, aber meistens haben ihre Farben mehr Leuchtkraft und sind besser erhalten als die der Malerei auf „trockenem“ Untergrund.

Der Arbeitsvorgang ist langwierig. Zuerst wird die Wand bestimmt, auf die man den ersten Verputz aus mit Wasser vermischtem Kalk und Sand aufträgt. Dann muss man abwarten, bis der Verputz trocken ist, und das dauert einige Monate.

In der Zwischenzeit macht der Maler mit Rötelerde eine Vorzeichnung, die ihm dazu dient, das vorgesehene Fresko auf

© Masaccio

© Masolino da Panicale

der vorhandenen Fläche anzuordnen und sich über das an einem Tag zu bewältigende Arbeitspensum klarzuwerden. Das ist ganz besonders wichtig: die Freskenmalerei muss auf den noch frischen, das heisst feuchten Verputz aufgetragen werden; deshalb nimmt der Maler den zweiten dünneren Kalkanstrich – auf den gemalt wird – immer nur auf einer Fläche vor, die er an einem Tag bemalen kann.

Da der aufgetragene Verputz am Rand etwas den des Vortags überdeckt, kann man an der Anzahl der „Überlappungen“ erkennen, wieviel Tage der Maler für seine Arbeit gebraucht hat.

Ab dem Ende des 15. Jahrhunderts zog man es vor, die Zeichnung mittels der „Durchstäubungstechnik“ direkt auf dem zweiten Verputz aufzutragen. Das geht auf folgende Weise:

a) man nehme einen Karton, der die Grösse des auszuführenden Freskos hat, und zeichne darauf das vorgesehene Motiv;

b) man durchlöchere den Karton mit einer grossen Nadel auf den Linien der Zeichnung;

c) man lege den Karton an den frischen Verputz und schlage mit einem Durchstäubungsbeutel aus weitmaschiger Leinwand darauf, der mit Kohlenstaub gefüllt ist: der Staub dringt durch die Maschen und hinterlässt auf der Wand Spuren aus kleinen Pünktchen.

Dann kommen die Farben dran; sie wurden damals aus Erde, Pflanzen oder Stein gewonnen, die gemahlen und lange mit Wasser vermischt werden mussten.

Und, ganz wichtig, bloss keine Reue und Umkehr: sonst muss man den Verputz abkratzen und das Ganze von vorn anfangen!

IM PALAZZO PITTI

DIE GALLERIA PALATINA

Um zehn Uhr am nächsten Morgen stiegen Philipp, Lisa und Onkel Karl die monumentale Treppe des Palazzo Pitti hoch, um in die Galleria Palatina zu gehen.

»Ihr eigentlicher Name«, erklärte Onkel Karl, »war *Quadreria* Palatina (Gemäldegalerie des Palastes), denn zwischen dem 17. und dem 18. Jahrhundert wurde damit begonnen, die Gemäldesammlungen der Großherzöge in den Räumen unterzubringen, die den Fürsten ehemals zu Repräsentationszwecken dienten; dort wurden die Bilder jedoch nicht in chronologischer Reihenfolge ausgestellt, – wie du es in den Uffizien gesehen hast – sondern eher unter dem Gesichtspunkt ihrer effektvollsten Wirkung. Die mit roter Seide bespannten Wände hängen bis zur Decke voller Bilder mit Goldrahmen. Die Formen, Ausmaße und sogar die Motive der Gemälde an der einen Wand entsprechen ganz genau denen der Wand gegenüber, symmetrisch wie Schmetterlingsflügel. Die Decken sind mit Fresken und weißem und vergoldetem Stuckwerk dekoriert. Das Museum sieht heute noch genauso aus wie damals. Denk dir, einige Bilder sind sogar „aufklappbar" wie Schranktüren, damit man sie durch die Schräge zur Wand besser zur Geltung bringen konnte!«

»Es ist ein bißchen wie im Stibbert-Museum, bemerkte Philipp. Wenn man die Kunstwerke betrachtet, erfährt man einiges über ihre Besitzer.«

Inzwischen hatten sie einen großen, hellen Saal betreten. Vom Fenster aus sah man den Boboli-Garten; in der Mitte des Saals stand ein riesiger, runder Tisch.

»Das ist eine Einlegearbeit in Stein auf einem blauen Hintergrund aus Lapislazuli«, sagte Lisa, «sie stellt den Gott Apollo umgeben von den Symbolen der Musen dar«.

»Das weiß ich« schaltete sich Philipp ein, »Apollo war der griechische Gott der Sonne.«

»Und er liebte die Musik! Die Musen waren im Olymp die Göttinnen der Künste und der Wissenschaften. Daher kommt auch das Wort Museum aus dem Griechischen und bedeutet „heiliger Ort der Musen“.«

»Dieser Tisch«, sagte der Archäologe, »ist der Ausgangspunkt für einen Streifzug durch die Kunst: wir sollen die von Apollo gewiesene Richtung einschlagen«.

»Also folgen wir der Aufforderung.«

»Bitte nach dir: die erste Tür links.«

Die Säle der Planeten

Der Saal, den sie nun betraten, war mit wundervollen Fresken und Stuckdekorationen geschmückt.

»Das ist der Saal der Venus. Der Großherzog Ferdinando II. beauftragte Pietro da Cortona damit, die Decken von insgesamt fünf Sälen mit Fresken zu bemalen, auf denen die verschiedenen Phasen der Erziehung eines Fürsten dargestellt werden sollten. Auf den ovalen Bildern sind der Großherzog Ferdinando selbst und der zukünftige Cosimo III. porträtiert. Aber gehen wir beim Betrachten der Fresken der Reihe nach vor. In der Mitte der Decke sieht man Minerva mit dem Helm – Minerva ist der lateinische Name von Athene, der Göttin der Weisheit – die einen blonden, orangefarbig gekleideten Jungen den Armen der Venus, der Göttin der Liebe, entreißt. Minerva schiebt den Jungen, trotz des Widerstands von Cupido, der ebenfalls ein Gott der Liebe ist, zu Herkules, dem bärenstarken Helden mit der Keule und dem Löwenfell. Was bedeutet das?«

»Es soll heißen, der Fürst ist jetzt alt genug, um mit dem Herumbummeln aufzuhören und sich dem Bodybuilding zu widmen.«

»Abgesehen vom Bodybuilding... soll sich der zukünftige Großherzog seinen Studien widmen, um dann seinen Platz im öffentlichen Leben einzunehmen und wie Herkules ein richtiger Mann zu werden«.

»Das hatte ich verstanden. Aber warte mal, warum wird Cupido immer als kleines Kind dargestellt?«

»Er ist eine Art Peter Pan: seine Mutter Venus läßt ihn spielen, und er wird nie erwachsen. Übrigens stellt die Marmorstatue in der Saalmitte die – wie üblich – spärlich bekleidete Venus dar, sie steigt gerade aus dem Bad, zu ihren Füßen ist ein Schminkkästchen.«

»Ist das eine antike Statue?«

Ein berühmtes Gemälde von Tizian, dem grossen Maler venezianischer Schule. Das Modell des Bildes ist als »Der Mann mit den grauen Augen«, »Der Engländer« und »Der Herzog von Norfolk« bekannt, was ganz einfach bedeutet, dass man keine Ahnung hat, um wen es sich handelt. Wenn euch Tizian gefällt, seid ihr hier jedenfalls richtig: in der Galerie findet ihr »Das Konzert«, die »Magdalena«, »La Bella« und die Bildnisse von Tommaso Mosti (der Keanu Reeves ein bisschen ähnlich sieht), Pietro Aretino und Ippolito de' Medici. In den Uffizien befinden sich »Der Kranke«, »Flora«, die Bildnisse von Francesco Maria della Rovere und Eleonora Gonzaga und die berühmte »Venus von Urbino«. Viele dieser Meisterwerke waren im Besitz der Herzöge von Urbino, della Rovere. Aber der letzte Abkömmling der Familie, Vittoria, die Tochter von Federico della Rovere, wurde mit dem Grossherzog Ferdinando II. vermählt. Auf diese Weise erwarben die Medici nicht nur das Herzogtum von Urbino, sondern auch eine ganze Menge Gemälde und andere Objekte von, sagen wir, „einigem" Wert.

»Nein, aber ihr Schöpfer blickte mit Wehmut auf die Antike zurück: es ist die berühmte *Italische Venus* von Antonio Canova, dem großen und – nicht von ungefähr – neoklassizistischen Bildhauer des 19. Jahrhunderts. Der nächste Raum ist Apollo gewidmet: der auf Wolken sitzende Gott zeigt unserem Jungen einen Globus mit den Tierkreiszeichen und deutet dabei besonders auf das Zeichen des Steinbocks, unter dem Cosimo, der erste Großherzog, geboren war. Inzwischen ist der Junge herangewachsen, und seine zunächst blonden Haare sind kastanienbraun geworden. Jetzt du!«

»Der Fürst wird aufgefordert, sich ein Beispiel an Cosimo zu nehmen.«

»Genau so ist es: der Fürst soll lernen, mit der Macht umzugehen und sich seinen eigenen Ruhm erwerben, den die Fama mit der Trompete neben ihm allegorisch verkörpert, außerdem soll er ein Förderer der Künste werden. Für einen Fürsten war die Erziehung eine wichtige Sache: man erwartete von ihm, daß er den Tanz eröffnen konnte, Dichtung und Theater schätzte, die Geschichte – zumindest einigermaßen – kannte und vielleicht auch noch ein Musikinstrument spielte; deshalb sind weiter unten auch die Musen dargestellt. Der dritte Saal ist dem Mars gewidmet und der komplizierteste: Mars, der Kriegsgott, ist als Römer der Antike gekleidet und reicht seinen Stern unsrem jungen Fürsten, der inzwischen ein gutaussehender junger Mann mit Locken geworden und gerade im Begriff ist, einen Feind zu töten; die Waffen der getöteten Feinde werden von Herkules eingesammelt. Auf der andern Seite siehst du den allegorisch verkörperten Sieg mit Lorbeerkranz, der zwischen dem besiegten und versklavten Volk und den Siegern steht, die als Prämie Münzen und Getreideähren, das Symbol des Wohlstands, erhalten.«

»Welche Freude! Ist das der Militärdienst des zukünftigen Großherzogs?«

»Sagen wir, seine Vorbereitung für den Krieg: wenn er erst Herrscher war, würde es zu den Aufgaben des jungen Mannes gehören, sein Volk im Kampf zu leiten.«

»Diese Großherzöge waren ja richtige Kriegstreiber! Konnten sie nicht ein bißchen in Frieden leben?«

»Offensichtlich gab es unter ihnen auch solche, die wie du dachten«, sagte Lisa.

»Das riesige Gemälde, das fast die ganze Wand gegenüber dem Fenster einnimmt, wurde nicht zufällig hier aufgehängt. Es ist von dem flämischen Maler Rubens, der es während des Dreißigjährigen Krieges – dem schrecklichen Krieg von 1618 bis 1648, der in ganz Europa ein Blutbad anrichtete – malte und macht die *Folgen des Krieges* deutlich. Das Bild entwickelt seine Aussage von links nach rechts und ist so komplex, daß Rubens selbst sich bemüßigt fühlte, ein erklärendes Begleitschreiben beizufügen, als er das Bild in die Toskana sandte. Laß mal sehen: aus dem Janus Tempel tritt eine Frau in Trauerkleidung, mit zerrauftem Haar und in Tränen, die ihre Verzweiflung herausschreit: das ist Europa – siehst du die Krone mit Türmen auf ihrem Kopf? – und ihre Kinder bekämpfen sich gegenseitig. In der Mitte herrscht ein unglaubliches Gewirr: Venus versucht Mars am Kämpfen zu hindern, aber vergeblich, denn die Zwietracht ist stärker und zieht ihn fort. Mars hat ein blutiges Schwert und steht mit dem Fuß auf einem Buch.«

»Weil der Krieg die Kultur tötet.«

»Ganz genau. Die Welle der Gewalt überrollt auch drei Gestalten, die für drei verschiedene Momente der Zerstörung stehen: die Frau mit der zerbrochenen Laute sym-

s Ausschnitte einiger berühmter Meisterwerke, die in der Galeriezu sehen sind:
nt ihr sagen, welche? Euch erwarten ein schöner
ziergang und… eine Falle! (Die Auflösungen findet ihr
en auf der Seite)

m Johannesknaben« (ca. 1516)

bolisiert den Verlust der Harmonie, eine Mutter mit Kind ist ein Symbol für den Tod der Unschuldigen, und der Mann, der die Instrumente eines Architekten in der Hand hält, versinnbildlicht die Verwüstung der Städte. Von den Schlachtfeldern – unter dem Schwert von Mars sieht man Ritter in weiter Ferne – erhebt sich der schwarze Rauch der Brände, der sich in der Ecke rechts oben zu zwei schrecklichen Ungeheuern verdichtet: die Pest und die Hungersnot.«

»Man muß sagen, dieser Rubens hat klargesehen.«

»Und jetzt kommen die beiden letzten Etappen im Leben des künftigen Großherzogs: der Jupiter-Saal und der Saal des Saturn. Im Saal Jupiters, in dem früher der Thron stand, wird der gereifte Fürst – Herkules schenkt ihm sogar seine Keule! – vom König der Götter gekrönt. Und jetzt kommt ein überraschender Szenenwechsel: als er an diesem Teil der Geschichte war, ging Pietro da Cortona plötzlich fort«.

»Wie, gerade als es am schönsten war!«

»Im letzten Saal hätte er die Geschichte mit dem Tod des Großherzogs beenden sollen. Das war eine schwierige Sache: wenn er ihn jung und schön darstellte, konnte man das so auffassen, als wünschte er ihm einen frühen Tod, ihn als alten Mann darzustellen, bedeutete die Gefahr, ihn altersschwach und überholt erscheinen zu lassen. Ciro Ferri, der Maler, den die Medici als Ersatz für Pietro da Cortona gerufen hatten, fand eine geniale und diplomatische Lösung. Der Fürst wird zu Saturn geführt, der die Sichel in der Hand hält, und die allegorischen Gestalten von Ruhm und Ewigkeit jubeln ihm zu. Herkules, der den Fürsten verkörpert, steigt, wie in der Mythologie, auf den Scheiterhaufen, und erlangt die Unsterblichkeit. Wie du siehst, ist der von Ciro Ferri gemalte Großherzog alterslos: weiße Haare, aber der Körper ist athletisch. Vielleicht ist er jung, und dann sind die weißen Haare ein Zeichen seiner Reife; oder er ist wirklich alt, dann aber noch sehr rüstig.«

»So eine Lobhudelei!«

»Für heute machen wir Schluß. Was haltet ihr davon, wenn wir uns im Boboli-Garten ein bißchen sonnen? Das Silbermuseum sehen wir uns morgen an.«

»Jawohl!« tönte es einstimmig von Lisa und Philipp. Und »Genau der richtige Moment für einen kleinen Imbiß…« fügte, ihr wißt schon wer, hinzu.

Auflösungen: Raffael, »Bildnis des Tommaso „Phädra“ Inghirami«(ca. 1510); Tizian, »Das Konzert« (1510-1512); Filippo Lippi, »Madonna mit Kind und Szenen aus dem Leben der hl. Anna« (ca. 1450); Perugino, »Der beweinte Christus« (1495); Paolo Uccello, »Der hl. Georg mit dem Drachen« (London, National Gallery).

Im Palazzo Pitti (nochmals...)

Das Silbermuseum

Lisa mußte an einem Treffen teilnehmen, und Philipp und Onkel Karl fanden sich daher allein am Palazzo Pitti ein.

»Das Silbermuseum«, erklärte Onkel Karl, während sie in der Schlange warteten, »heißt so, weil für eine gewisse Zeit seine Räumlichkeiten zur Aufbewahrung von Gegenständen aus Edelmetallen dienten, die nicht mehr in Mode waren: man stellte sie hier ab, und sie wurden geschmolzen oder wieder verwendet.«

Die Warteschlange war nicht lang, und nach einigen Minuten betraten die beiden den ersten Saal.

»Und das Silber? Ich kann nichts davon sehen.«

»Schau dir doch erst mal die Wände an.«

An den Wänden waren überall Freskenmalereien. Der Maler Giovanni da San Giovanni hatte in dem Saal mit Gewölbedecke eine Art Loggia vorgetäuscht: die Säulen und das staubbedeckte Stuckwerk waren gemalt; und innerhalb und außerhalb der Loggia schlängelte sich ein Menschenzug.

»Das hier war der Warteraum, das Vorzimmer, in dem man darauf wartete, beim Großherzog empfangen zu werden, und man vertrieb sich die Zeit mit dem Betrachten der Wände, da es damals noch keine Comics und Modezeitschriften gab.«

»Laß mich raten: die Fresken preisen den Ruhm der Medici.«

»Wie bist du darauf gekommen? Ja, die Fresken preisen die Familie, ganz besonders deren berühmtesten Vorfahren,

Caterina de' Medici auf einer Kamee aus Onyx, Gold

Lorenz den Prächtigen. Die Allegorien sind sehr kompliziert: Lorenz wird nicht nur als Politiker dargestellt, sondern auch als Förderer der Künste und der Philosophie, die in Florenz während der Renaissance eine Blütezeit erlebten. An der Wand gegenüber dem Eingang ist Lorenz der Prächtige höchstpersönlich dargestellt: es ist der mit der etwas schiefen Nase, und er ist von den Künstlern seiner Zeit umgeben. Der eine, der den eben gemeißelten Kopf eines Fauns zeigt, ist der junge Michelangelo.«

Caterina de' Medici, die Tochter von Lorenzo, dem Herzog von Urbino, verbringt ihre Kindheit im Kloster. Sie ist erst vierzehn Jahre alt, als ihr Onkel, Papst Clemens VII., sie mit Heinrich von Orléans, dem Sohn des französischen Königs Franz I., vermählt. Der Deckel der Kristallvase hier rechts, ein Werk von Gasparo Miseroni, trägt die verschlungenen Initialen der Vermählten (HC: d.h. Heinrich und Caterina). Die Form des Henkels ist jedoch eine offene Anspielung auf Heinrichs offizielle Geliebte, die schöne Diane von Poitiers: die Mondsichel ist nämlich das Symbol der Göttin der Jagd Diana. In Frankreich hat Caterina kein leichtes Leben: die Adligen verachten sie (eine Bürgerliche!) und halten sie für eine gefährliche Agentin des Papstes. Als Heinrich zum König wird, schliesst man Caterina im Schloss von Chaumont ein, wo sie zwölf Jahre verbringt. Sie bekommt Kinder: zehn insgesamt, darunter drei zukünftige Könige von Frankreich (Franz II., Karl IX. und Heinrich III.), nicht zu vergessen die berühmte Margot, die später Heinrich von Navarra heiratet. Erst als ihr Ehemann in einem Turnier tödlich verletzt wird, übernimmt Caterina die Macht. Ihr stehen dreissig lange Jahre der Intrigen und vor allem die blutigen Religionskriege zwischen Katholiken und Protestanten bevor.

»Lorenzo unter Künstlern« von Ottavio Vannini,
4. Saal, der für Audienzen und Empfänge bestimmt war

Die Bilder an den Wänden der folgenden Säle gefielen Philipp: märchenhafte Bauten, in denen es von livrierten Dienern, mit Äffchen und Papageien spielenden Kindern und jungen Fürsten wimmelte, die den Besucher mit dem Fernrohr anschauten.

»Schon zur Zeit Cosimos des Älteren waren die Medici große Sammler gewesen, und jedes Familienmitglied leistete seinen Beitrag zur Vergrößerung der ererbten Sammlungen. Diese antiken Vasen aus Schmucksteinen, die den römischen Kaisern gehört hatten, waren von Lorenz gesammelt worden, der sich leidenschaftlich für die römische Antike interessierte, und bildeten den ersten Kern der Sammlung des Großherzogs Cosimo I. Sein Sohn Francesco, dessen fixe Idee die Alchimie war und der herauszufinden hoffte, wie man Blei in Gold verwandelt, fügte weitere Vasen hinzu, die er persönlich in Auftrag gegeben hatte. Es sind Vasen aus Lapislazuli und aus Bergkristall dabei, die so aussehen, als wären sie aus geblasenem Glas, sie sind aber aus einem einzigen durchsichtigen Quarzblock, den die Kunsthandwerker mit großer Fertigkeit so fein verarbeitet haben. Diese Vase aus Lapislazuli gehörte Francesco und wurden von Bernardo Buontalenti entworfen, dem

unzertrennlichen Gefährten seiner Experimente. Sie hat die Form einer Flasche, deren Henkel zwei phantastische Geschöpfe darstellen, die Harpyien nämlich: ihr Vogelkörper ist aus Stein, während der lange Schlangenhals und das faszinierende Frauengesicht aus Gold sind. Und sieh dir mal die seltsame Figur an, die, halb Frau halb Fisch, der Vase entsprießt: aus ihrem gebogenen Oberkörper erhebt sich ein endlos langer Hals aus Gold; auch der Kopf ist aus Gold und Email. Wenn du sie von oben ansiehst, blickst du auf ein abscheuliches, breites Gesicht mit hochgezogenen Augenbrauen; aber von unten gesehen, erscheint dir das wunderschöne Gesicht einer Sirene. In Wirklichkeit ist das Monstrum die Kopfbedeckung des Mädchens. Ungeheuer waren am Hof Francescos sehr in Mode, und Bernardo Buontalenti, der das Wirkliche gern mit dem Irrealen vermischte und das Natürliche mit dem Künstlichen, nutzte jede Gelegenheit, um sie an Vasen, Rüstungen, Palästen, Grotten, ja sogar unter den Fenstern von Florenz anzubringen.«

Die Galerie für Moderne Kunst und die Galerie für historische Kostüme

»Du siehst noch recht munter aus« meinte Onkel Karl. »Was hälst du davon, wenn wir auf einen Sprung in die Galerie für Moderne Kunst im letzten Stock des Palastes gehen und uns ein paar Macchiaioli-Maler anschauen?«

»Wen?«

»Folge mir, und du wirst sehen.«

Sie betraten die Galerie. Nachdem sie durch Säle mit riesigen Bildern gekommen wa-

Die berühmte »Rotunde von Palmieri« von Giovanni Fattori (1866)

UND EINIGE JAHRE SPÄTER… OTTONE ROSAI

ren, auf denen Helden der verschiedensten Epochen auf alle nur erdenklichen Arten kämpften und mit erheblichem Aufwand gefeiert wurden, standen sie plötzlich vor recht kleinen Bildern, auf denen Kinder, Bauern, Pflüge auf Feldern und einsame, vom Wind gepeitschte Strände zu sehen waren.

»Komisch«, sagte Philipp. »Nach all den Szenen in historischen Kostümen wirken diese kleinen Bilder irgendwie fehl am Platz.«

»Das sind die *Macchiaioli* („Fleckenmaler“), von denen ich vorhin sprach. Die Bezeichnung war abschätzig gemeint und sollte ausdrücken, es sind nur „Farbenkleckser“; dabei waren es große Erneuerer, sowohl unter dem Gesichtspunkt der Maltechnik als auch bei der Wahl der Motive. Sie stellten die einfache Wirklichkeit dar und zogen es vor, im Freien zu arbeiten, statt im Atelier, genau wie die französischen Impressionisten. Gegenstand dieser Malerei sind oft Menschen bescheidener Herkunft, die in gesellschaftskritischer Absicht dargestellt werden: Bauern, Ammen, Gefängnisinsassen, Armenhäuser…«

Beim Verlassen des Pitti-Palastes bemerkte Philipp ein Schild mit der Aufschrift »Galerie für historische Kostüme«.

»Und was ist das?«

»Das ist ein sehr hübsches Museum. In einigen Sälen werden alle zwei Jahre neue Ausstellungen organisiert: im Moment kannst du dort historische Filmkostüme sehen. Dazu kommt der feste Bestand mit Kleidung aus historischen Epochen, die vom Beginn des 18. bis zum Anfang des 20. Jahrhunderts gehen. Wenn du diese Kleider mit all ihren Schnürbändern, steifen Trägern, Schleifen und abermals Schleifen siehst… dann weißt du die Bequemlichkeit der heutigen Kleidung noch mehr zu schätzen. Zugegeben, die Garderobe des Großherzogs war eleganter als dieses T-Shirt mit den Simpsons… Aber ich hätte ihn gerne mal bei dieser Hitze herumlaufen sehen!«

Die Abfahrt

Am Flughafen

Lisa brachte ihre Freunde zum Flughafen. Im Auto herrschte eine merkwürdige Stille.

»Nun«, sagte Onkel Karl etwas verlegen, als der Moment des Abschieds gekommen war, »wir trennen uns ja nicht für immer. Im Gegenteil, ich hatte die Absicht, in zwei Wochen vorbeizuschauen. Aus Ägypten habe ich noch keine Neuigkeiten, und außerdem ist dort der Winter immer besser für Ausgrabungen. Paßt es dir?«

»Ausgezeichnet! Ich habe nichts vor«, sagte sie sichtlich bewegt.

Philipp kam sich überflüssig vor und wußte nicht, wo er hinsehen sollte.

»Philipp, das ist für dich«, sagte Lisa und zog aus ihrem Rucksack ein großes Paket, daß sie ihm gab und ihm dabei einen Kuß auf die Wange drückte. »Ich hoffe, daß es dir hier gefallen hat und daß wir uns bald wiedersehen.«

»Was hat sie bloß damit gemeint?« dachte Philipp. »Wenn wir uns doch in vierzehn Tagen wiedersehen...«

Onkel Karl blickte nachdenklich aus dem kleinen Fenster auf die großen, weißen Wolken, die träge unter ihnen vorbeiglitten.

Das »untergegangene« Florenz

Philipp hatte inzwischen das Geschenk ausgepackt: es war ein dickes Buch mit dem Titel *Das untergegangene Florenz*, das über den großem Umbruch von vor etwa hundert Jahren berichtet, bei dem in großem Umfang Häuser abgerissen worden waren, um die aus dem Mittelalter und der Renaissance stammende alte Stadt umzuwandeln in eine moderne, die den neuen Anforderungen gerecht wurde. Philipp blätterte neugierig darin und versuchte, auf den alten Fotografien die Orte wiederzufinden, die er gesehen hatte: aber die engen Gassen und kleinen Plätze mit barfuß spielenden Kindern und nä-

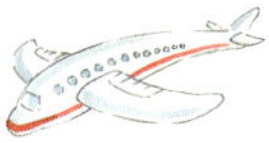

henden Müttern, die auf den Treppenstufen ihrer Häuser saßen, gehörten zu einer andern Stadt, die zeitlich gesehen zwar relativ nah war, aber doch Lichtjahre entfernt schien.

Die Bauarbeiten, die das Gesicht der Stadt veränderten, waren – wie das Buch erläuterte – eine notwendige Antwort auf die veränderten Gegebenheiten, die sich in Florenz, wie in vielen andern europäischen Städten der damaligen Zeit, bemerkbar machten. Man begann damit, die Straßen zu erweitern, damit die Kutschen durchfahren konnten. Die Via Calzaioli, zum Beispiel, die vom Dom zur Piazza Signoria geht, hatte zunächst nur ein Drittel ihrer heutigen Breite: endlich konnten die Damen mit den Sonnenschirmchen und den weiten Röcken hier flanieren, ohne übereinander zu stolpern. Im Jahr 1865 wird Florenz die Hauptstadt Italiens: aus diesem Anlaß wird die Stadt durch neue Häuserviertel erweitert; dem Bau des sogenannten „Alleenrings" – zur Hauptverkehrszeit der Alptraum aller Autofahrer – der sich kreisförmig um das Zentrum zieht, fielen die alten Stadtmauern aus dem 14. Jahrhundert zum Opfer, die sonst die Altstadt von den neuen Stadtvierteln getrennt hätten. Die alten Stadttore ließ man zwar fast alle stehen, als Zentrum neuer Plätze und ohne ihre alte Funktion wurden sie jedoch zu bloßen Monumenten. Gegen Ende des Jahrhunderts wurden viele italienische Städte von der Cholera heimgesucht; die Epidemie wütete besonders in den alten, verfallenen Vierteln. Deshalb beschloß man, das mittelalterliche Stadtviertel rund um den Platz des alten Markts (wo sich einst das römische Forum befand) abzureißen und durch neue, breitere Straßen und moderne Gebäude mit Büros, Kaufhäusern, Kinos und Cafés zu ersetzen: die heutige Piazza Repubblica und Umgebung. Der Eingriff war ziemlich drastisch: auf einen Schlag verschwanden ganze Häuserblocks, Kirchen und die bei den englischen Touristen so beliebten malerischen Winkel... Die in der Gegend lebenden Menschen wurden umquartiert in die großen Wohnhäuser der ersten Vorstadt. In derselben Gegend befand sich zwischen dem alten Markt und dem Baptisterium auch das *Ghetto*, das ehemalige jüdische Viertel.

Die tiefgreifenden Veränderungen, las Philipp weiter, wurden durch den Bau eines großen Triumphbogens auf der Piazza Repubblica gekrönt, auf einer Steintafel kann man dort lesen: *Das alte Zentrum der Stadt wurde aus jahrhundertelangem Elend zu neuem Leben erweckt.*

»In kaum mehr als hundert Jahren hat sich die Stadt verändert, stimmt's?« sagte Onkel Karl. »Aber wenn du dir ein Bild vom früheren Florenz machen willst, gehst du am besten in das Museum *Firenze com'era*, „Florenz wie es einst war": da gibt es Fotos, Gemälde, Karten und detailgetreue Modelle, die die Geschichte der Stadt besser als tausend Erklärungen veranschaulichen.«

»Das haben wir uns entgehen lassen! Ich werde wiederkommen müssen.«

NACHSPIEL

Zu Hause angekommen, trennten sich Philipp und sein Onkel. Der Archäologe verbrachte seine Tage in der Bibliothek – »wo es kühler ist«, wie er sagte – während sein Neffe die Familie mit den Wundern der Toskana bestürmte. Da sie von Mauern, Bollwerk und Verteidigungstechniken keine Ahnung hatten, ergaben sich die Ärmsten widerstandslos. Ganz zu schweigen von Philipps nicht unerheblichen Finanzierungswünschen für den Kauf von Katalogen und Kunstbüchern, die ja normalerweise nicht gerade billig waren. Von der Höhe seiner dicken Bücher über Brunelleschi und Paolo Uccello schaute Philipp sehr von oben herab auf die Zeichenmaschine seines Vaters, auf der der Entwurf für einen neuen Supermarkt allmählich Form annahm.

»Aus dieser Familie wird nie eine Kuppel hervorgehen«, murmelte er betrübt.

Eines Tages las er unter einem großen Foto des Doms einige Worte von Vasari über sein Idol: *Viele sind von Natur klein an Wuchs und Formen, haben aber eine Seele voller Größe und ein so schreckliches, unermeßliches Herz, daß sie, wenn sie nicht schwierige und fast unmögliche Dinge beginnen und diese nicht zur Bewunderung aller, die sie sehen, zu Ende bringen, in ihrem Leben keine Ruhe finden.*

»Das Essen ist fertig!« rief die Mama.

In Gedanken vertieft, schloß Philipp das Buch und ging ins Bad, um sich die Hände zu waschen. Während er sich im Spiegel betrachtete, dachte er: »Besonders groß bin ich nicht: vielleicht besteht noch Hoffnung.«

Seine kleine Schwester kam die Treppe heruntergerannt: »Mama, Mama, Philipp wäscht sich die Hände mit Zahnpasta!«

25
42
18
16
20
19
23
2
4
3
50
14
46
41
35
17
7
13
10
11
12
34
29
38
33
30
28
37
30
31
39
36
9
32

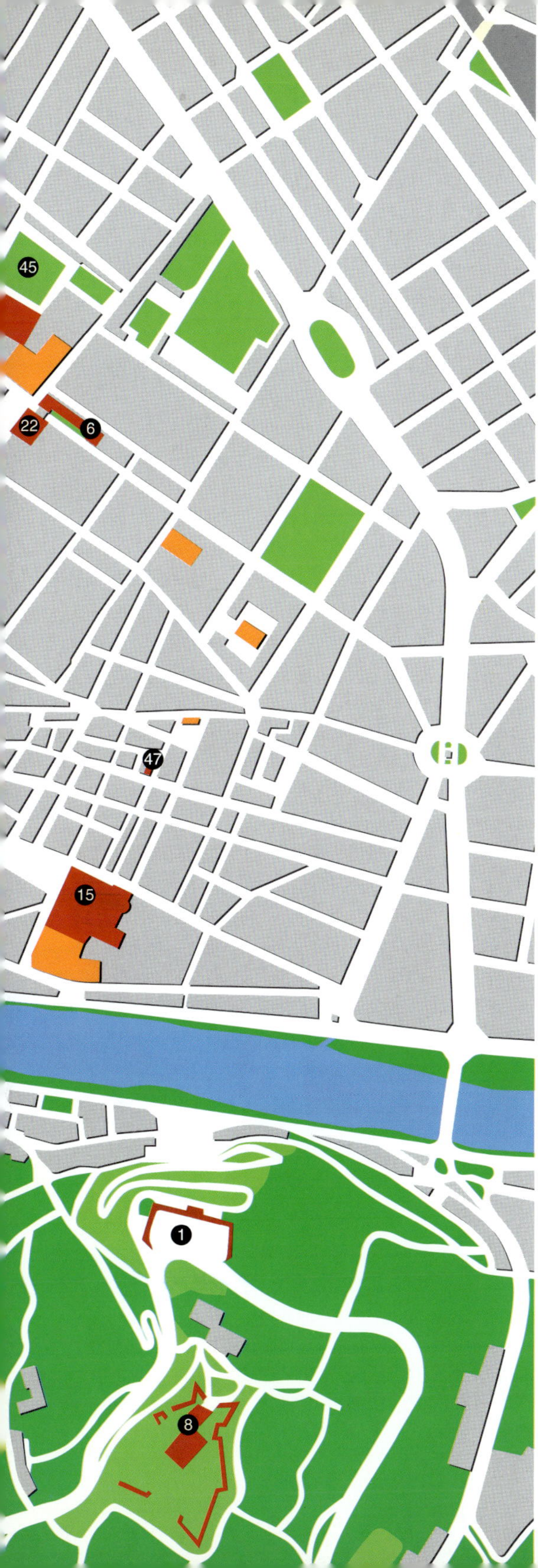

1 Piazzale Michelangelo
2 Baptisterium San Giovanni
3 Glockenturm Giottos
4 Dom Santa Maria del Fiore
5 Dommuseum von Santa Maria del Fiore
6 Archäologisches Museum
7 Palazzo Davanzati
8 San Miniato al Monte
9 Forte Belvedere
10 Handelsgericht
11 Loggia dei Lanzi
12 Palazzo Vecchio
13 Porcellino
14 Orsanmichele
15 Santa Croce
16 Santa Maria Novella
17 Santa Trìnita
18 Mercato Centrale
19 San Lorenzo
20 Medici-Kapelle
21 Museum des Opificio delle Pietre Dure
22 Spedale degli Innocenti
23 Palazzo Medici Riccardi
24 Nationalmuseum des Bargello
25 Stibbert-Museum
26 San Marco
27 Galerie der Akademie
28 Museum für Geschichte der Wissenschaft
29 Uffizien-Galerie
30 Vasari-Korridor
31 Santa Felìcita
32 Boboli-Garten
33 Ponte Vecchio
34 Santa Trìnita-Brücke
35 Carraia-Brücke
36 Museum für Naturgeschichte «La Specola»
37 Santo Spirito
38 Brancacci-Kapelle
39 Pitti-Palast
40 Museum «Firenze com'era»

Und ausserdem...

41 Badia fiorentina
42 Bahnhof Santa Maria Novella
43 Museum für Naturgeschichte (andere Abteilungen)
44 Museum für Anthropologie und Ethnologie
45 Giardino dei Semplici
46 Dante-Haus
47 Casa Buonarroti
48 Bardini-Museum
49 Museum der Horne-Stiftung
50 Museum Marino Marini

Infos

Infos für Touristen

Piazza Stazione 4 ☎ 055212245 🖷 0552381226 turismo3@comune.fi.it
Borgo Santa Croce 29r ☎ 0552340444 🖷 0552264524 infotur.scroce@comune.fi.it
Via Cavour 1r ☎ 055290832/3 🖷 0552760383 infoturismo@provincia.fi.it
APT (Agenzia Per il Turismo): Via Alessandro Manzoni 16 ☎ 05523320 🖷 0552346286
www.firenze.turismo.toscana.it info@firenze.turismo.toscana.it
Fiesole: ☎ 055598720 🖷 055598822 info@comune.fiesole.fi.it

Wie bewegt man sich am besten durch die Stadt

Abgesehen von der Anfahrt zum Hotel, ist es praktisch unmöglich, mit dem Auto durchs Zentrum zu fahren!

Mit dem Bus. Die Fahrscheine sind an den Automaten, in Tabakläden (*Tabacchi*), einigen Bars und an Zeitungskiosken erhältlich, mit Aufpreis auch beim Busfahrer. Infos bei: ATAF ☎ 05556501 oder 800424500 www.ataf.net. Für die Ausflüge Philipps: Fiesole, Bus Nr. 7 (vom Bahnhof oder von der Piazza San Marco aus); San Miniato, Nr. 12 (vom Bahnhof oder vom Platz der Porta Romana aus); Stibbert-Museum, Nr. 4 (vom Bahnhof aus).

Mit dem Fahrrad. Auf allen Parkplätzen rund ums Zentrum findet man den städtischen Fahrradverleih *Mille e una bici*.

Mit dem Taxi. Die Taxis sind weiß, aber an dem Schild auf dem Wagendach mit der Aufschrift TAXI leicht zu erkennen (die Schrift ist erleuchtet, wenn das Taxi frei ist: in diesem seltenen Fall kannst du es per Handzeichen anhalten). Taxi-Standplätze: am Hauptbahnhof (hoffentlich ohne lange Warteschlange), auf dem Domplatz, auf der Piazza Repubblica, auf der Piazza Santa Croce, an der Porta Romana). Telefonisch: 0554390, 0554798, 0554242, 0554499.

Die Hausnummern. Die Numerierung orientiert sich am Fluß. Wenn die Straße parallel zum Arno verläuft, folgt die Numerierung dem Flußlauf und nimmt von Ost nach West zu. Bei Straßen, die senkrecht vom Fluß abgehen, steigt die Numerierung mit zunehmender Entfernung vom Flußufer. Auf der rechten Seite sind die geraden, auf der linken die ungeraden Nummern. Zu beachten: Geschäfte haben fast immer eine rote Hausnummer, hinter der ein kleingeschriebenes „r“ steht.

Zeitungen und Zeitschriften. Ausländische Zeitungen gibt es im Bahnhof, unter den Arkaden der Piazza Repubblica und an vielen Kiosken des Zentrums. Florentiner Lokalnachrichten: *La Repubblica*, *La Nazione*, *Il Corriere di Firenze*, *Il manifesto*. Online-Nachrichten: www.nove.firenze.it und www.firenze.net. Für Aktuelles zu Kultur und Unterhaltung kann man, außer in der Stadtzeitung „Firenze Spettacolo“ (www.firenzespettacolo.it), auch auf der Webseite nachsehen. Außerdem liegen in Lokalen und Cafés oft Gratisheftchen mit Informationen.

Geschenke und Souvenirs. Kaufhäuser gibt es hauptsächlich in der Innenstadt, Supermärkte sind dort jedoch keine. Einige Geschäfte sind mittags geschlossen. Ruhetag: Montag vormittag im Winter und Samstag nachmittag im Sommer (es gibt aber viele Abweichungen, besonders bei den Läden um den Ponte Vecchio). Typische Produkte: aus Leder und Stroh, Goldschmiedearbeiten, Papierwaren mit Dekors. Im artstore auf der Piazza Duomo werden Reproduktionen und Neuinterpretationen berühmter Meisterwerke aus Florentiner Museen angeboten. Wenn du gern auf

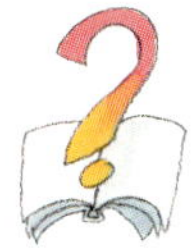

Märkte gehst: der bekannteste ist der Markt von San Lorenzo, in dessen Mitte sich auch der Zentralmarkt, Mercato Centrale, befindet (bis 14 Uhr, im Winter samstags und vor Feiertagen bis 16.00 Uhr): hier gibt es alle Arten von Lebensmitteln, auch die ausgesuchtesten. In der Loggia des Porcellino hat der Neue Markt, Mercato Nuovo, (Stroh- und Lederwaren) seinen Standort. Die kleinen Stadtteilmärkte – z. B. auf der anderen Arnoseite (Oltrarno) und in Sant'Ambrogio in der Nähe der Piazza Santa Croce – finden nur morgens statt. Antiquitäten und Trödel auf dem Flohmarkt der Piazza de' Ciompi; hier ist, wie auf der Piazza Santo Spirito, an bestimmten Sonntagen Markt. Jeden Dienstag morgen ist ein großer Markt im Park Cascine.

SPIELE. Reiche Auswahl an Spielsachen haben Menicucci in der Via Guicciardini und Dreoni in der Via Cavour; Freunde von Spielen (Gesellschaftsspiele u. a.), sind bei Stratagemma (Via de' Servi) an der richtigen Adresse.

BÜCHER. Im Zentrum: Art & Libri, Via dei Fossi; Edison, Piazza della Repubblica; EPT, Via della Condotta; Falciani Libri, Via Tosinghi; Feltrinelli, Via de' Cerretani, Feltrinelli International, Via Cavour (auch deutsch); Libreria del Porcellino, Piazza del Mercato Nuovo; LEF, Via Ricasoli; Mondadori, Via San Gallo e Via Santa Reparata; Marzocco, Via Martelli; Seeber, Via Tornabuoni; Solo a Firenze, Borgo SS. Apostoli. In Englisch: BM bookshop, Borgo Ognissanti; Paperback Exchange, Via Fiesolana. Jugendbücher: Marzocchino, Via Martelli; Libreria dei Ragazzi, Via San Gallo. Bücher über Museen, Kunst und Reisen in den Bookshops der Museen.

NOTRUFNUMMERN. ☎ 113 (Polizei) 112 (*Carabinieri*) 118 (Krankenwagen) 0553283333 (Bereitschaftsdienst der städtischen Polizei).

WENN DU ANSICHTSKARTEN VERSCHICKEN WILLST. Die Hauptpost ist in der Via Pellicceria 3 unter den Arkaden der Piazza Repubblica (8.15-19 Uhr, samstags 8.15-12.30 Uhr, sonntags geschlossen). Briefmarken (*Francobolli*) erhält man beim Tabakladen und die Postkarten kann man in einen der zahlreichen roten Briefkästen werfen.

TELEFONIEREN. Öffentliche Telefone werden langsam zur Seltenheit. Die wenigen noch verbliebenen sind Kartentelefone: Telefonkarten gibt es an Zeitungskiosken, in einigen Bars und in Tabakläden. Zum Telefonieren mit Telefonvermittlung muß man die Nummer 170 wählen. Bei Stadtgesprächen ist die Vorwahl 055 erforderlich.

NIE AUF NÜCHTERNEN MAGEN!

FRÜHSTÜCK UND IMBISS. English Breakfast bekommt man nicht überall, aber versuch's mal in der Kneipe auf dem Platz des Zentralmarkts. Es gibt viele Konditoreien und Cafés, aber man sollte bei Plätzen am Tisch auf die Preise achten, besonders bei Straßencafés! Renommiert und traditionsreich sind die Cafés auf der Piazza Repubblica, dem Domplatz und in der Via Tornabuoni. Ein Muß für die Kinder von gestern, aber für jede Altersstufe interessant ist die Konditorei (*Pasticceria*) Robiglio in der Via Tosinghi sowie Cucciolo in der Via del Corso, wo Zuckerkringel und Krapfen (*Bomboloni*) von der Decke baumeln. Rund um die Piazza Signoria und den Ponte Vecchio gibt es gute Eisdielen (*Gelaterie*), aber die berühmteste ist Vivoli in der Nähe der Piazza Santa Croce.

MITTAG- UND ABENDESSEN. Wer schnell eine Kleinigkeit essen will und nichts Besonderes sucht, der findet in vielen Bars der Innenstadt Nudelgerichte, Salate und belegte Brötchen, aber die Qualität ist nicht immer die beste. Wenn du nicht den alten Trick anwendest, dort zu essen, wo die Einheimischen hingehen, und auf Experimente verzichtest, dann findest du genug Imbißlokale (im und vor dem Bahnhof, in der Via Cavour und in der Nähe des Ponte Vecchio). Die vorwiegend irischen und nicht englischen Bierkneipen haben meistens kein Essen. Es gibt nur ein paar arabische Imbißbuden (am Bogen von San Pierino, hinter der Piazza Santa Maria Novella und in San Frediano), die sich dem für exotische Speisen nur wenig aufgeschlossenen Gaumen der Florentiner angepaßt haben; umso zahlreicher sind die garantiert preiswerten chinesischen Restaurants; die wenigen anderen ausländischen Restaurants sind teuer. Vielleicht solltest du es mit einer Pizzeria versuchen, aber in Florenz ist die Pizza (leider) nicht so wie die, die man in Neapel bekommt. In der Via delle Ruote gibt es ein gutes vegetarisches Restaurant. Die traditionellen Lokale mit Weinausschank, wo man leckere Appetithäppchen bekommt, werden immer seltener; die Nachahmungen sind nicht immer zu empfehlen. Dagegen gibt es eine wachsende Anzahl von Ständen, die Kutteln und Innereien verkaufen, besonders das traditionelle und unvermeidliche Kuttelbrötchen, das Philipp, mutig und schlau wie er war, versucht hat. Du findest sie an der Loggia des Porcellino, auf der Piazza de' Cimatori, im Zentralmarkt beim berühmten Nerbone, in Sant'Ambrogio (dem Markt bei Santa Croce) und auf der anderen Arnoseite. Seltener sind die Buden mit gebackener Polenta und süßen oder salzigen Backwaren (*Coccoli*). Aber man kann natürlich auch in ein Lebensmittelgeschäft gehen oder zum Bäcker (das Florentiner Brot ist vollkommen salzlos), wo man *Focacce* und die typische salzige *Schiacciata* (runde bzw. quadratische Brotfladen) erhält. Alle Lebensmittelgeschäfte sind mittwochs nachmittags geschlossen. Beim Restaurantbesuch solltest du auf die Menüs zu günstigen Preisen achten, die viele Restaurants mittags anbieten. Heute kann man in den meisten Fällen darauf verzichten, ersten und zweiten Gang zu bestellen, und nur ein Gericht nehmen, was noch vor wenigen Jahren undenkbar gewesen wäre. Besonders in der Nähe von San Lorenzo und auf der anderen Arnoseite gibt es traditionelle Florentiner Trattorien; viele haben aber samstags und sonntags geschlossen und einige sind nur mittags geöffnet. Zu den typischen Gerichten gehören: *Crostini* (geröstete Weißbrothäppchen mit Leberpastete, Schinken und Salami, *Ribollita* (dicke Gemüsesuppe), *Pappa al pomodoro* (Tomatenbrei), *Ravioli* und *Tortellini*, Innereien und Schmorbraten, freitags Klippfisch und Tintenfisch *in inzimino* (mit Mangold), Steaks (die echten sind riesig, blutig und sehr teuer), weiße Bohnen und Bohnen in Tomatensoße (*all'uccelletto*), *Biscotti* (Plätzchen) mit *Vinsanto* (Dessertwein) und, je nach Jahreszeit, *Schiacciata* (flacher Kuchen) *alla fiorentina* oder mit Trauben, *Frittelle* (kleine Pfannkuchen) und *Cenci* (Faschingsgebäck). Bei den Preisen sollte man beachten, daß ein Zuschlag für Gedeck und Bedienung hinzukommt, es sei denn, er ist ausdrücklich als schon mitberechnet angegeben. Vielleicht werden sich andere mit an deinen Tisch setzen: in Florenz herrscht Platzknappheit! Abends kann man ab 19 Uhr essen, in einigen Restaurants ab 20.00, und meistens schließt die Küche gegen 22 Uhr.

FREIZEITGESTALTUNG

VERANSTALTUNGEN. Das Opernhaus des Maggio Musicale ist in der ganzen Welt für seine Aufführungen und sein Festival berühmt. Theater und Konzerte: Teatro Puccini, Teatro Verdi, Teatro della Pergola, Saschall. Kartenvorverkauf: Box Office (Hauptstelle in der Via Alamanni 39, in der Nähe des Bahnhofs, ☎ 055210804 🖷 055213112). Im Sommer finden Veranstaltungen in Fiesole, im Amphitheater der Cascine und auf anderen Freilichtbühnen statt. Film-Infos: Plakaten an Hauswänden und in Lokalen, www.firenze.net oder www.mega.it.
FREIZEIT UND SPORT. Zu den Gemeindebibliotheken hat jeder Zutritt: die Zentralbibliothek ist in der Via Sant'Egidio. Jedes Stadtviertel hat seine Spielothek: die Ludoteca Centrale ist auf der Piazza SS. Annunziata 13 (☎ 0552478386 🖷 0552480477; samstags nachmittags und sonntags geschlossen; an drei Nachmittagen der Woche nur für Kinder unter 6 Jahren). Schwimmbäder: Le Pavoniere (im Park Cascine), Bellariva (Lungarno Moro), Costoli (Campo di Marte). Am Arno gibt es einen Bootsverleih am Lido, Lungarno Pecori Giraldi. Ping Pong in der Nähe des

Saschall und am Lungarno del Tempio, wo man auch Tennis und Boccia spielen kann. Rollerskates im Circolo Bologna in der Nähe des Piazzale Michelangelo. Das Stadion ist in Campo di Marte. Eine Übersicht über die Sportanlagen in www.mega.it oder www.comune.firenze.it.

ABENDUNTERHALTUNG. Nur wenige öffentliche Verkehrsmittel – oder lange Staus, wenn man mit dem Auto fährt – um eins der vielen, oft winzigen und überfüllten Lokale aufzusuchen, von denen nur wenige bis zu später Stunde geöffnet sind: das ist die allgemeine Situation. Es gibt einige Lokale mit Livemusik (→ Internet). Wer einen Spaziergang vorzieht, kann sich an die Eisdielen und im Sommer an einige Wassermelonenverkäufer halten. Im Sommer gibt es auch zahlreiche Lokale mit Tischen im Freien, und es finden Veranstaltungen im Freien statt (Parterre, Cascine, Santo Spirito, am Lungarno Pecori Giraldi und in den Vororten). Aber auf den Straßen um die Piazza Signoria und im Viertel auf der anderen Arnoseite herrscht fast immer reger Fußgängerbetrieb!

SPAZIERGÄNGE UND AUSFLÜGE IN DIE UMGEBUNG

Außer dem Boboli-Garten und dem Botanischen Garten (→ Museen): zum Spazierengehen und Joggen der Park Cascine, wo im Sommer – wie in Campo di Marte in der Nähe des Stadions – ein Kirmesplatz ist.

Vereine und private Veranstalter bieten spezielle Stadtbesichtigungen an.

Für diejenigen, die über etwas mehr Zeit verfügen, kann ein Ausflug auf die Hügel um Florenz zum unvergeßlichen Erlebnis werden. Über Fiesole weißt du schon eine ganze Menge, aber es hat auch eine herrliche Umgebung, und die Gemeinde organisiert Ausflüge (☎ 055599478 oder 800414240). Einen der Wege Philipps kann man auch zu Fuß bewältigen: der Hügel, auf dem sich der Piazzale Michelangelo befindet (man kann von der Costa San Giorgio in Richtung Forte Belvedere, oder von der Piazza Poggi über die Rampe, oder von der Porta Romana aus in Richtung Arcetri hinaufgehen und dann weiter nach Santa Margherita a Montici).

Das sind nur einige von vielen möglichen Spaziergängen:

NORD. Vor Sesto Fiorentino stehen drei der Villen, die den Medici gehörten. Die Villa von Careggi (Viale Pieraccini 17), in der Cosimo der Ältere und Lorenz der Prächtige starben, kann bei Voranmeldung besichtigt werden (☎ 0554279461, freier Eintritt, samstags nachmittags und sonntags geschlossen). Zur Villa Petraia (Via della Petraia 38 ☎ 055452691 oder 055451208) und zur Villa in Castello (Via di Castello 44 ☎ 0554454791) gehört ein herrlicher Park: beide Parks sind je nach Jahreszeit jeweils bis 16.30 Uhr bzw. bis 19.30 Uhr geöffnet (Sammeleintrittskarte € 2,06; Bus Nr. 28 vom Bahnhof aus).Wer mit einem eigenen Fahrzeug unterwegs ist, kann bis zu den herrlichen Wäldern von Montemorello weiterfahren (vorzügliche Vesperbrote).

NORD-OST. Zwischen Fiesole und Settignano – der Hügel war Schauplatz der Liebesgeschichte zwischen dem Schriftsteller Gabriele D'Annunzio und der Schauspielerin Eleonora Duse (Bus Nr. 10) – Landschaften, Wiesen, Villen und Schlösser; Wanderungen: Ponte a Mensola, Maiano, Poggio Gherardo, Vincigliata.

SÜD & SÜD-OST. Herrlich ist die Kartause (Certosa) von Galluzzo aus dem Jahr 1341 auf dem Monte Acuto mit ihrer Pinakothek (Via della Buca di Certosa 2 ☎ 0552049226 🖷 0552048617; Führungen morgens und nachmittags, montags geschlossen). Und außerdem Impruneta, Greve und die Chianti-Gegend (Essen und Getränke ausgezeichnet).

Busse außerhalb des Stadtgebiets: alle (Lazzi, Sita, Cap) fahren vom Bahnhofsplatz (Piazza Stazione) ab.

FLORENZ IM INTERNET

www.alinari.it Die Homepage der Fratelli Alinari-Stiftung, dem historischen Gedächtnis der Stadt.
www.ambientefi.arti.beniculturali.it Die Homepage der Oberintendantur für Umwelt und Bauwesen.
www.arca.net/florence.htm Tips und Notizen zur Stadt und ihren Bräuchen.
www.bncf.firenze.sbn.it Die Homepage der Nationalbibliothek von Florenz.
www.comune.fiesole.fi.it Die Homepage der Gemeinde von Fiesole.
www.comune.firenze.it Die Homepage der Stadt Florenz: Angebote, Infos, nützliche Telefonnummern, Link.
www.fionline.it/turismo Fenster zur Stadt.
www.fiorentina.it Alles über den Fußballverein Fiorentina: eine Homepage für Fußballfans.
www.firenze.net In Zusammenarbeit mit dem Verein Amici dei Musei Notizen, Veranstaltungen und Tourismus, Wanderungen mit Führungen.
www.firenzesanlorenzo.com Ein virtueller Ausflug durch eines der berühmtesten alten Florentiner Stadtviertel ist die originelle Idee des Vereins San Lorenzo.
www.firenze.turismo.toscana.it Homepage der APT: Aktuelles über künstlerische und kulturelle Events in Florenz.
www.florence.ala.it Infos und Shopping.
www.florenceitaly.net Zehn Megabytes mit Tips, auch in Japanisch!: eine Initiative der Leitung der Hotels Basilea, Pendini und Ritz.
www.fol.it Hinweise und Links verschiedener Art, eine Online-Karte der Stadt.
www.italytour.com/firenze Infos und vor allem Links.
www.maggiofiorentino.com Die Homepage des Festivals des Maggio Musicale Fiorentino.
www.mega.it Infos über die Stadt mit einer interessanten Seite über Veranstaltungen und einem Online-Führer.
www.novamedia.it/sienall/firenze.htm Eine einmalige und reiche Auswahl von Links über Florenz und die gesamte Provinz, sei es über Institutionen oder Kommerzielles, über Kulturelles oder Hobbys.
www.provincia.firenze.it Die Homepage der Provinz Florenz.
www.regione.toscana.it Die Homepage der Region Toskana hat eine Seite mit vielen Ausflugsmöglichkeiten für Touristen.
www.reteunitaria.fi.it Gemeinsame Homepage von Präfektur, Region Toskana, Provinz und Stadt Florenz.
www.sbas.firenze.it Die Homepage der Oberintendantur für Kunst- und Kulturgüter.
www.tuscania.net Ausflüge in der Toskana.

Internet points

Gibt es überall im Zentrum, besonders in der Nähe der Universität.

MUSEEN, KIRCHEN UND GÄRTEN

Die Öffnungszeiten und Eintrittspreise von Museen, Kirchen und Bauwerken variieren ständig. Viele Bauwerke werden nach und nach für Behinderte leichter zugänglich gemacht. Am besten ist es deshalb...

SELBST NACHZUSEHEN!

Bis zum 12. Lebensjahr ist der Eintritt in städtische Museen frei.
Für Informationen: Servizio Musei, Via Ghibellina 30 ☎ 0552625961 🖷 0552625984
gestione.musei@comune.firenze.it

Für EU-Mitglieder ist der Eintritt in staatliche Museen bis zum 18. Lebensjahr frei und kostet die Hälfte bis zum 25. Voranmeldungen für Besichtigungen (auch mit deiner Klasse) bei Firenze Musei (☎ 055294883 🖷 055264406 · www.firenzemusei.it ·Info-Stand im Pitti-Palast und in den Uffizien) oder bei der Didaktischen Abteilung der Oberintendantur für Kunst- und Kulturgüter von Florenz, Pistoia und Prato (☎ 0552388658 🖷 0552388699).

Für die Webseite von städtischen, staatlichen und Universitäts-Museen und ihre E-mail-Adressen:
www.comune.firenze.it http://giubileo.comune.fi.it/
www.sbas.firenze.it
www.ambientefi.arti.beniculturali.it
www.unifi.it

Fast alle Museen haben verbilligte Eintrittskarten für Gruppen, Schüler, Senioren und Kinder. Im Sommer sind einige Museen, besonders die staatlichen, auch abends geöffnet.

ZEICHENERKLÄRUNG

- Staatliche Museen
- Städtische Museen
- für Behinderte problemlos möglich*
- für Behinderte mit einigen Schwierigkeiten möglich*
- Didaktische Angebote, Besichtigungen mit Führung
- Buchladen
- Buchladen Mandragora
- Cafeteria-Service
- Bibliothek, Archive, Fotothek

* offizielle Informationen der Stadt Florenz

Informationen

AMICI DEI MUSEI FIORENTINI

Via degli Alfani 39
50121 Firenze
☎ 055286465

MUSEEN, KIRCHEN UND GÄRTEN

FIESOLE

(1) STÄDTISCHES MUSEUM
UND ARCHÄOLOGISCHES GEBIET

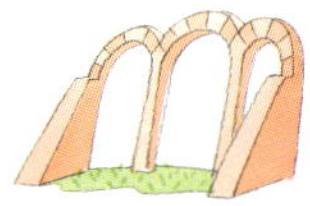

Via Portigiani 1
☎ 05559477
im Sommer 9.30-18 Uhr; im Winter 9.30-16.30 Uhr (am ersten Dienstag im Monat geschlossen); März und Oktober 9.30-18 Uhr
€ 6,20
Die Eintrittskarte gilt für das Museum, das archäologische Gebiet und das Bandini-Museum sowie alle internen Ausstellungen.

FLORENZ

(2) BAPTISTERIUM SAN GIOVANNI
Piazza San Giovanni
☎ 0552302885
12-19 Uhr; an Sonn- und Feiertagen 8.30-14 Uhr (geschl. 1.1., Ostern, 24.6., 25.12.)
€ 3,00

GLOCKENTURM GIOTTOS
☎ 0552302885
8.30-19.30 Uhr (geschl. 1.1., Ostern, 8.9, 25.12)
€ 6,00

DOM SANTA MARIA DEL FIORE
Piazza del Duomo
☎ 055294514
10-17 Uhr; donnerstags 10-15.30 Uhr; samstags 10-16.45 Uhr (am ersten Samstag im Monat 10-15.30 Uhr); sonntags 13.30-17.00; 8.9. Besichtigung der Domterrassen
KRYPTA VON SANTA REPARATA
10-17.40 Uhr (Öffnungszeiten → Kuppel + 08/09)
€ 3,00
KUPPEL
☎ 0552302885
8.30-19 Uhr; samstags 8.30-17.40; am ersten Samstag im Monat 8.30-16 Uhr (an Sonn- und Feiertagen und von Gründonnerstag bis Ostern geschl.)
€ 6,00

DOMMUSEUM VON SANTA MARIA DEL FIORE
Piazza del Duomo 9
☎ 0552302885/2647287 🖷 0552302898
www.operaduomo.firenze.it
9-19.30 Uhr; sonntags und 1.11., 8.12., 26.12., 6.1. 9-13.40 Uhr (geschl. 1.1., Ostern, 25.12.)
€ 6,00

ARCHÄOLOGISCHES MUSEUM (3
Via della Colonna 38
☎ 0552357750 🖷 055242213
8.30-14 Uhr; dienstags und donnerstags 8.30-19 Uhr; montags 14-19 Uhr (geschl. 1.1., 1.5., 25.12.)
€ 4,00

MUSEUM DES PALAZZO DAVANZATI (4
ODER DES ALTEN FLORENTINER HAUSES
Via Porta Rossa 13
☎ 0552388610/705
wegen Restaurierung geschlossen (2002)
In der Eingangshalle ist die Ausstellung „L'immagine del Museo" untergebracht (freier Eintritt).

BASILIKA SAN MINIATO AL MONTE
Via Monte alle Croci
☎ 0552342731
im Sommer 7-19 Uhr; im Winter 7-12.30 Uhr und 14-19 Uhr (Gottesdienste: im Winter 8.30 und 16.30, im Sommer 8.30 und 17.30)

FORTE BELVEDERE
wegen Restaurierung geschlossen (2002)

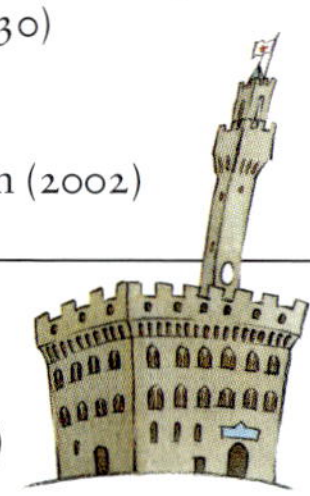

PALAZZO VECCHIO (5
Piazza della Signoria
(Via della Ninna; Via de' Gondi)
☎ 0552768325
9-19 Uhr; donnerstags 9-14 Uhr (geschl. 1.1., Ostern, 1.5., 15.8., 25.12.); sonntags 9-14 Uhr (2002)
€ 5,68

MUSEUM FÜR KINDER
www.nuovopalazzovecchio.org

Das Museum für Kinder ist ein „Museumsnetzwerk" mit Sitz im Palazzo Vecchio, im Museum für Geschichte der Wissenschaft und im Stibbert-Museum.

In Palazzo Vecchio

von montags bis freitags morgens bei Voranmeldung Aktivitäten mit Schülergruppen; Öffnungszeiten: am Nachmittag montags, freitags und samstags, am Morgen samstags und sonntags
Infos und Voranmeldung: ☎ 0552768224 (9-13 Uhr und 15-19 Uhr; donnerstags und an Sonn- und Feiertagen 9-13 Uhr) oder an der Kartenverkaufsstelle
Der Eintritt berechtigt zur Besichtigung der historischen Säle des Palazzo Vecchio und zur Teilnahme an einer oder mehreren Aktivitäten; die Preise reichen von einem Mindestpreis von € 1,55 für

Kinder unter 12 Jahren bis zum Familienpreis (2 Erwachsene und 3 Kinder) von € 15,49.
GEHEIMGÄNGE *Die Treppe aus dem 14. Jahrhundert des Herzogs von Athen · Das kleine Arbeitszimmer Francescos I. und die Schatzkammer Cosimos I. · Die Decke des Saals der Fünfhundert*
LABORS *Das Spielzimmer von Bia und Garzia · Galileo Galilei: die Magie der Vergrößerungsgläser · Evangelista Torricelli: die Entdeckung des leeren Raums · Die Kleidung und der Körper · Palastbau.*

Museum für Kinder in Florenz

HISTORISCHE BEGEGNUNGEN Palazzo Vecchio, Museum für Geschichte der Wissenschaft, Stibbert-Museum: Giorgio Vasari, Galileo, Suleiman, Giovanni dalle Bande Nere.
Das Museum organisiert von Zeit zu Zeit neue Aktivitäten. Für Ende 2002 ist die Eröffnung einer Didaktischen Abteilung des Jungen Museums im neuen Standort des MUSEUMS FÜR GESCHICHTE DER FOTOGRAFIE FRATELLI ALINARI (Piazza Santa Maria Novella, ehemals Konvent der Leopoldine) geplant.

KOMPLEX VON ORSANMICHELE
Via dell'Arte della Lana
☎ 055284944
Kirche: 9-12 Uhr und 16-18 Uhr; samstags und sonntags 9-13 Uhr und 16-18 Uhr; Museum: nur Besichtigungen 9, 10 und 11 Uhr; samstags und sonntags 9, 10, 11 und 12 Uhr (am ersten und letzten Montag im Monat geschlossen, 25.12.)
Konzertsaison.

---

(6) BASILIKA SANTA CROCE

Piazza Santa Croce
im Sommer 9-18 Uhr;
im Winter 9-12 und 15-18 Uhr
MUSEUM VON SANTA CROCE
☎ 🖷 0552466105
10.00-18.00 (geschl. mittwochs, 25/12, 26/12)
€ 4,13

---

(7) BASILIKA SANTA MARIA NOVELLA

Piazza Santa Maria Novella
9.30-17 Uhr; freitags und sonntags 13-17 Uhr
€ 2,58
MUSEUM UND KREUZGÄNGE VON SANTA MARIA NOVELLA
☎ 055282187
9-14 Uhr (geschl. freitags, 1.1., Ostern, 1.5., 15.8., 25.12.)
€ 2,58

KIRCHE SANTA TRÌNITA
Piazza di Santa Trìnita
☎ 055216912
7.30-12 Uhr / 16-19 Uhr

BASILIKA SAN LORENZO

Piazza San Lorenzo 9
☎ 055216634
10.-17 Uhr (sonntags geschlossen)
€ 2,50
MEDICI-KAPELLE
Piazza Madonna degli Aldobrandini 6
☎ 0552388602
8.15-17 Uhr (geschl. am ersten, dritten und fünften Montag und am zweiten und vierten Sonntag im Monat, 1.1., Ostern, 1.5., 25.12.)
€ 6,00

MUSEUM DES OPIFICIO DELLE PIETRE DURE (8)
Via degli Alfani 78
☎ 055265111 🖷 055287123 opd@dada.it
8.15-14 Uhr; dienstags 8.15-19 Uhr (an Sonn- und Feiertagen geschlossen)
€ 2,00
Sammeleintrittskarte Museum des Opificio delle Pietre Dure + Galerie der Akademie € 7,00

SPEDALE DEGLI INNOCENTI

Piazza della SS. Annunziata 10
☎ 0552491708
8.30-14 Uhr (geschl. mittwochs, 1.1., Ostern, 1.5., 15.8., 25.12.)
€ 2,60
Freier Eintritt zum Innenhof.

MUSEUM DES PALAZZO MEDICI RICCARDI UND KAPELLE DER HEILIGEN DREI KÖNIGE (9)

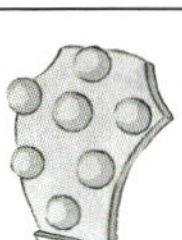

Eintritt: Via Cavour 3
☎ 0552760340
9-19 Uhr (mittwochs geschlossen)
€ 4,00 (Sammeleintrittskarte)
Bei der Kapelle der Hl. Drei Könige ist Behinderten der Zugang zur Zeit nicht möglich.

NATIONALMUSEUM DES BARGELLO (10)

Via del Proconsolo 4
☎ 0552388606
8.15-13.50 Uhr (geschl. am zweiten und vierten Montag und am ersten, dritten und fünften Sonntag im Monat, 1.1., 1.5., 25.12.)
€ 4,00

STIBBERT-MUSEUM
Via Federico Stibbert 26
☎ 055475520/055486049 (Leitung)
von montags bis mittwochs 10-14 Uhr, von freitags bis sonntags 10-18 Uhr (geschl. donnerstags, 1.1., Ostern, 1.5., 15.8., 25.12.)
€ 5,00
→ siehe Museum für Kinder

(11) KIRCHE UND KLOSTER VON SAN MARCO

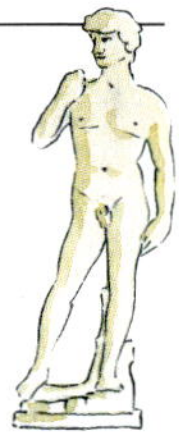

Piazza San Marco
☎ 0552396950
8-12.15 Uhr und 16-18 Uhr
MUSEUM VON SAN MARCO
☎ 0552388608
8.15-13.50 Uhr; samstags und an Feiertagen 8.15-18.50 Uhr (geschl. am zweiten und vierten Montag und am ersten, dritten und fünften Sonntag im Monat, 1.1., 1.5., 25.12.)
€ 4,00

GALERIE DER AKADEMIE
Via Ricasoli 58-60
☎ 0552388609/612
8.15-18.50 Uhr (geschl. montags, 1.1.,1.5., 25.12.)
€ 6,20
Sammeleintrittskarte Museum des Opificio delle Pietre Dure + Galerie der Akademie € 7,00
Das Museum umfaßt auch die Sammlung von Musikinstrumenten „Luigi Cherubini".

(12) MUSEUM FÜR GESCHICHTE DER WISSENSCHAFT
Piazza de' Giudici 1
☎ 055265311 🖷 0552653130
www.imss.fi.it imss@imss.firenze.it
9.30-17 Uhr (geschl. dienstags nachm., an Sonn- und Feiertagen + samstags nachm. im Sommer; geöffnet am zweiten Sonntag im Monat im Winter)
€ 6,50
Beim Museum wurde ein Planetarium aufgestellt.
→ siehe Museum für Kinder

(13) UFFIZIEN-GALERIE

Piazzale degli Uffizi
☎ 0552388651/2
www.uffizi.firenze.it
info@uffizi.firenze.it
8.15-18.50 Uhr (geschl. montags 1.1., 1.5., 25.12.)
€ 6,50
Die während der Hochsaison ratsame Voranmeldung kann nicht per E-mail vorgenommen werden.

VASARI-KORRIDOR (1

Besichtigungen nur im Sommer und im Herbst (die Reservierung sollte weit im voraus erfolgen)

KIRCHE SANTA FELÌCITA
Piazza di Santa Felìcita 3
☎ 055213018
9-12 Uhr und 16-18 Uhr

BOBOLI-GARTEN
Piazza Pitti 1 (Haupteingang);
Via Romana (*salita di Annalena*);
Porta Romana
☎ 0552651838
von November bis Februar 8.15-16.30 Uhr, im März 8.15-17.30 Uhr, im April, Mai, September und Oktober 8.15-18.30 Uhr, von Juni bis August 8.15-19.30 Uhr (geschl. am ersten und letzten Sonntag des Monats, 1.1., 1.5., 25.12.)
€ 2,00
Die Eintrittskarte gilt auch für das Porzellan-Museum (☎ 0552388605, geöffnet 8.30-13.50 Uhr, Ruhetage → Boboli-Garten)
Sammeleintrittskarte für die Silbersammlung, den Boboli-Garten und das Porzellan-Museum € 3,00.
Sammeleintrittskarte für der Pitti-Komplex → Pitti-Palast

MUSEUM FÜR NATURGESCHICHTE DER UNIVERSITÄT FLORENZ, ZOOLOGISCHE ABTEILUNG »LA SPECOLA« (1

Via Romana 17
☎ 0552288251 🖷 055225325
www.specola.unifi.it www.specolalive.it
9-13 Uhr (mittwochs und an Feiertagen geschlossen)
€ 5,00
Das Museum für Naturgeschichte umfaßt auch andere Abteilungen: Botanik, Geologie und Paläontologie, Mineralogie und Lithologie in der Via Giorgio La Pira 4; Anthropologie und Ethnologie in der Via del Proconsolo 12. www.unifi.it/msn
Eine Besichtigung des Botanischen Gartens ist unbedingt zu empfehlen:
GIARDINO DEI SEMPLICI
Via Pier Antonio Micheli 3
☎ 0552757402 🖷 0552757438
Besichtigungen ☎ 0552757404
ortbot@unifi.it
9-13 Uhr (am Samstag, Sonntag und an zwei Wochen im August geschlossen); im Mai wegen der Azaleenblüte an Sonntagen zusätzlich geöffnet
€ 3,00

KIRCHE SANTO SPIRITO
Piazza Santo Spirito
☎ 055210030
8.30-12 Uhr, 16-18 Uhr, samstags und sonntags bis 19 Uhr (mittwochs nachmittags geschlossen)

KIRCHE SANTA MARIA DEL CARMINE UND BRANCACCI-KAPELLE
Piazza del Carmine
☎ 0552382195
Kapelle: 10-17 Uhr, an Feiertagen 13-17 Uhr (geschl. dienstags, 1.1, 7.1, Ostern, 1.5., 16.7., 15.8., 25.12.)
€ 3,10

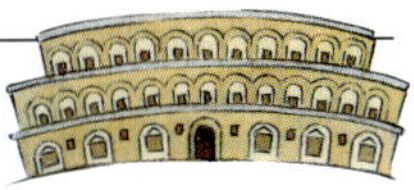

16) PITTI-PALAST
Piazza Pitti 1
3 Tage gültige Sammeleintrittskarte für die Galleria Palatina, die Silbersammlung, die Galerie für Moderne Kunst und die Galerie der Kostüme, den Boboli-Garten und das Porzellan-Museum € 10,33 (€ 8,00 nach 16 Uhr)

GALLERIA PALATINA UND KÖNIGLICHE GEMÄCHER
☎ 0552388614
8.15-18.50 Uhr (montags und am 25.12. geschl.)
€ 6,50
Die Eintrittskarte gilt auch für das momentan geschlossene Kutschenmuseum.

17) SILBERSAMMLUNG
☎ 0552388709
8.15-13.50 (geschl. am ersten, dritten und fünften Montag und am zweiten und vierten Sonntag im Monat, 1.1., 1.5., 25.12.)
€ 2,00
Sammeleintrittskarte für den Boboli-Garten, das Porzellan-Museum und die Silbersammlung € 3,00.

GALERIE FÜR MODERNE KUNST UND GALERIE FÜR HISTORISCHE KOSTÜME
☎ 0552388601
☎ 0552388713
8.15-13.50 Uhr (Ruhetage → Silbersammlung)
€ 5,00 (Sammeleintrittskarte)
Bei der Galerie für historische Kostüme ist Behinderten der Zugang zur Zeit nicht möglich.

18) HISTORISCHES-TOPOGRAPHISCHES MUSEUM »FIRENZE COM'ERA« („FLORENZ WIE ES EINST WAR")
Via dell'Oriuolo 24
☎ 0552616545
9-14 Uhr (geschl. donnerstags, 1.1., Ostern, 1.5., 15.8., 25.12.)
€ 2,58

• WEITERE MUSEEN •

DANTE-HAUS
Via Santa Margherita 1
☎ 055219416
10-18 Uhr; an Feiertagen 10-14 Uhr (dienstags und zwei Wochen um Weihnachten geschlossen)
€ 3,00

CASA BUONARROTI
Via Ghibellina 70
☎ 055241752
www.casabuonarroti.it
9.30-14 Uhr (dienstags geschlossen)
9.30-16 bei Ausstellungen
€ 6,50

BARDINI-MUSEUM
Piazza de' Mozzi 1
☎ 0552342427
wegen Restaurierung geschlossen (2002)
Die Bauwerke sollen für Behinderte leichter zugänglich gemacht werden.

MUSEUM DER HORNE-STIFTUNG
Via de' Benci 6
☎ 055244661
9-13 Uhr (an Sonn- und Feiertagen geschlossen)
€ 5,00

MUSEUM MARINO MARINI
Piazza San Pancrazio
☎ 055219432 🖷 055289510
www.museomarinomarini.it
10-17 Uhr, an Feiertagen 10-13 Uhr (geschl. dienstags, 1.5., 25.12., an zwei Wochen im August)
€ 4,00

SACHREGISTER

BERÜHMTHEITEN, ORTSNAMEN, KUNSTWERKE, BEMERKENSWERTES

Inhaltsverzeichnis

Druck: Alpilito - Firenze
März 2002